Und ein
fröhliches
Weihnachtsfest!

Deutscher Liederschatz

Deutscher Liederschatz

Mit 379 Liedern aus
Deutschland, Österreich und der Schweiz
und 369 Abbildungen nach Zeichnungen von
Martin von Beckerath, Jacob Grünewald,
Theodor Hosemann, Andreas Müller, Carl Piloty,
Franz von Pocci, Arthur von Ramberg, Carl Reinhardt,
Ludwig Richter, Adolf Schrödter, Moritz von Schwind,
Gustav Süs, Paul Thumann u. v. a.

Gondrom

Herausgegeben von Roland W. Pinson
unter Mitarbeit von Charlotte Fink-Mattis

Die Überprüfung und teilweise Neufassung der
Melodien besorgte Kirchenmusikdirektor Hans Schmidt.
Die Noten zeichnete Julius Kirn.

2., durchgesehene Auflage 1980
© 1979 by Gondrom Verlag, Bayreuth
ISBN 3-8112-0178-6
Gestaltung des Schutzumschlages: Atelier Noth + Hauer, Berlin
Gesamtherstellung: Richterdruck, Würzburg
Printed in Germany

Die Lieder
nach ihren Themenkreisen

Von der Sehnsucht
und der Liebe
Seite 19

Von Liebesleid
und Trennungsschmerz
Seite 81

Zu Gottes
und der Erden Preis
Seite 143

Zum Lobe
des ehrsamen Handwerks
Seite 157

Im Wald
und auf der Heide
Seite 169

Von Räubern
und von armen Mädchen
Seite 201

Morgenlob
und Abendlied
Seite 237

Von Frühling,
Sommer, Herbst und Winter
Seite 281

Von Helden,
Holden, großen Taten
Seite 341

Alphabetisches Verzeichnis der Lieder und Liedanfänge

15

Von der Sehnsucht
und der Liebe

Wie schön blüht uns der Maien

1. Wie schön blüht uns der Maien, der Som-mer fährt da-
mir ist ein schön's Jung-fräulein ge-fal-len in meinen

hin, Bei ihr, da ist mir wohl, wenn ich an sie ge-
Sinn.

den-ke, mein Herz ist freu-den-voll.

2. Bei ihr, da wär' ich gerne,
   Bei ihr, da wär' mir's wohl;
   Sie ist mein Morgensterne,
   Strahlt mir ins Herz so voll.
   Sie hat ein'n roten Mund;
   Sollt' ich sie darauf küssen,
   Mein Herz würd' mir gesund.

3. Wollt' Gott, ich fänd' im Garten
   Drei Rosen auf einem Zweig,
   Ich wollte auf sie warten,
   Ein Zeichen wär' mir's gleich.
   Das Morgenrot ist weit,
   Es streut schon seine Rosen;
   Ade, mein schöne Maid!

(M und T: Volksgut)

Spinn, spinn, meine liebe Tochter

1. „Spinn, spinn, mei - ne lie - be Toch - ter, ich kauf' dir'n Paar
„Ja, ja, mei - ne lie - be Mut - ter, auch Schnallen da-

Schuh." / zu. Ich kann ja nicht spinnen, es schmerzt mich mein

Fin - ger und tut und tut und tut mir so weh."

2. „Spinn, spinn, meine liebe Tochter,
Ich kauf' dir'n Paar Strümpf'."
„Ja, ja, liebe, liebe Mutter,
Auch Zwickeln darin!"

3. „Spinn, spinn, meine liebe Tochter,
Ich kauf' dir ein Kleid."
„Ja, ja, liebe, liebe Mutter,
Nicht zu lang und nicht zu weit!"

4. „Spinn, spinn, meine liebe Tochter,
Ich kauf' dir 'nen Mann."
„Ja, ja, liebe, liebe Mutter,
Dann streng' ich mich an.
Ich kann ja schon spinnen,
Und schmerzt mich kein Finger,
Und tut und tut
Und tut nicht mehr weh."

(M und T: Volksgut)

Wir winden dir den Jungfernkranz

1. Wir win - den dir den Jung - fern - kranz mit veilchenblau - er Sei - de; wir füh - ren dich zu Spiel und Tanz, zu Glück und Lie - bes - freu - de! Schöner, grüner, schö - ner, grü - ner Jungfern - kranz, veil - chen - blau - e Sei - de, veil - chen - blau - e Sei - de!

2. Lavendel, Myrt' und Thymian,
   Das wächst in meinem Garten;
   Wie lang bleibt doch der Freiersmann?
   Ich kann es kaum erwarten.
   Schöner, grüner . . .

3. Und als der schmucke Freier kam,
   War'n sieben Jahr' verronnen;
   Und weil er die Herzliebste nahm,
   Hat sie den Kranz gewonnen.
   Schöner, grüner . . .

(M: C. M. von Weber, T: F. Kind)

21

Wach auf, mein's Herzens Schöne

1. Wach auf, mein's Her - zens Schö - ne, Herz - al - ler - lieb - ste mein!
Ich hör' ein süß Ge - tö - ne von klei - nen Waldvög - lein.

Die hör' ich so lieb - lich sin - gen, ich mein', ich säh' des Ta - ges Schein vom O - ri - ent her - drin - gen.

2. Ich hör' die Hahnen krähen
   Und spür' den Tag dabei,
   Die kühlen Windlein wehen,
   Die Sternlein leuchten frei;
   Sing uns, Frau Nachtigalle,
   Sing uns ein' süße Melodei,
   Sie neut den Tag mit Schalle.

3. Der Himmel tut sich färben
   Aus weißer Farb' in Blau,
   Die Wolken tun sich färben
   Aus schwarzer Farb' in Grau;
   Die Morgenröt' tut herschleichen,
   Wach auf mein Lieb und mach mich frei,
   Der Tag will uns entweichen.

4. Ich sollt' dir ein'n Boten senden,
   Der mir ein' Botschaft würb',
   Ich fürcht', er tut sich wenden,
   Daß unser Lieb verdürb'.
   Schick dich zu mir alleine,
   Feins Lieb, feins Lieb, sei unverzagt!
   In Treuen ich dich meine.

5. So darf ich niemals vertrauen,
   Herzlieb in diesem Fall;
   Die Klaffer machen uns ein Grauen,
   Der ist so große Zahl.
   Wenn unsre Lieb sich soll meiden,
   Der Klaffer find't man überall,
   Noch will ich mich nicht scheiden.

6. Du hast mein Herz umfangen
   Mit aller inbrünstigen Gier;
   Ich bin so oft gegangen,
   Feinslieb, nach deiner Zier.
   Ob ich dich möcht' ersehen,
   So wird erfreut das Herz in mir,
   Die Wahrheit tu' ich jehen*.

*) jehen (mhd.): bekennen

(M: Joh. F. Reichardt, T: Taglied aus dem 16. Jahrhundert)

Ännchen von Tharau

1. Änn - chen von Tha - rau ist's, die mir ge - fällt; sie ist mein
Änn - chen von Tha - rau hat wie - der ihr Herz auf mich ge-

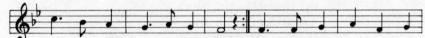

Le - ben, mein Gut und mein Geld. Änn - chen von Tha - rau, mein
rich - tet in Lieb' und in Schmerz.

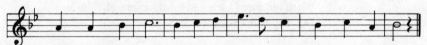

Reich - tum, mein Gut, du mei - ne See - le, mein Fleisch und mein Blut!

2. Käm' alles Wetter gleich auf uns zu schlahn,
   Wir sind gesinnt, beieinander zu stahn.
   Krankheit, Verfolgung, Betrübnis und Pein
   Soll unsrer Liebe Verknotigung sein.
   Ännchen von Tharau, mein Reichtum, mein Gut,
   Du meine Seele, mein Fleisch und mein Blut!

3. Recht als ein Palmenbaum über sich steigt,
   Hat ihn erst Regen und Sturmwind gebeugt,
   So wird die Lieb' in uns mächtig und groß
   Nach manchen Leiden und traurigem Los.
   Ännchen von Tharau, mein Reichtum, mein Gut,
   Du meine Seele, mein Fleisch und mein Blut!

4. Würdest du gleich einmal von mir getrennt,
   Lebtest da, wo man die Sonne kaum kennt:
   Ich will dir folgen durch Wälder und Meer,
   Eisen und Kerker und feindliches Heer.
   Ännchen von Tharau, mein Licht, meine Sonn',
   Mein Leben schließ' ich um deines herum.

(M: Friedrich Silcher, 1825, T: nach Simon Dach, 1637)

Feinsliebchen, du sollst mir nicht barfuß gehn

1. Feins - lieb - chen, du sollst mir nicht bar - fuß gehn! Du zertrittst dir die zar - ten Füß - lein schön. Tra - la - la - la,
tra - la - la - la! Du zertrittst dir die zar - ten Füß - lein schön.

2. „Wie sollte ich denn nicht barfuß gehn,
   Hab' keine Schuh' ja anzuziehn."

3. „Feinsliebchen, willst du mein eigen sein,
   So kaufe ich dir ein Paar Schühlein fein."

4. „Wie könnte ich euer eigen sein,
   Ich bin ein armes Mägdelein."

5. „Und bist du auch arm, so nehm' ich dich doch,
   du hast ja die Ehr' und die Treue noch."

6. „Die Ehr' und die Treue mir keiner nahm,
   Ich bin, wie ich von der Mutter kam."

7. Was zog er aus seiner Taschen fein?
   Von lauter Gold ein Ringelein.

*(M: nach der westfälischen Ballade „Winterrosen", T: A. W. F. von Zuccalmaglio nach
J. G. Meinerts Aufzeichnung eines Liedes aus dem Kuhländchen)*

Mein Mädel hat einen Rosenmund

1. Mein Mä-del hat einen Ro-senmund, und wer ihn
küßt, der wird ge-sund. O du, o du, o du. O
du schwarzbraunes Mäg-de-lein, du la la la la la la, du
la la la la la, du läßt mir kei-ne Ruh'!

2. Die Wangen sind wie Morgenröt',
   Wie sie steht überm Winterschnee.

3. Dein' Augen sind wie die Nacht so schwarz,
   Wenn nur zwei Sternlein funkeln drin.

4. Du Mädel bist wie der Himmel gut,
   Wenn er über uns blau sich wölben tut.

(M: A. Kretzschmer, T: A. W. F. von Zuccalmaglio)

Je höher der Kirchturm

1. Je hö - her der Kirch - turm, de - sto schö - ner das Ge -
   je wei - ter mein Schät - zel, de - sto grö - ßer die

läu - te, Freu - de. Ju - vi - val - le - ra, ju - vi - val - le - ra! Schatz,

schei - den tut weh, ja weh, und die Lie - be, sie tut

schwanken, wie das Schiff - lein auf der See.

2. Je tiefer das Wasser,
   Desto weißer die Fisch',
   Je weiter mein Schätzel,
   Desto lieber mir's ist.

3. Daß es im Walde dunkel ist,
   Das macht ja das Holz;
   Daß mir mein Schätzel untreu ist,
   Das macht ja sein Stolz.

4. Zwei schneeweiße Tauben
   Fliegen über mein Haus,
   Der Schatz, wo mir bestimmt ist,
   Der bleibt mir nit aus.

5. Je dunkler die Nacht,
   Desto heller die Stern',
   Je heimlicher die Lieb' ist,
   Desto mehr hab' ich sie gern.

(M und T: Volksgut)

Mädele, ruck, ruck, ruck
(Die Auserwählte)

1. Mä-de-le, ruck, ruck, ruck an mei-ne grü-ne

Sei-te, i hab' di gar so gern, i kann di lei-de! Mä-de-le,

ruck, ruck, ruck an mei-ne grü-ne Sei-te, i hab' di

gar so gern, i kann di lei-de. Bist so lieb und gut, schön wie

Milch und Blut, du mußt bei mir blei-be, mußt mir

d'Zeit ver-trei-be! Mä-de-le, ruck, ruck, ruck an mei-ne grü-ne

Sei-te, i hab' di gar so gern, i kann di lei-de!

2. Mädele, guck, guck, guck in meine schwarze Auge,
    Du kannst dei lieblichs Bildle drinne schauge!
    Guck no recht drei nei, du mußt drinne sei;
    Bist du drinne z'Haus, kommst au nimme raus!
    Mädele, guck, guck, guck in meine schwarze Auge,
    Du kannst dei lieblichs Bildle drinne schauge!

3. Mädele, du, du, du mußt mir den Trauring gebe,
    Denn sonst liegt mir ja nix mehr an mein'm Lebe!
    Wenn i di net krieg, gang i fort in'n Krieg;
    Wenn i di net hab', ist mir d'Welt a Grab!
    Mädele, du, du, du mußt mir den Trauring gebe,
    Denn sonst liegt mir ja nix mehr an mein'm Lebe!

(M und T: 1. Strophe ist Volksgut, T: 2. u. 3. Strophe von Heinrich Wagner)

Stehn zwei Stern' am hohen Himmel

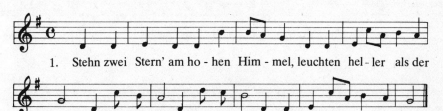

1. Stehn zwei Stern' am ho - hen Him - mel, leuchten hel - ler als der

Mond; leuchten so hell, leuchten so hell, leuchten hel - ler als der Mond.

2. Ach, was wird mein Schätzel denken,
    Weil ich bin so weit von ihr.

3. Gerne wollt' ich zu ihr gehen,
    Wenn der Weg so weit nicht wär'.

4. Gerne wollt' ich ihr was schenken,
    Wenn ich wüßt', was recht sollt' sein.

5. Gold und Silber, Edelsteine,
    Schönster Schatz, gelt, du bist mein.
    Ich bin dein, du bist mein,
    Ach, was kann denn schöner sein?

(M und T: Volkslied aus dem Westerwald)

All' mein' Gedanken, die ich hab'

(Volksweise)

1. All' mein' Ge - dan - ken, die ich hab', die sind bei dir.
Du aus - er - wähl - ter, einz - ger Trost, bleib stets bei mir.

Du, du sollst an mich ge - den - ken; hätt' ich al - ler

Wünsch' Ge - walt, von dir wollt' ich nicht wan - ken.

2. Du auserwählter, einzger Trost, gedenk daran!
   Mein Leib und Seel, das sollst du gar zu eigen han!
   Dein, dein, dein will ich ewig bleiben;
   Du gibst Freud' und hohen Mut,
   Kannst all mein Leid vertreiben.

3. Du Allerliebst und Minniglich, du bist so zart,
   Deinsgleichen wohl in allen Reich, die find't man hart.
   Bei dir, bei dir ist mein Verlangen.
   Nun ich von dir scheiden soll,
   So hältst du mich umfangen.

(M und T: aus dem Lochamer Liederbuch, um 1460)

Steh' ich in finstrer Mitternacht

(Soldatenliebe)

1. Steh' ich in fin-strer Mit-ter-nacht so ein-sam auf der stil-len Wacht, so denk' ich an mein fer-nes Lieb, ob mir's auch treu und hold ver - blieb?

2. Als ich zur Fahne fortgemüßt,
Hat sie so herzlich mich geküßt,
Mit Bändern meinen Hut geschmückt
Und weinend mich ans Herz gedrückt.

3. Sie liebt mich noch, sie ist mir gut,
Drum bin ich froh und wohlgemut;
Mein Herz schlägt warm in kalter Nacht,
Wenn es ans treue Lieb gedacht.

4. Jetzt bei der Lampe mildem Schein
Gehst du wohl in dein Kämmerlein,
Und schickst dein Nachtgebet zum Herrn,
Auch für den Liebsten in der Fern'.

5. Doch wenn du traurig bist und weinst,
Mich von Gefahr umrungen meinst,
Sei ruhig, bin in Gottes Hut,
Er liebt ein treu Soldatenblut.

6. Die Glocke schlägt, bald naht die Rund'
Und löst mich ab zu dieser Stund';
Schlaf wohl im stillen Kämmerlein
Und denk in deinen Träumen mein!

(M: Volksweise, T: Wilhelm Hauff)

Von allen den Mädchen
(Die Lore am Tore)

(M: Volksweise, T: H. Ch. Boie)

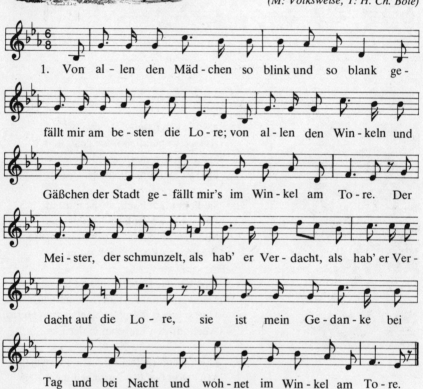

1. Von al-len den Mäd-chen so blink und so blank ge-fällt mir am be-sten die Lo-re; von al-len den Win-keln und Gäßchen der Stadt ge-fällt mir's im Win-kel am To-re. Der Mei-ster, der schmunzelt, als hab' er Ver-dacht, als hab' er Ver-dacht auf die Lo-re, sie ist mein Ge-dan-ke bei Tag und bei Nacht und woh-net im Win-kel am To-re.

2. Und kommt sie getrippelt das Gäßchen herab,
So wird mir ganz schwül vor den Augen;
Und hör' ich von weitem ihr leises Klippklapp,
Kein' Niet oder Band will mehr taugen.
Die Damen bei Hofe, so sehr sie sich ziern,
Sie gleichen doch nicht meiner Lore.

3. Und kommet die liebe Weihnacht heran,
Und strotzt mir das Geld in der Westen,
Das Geld, das die Mutter zum Rock mir gesandt:
Ich geb's ihr, bei ihr ist's am besten.
Und würden mir Schätze vom Teufel gebracht,
Ich trüge sie alle zur Lore.

4. Und kommet nun endlich auch Pfingsten heran,
Nach Handwerksgebrauch müßt' ich wandern;
Dann werd' ich jedoch für mein eigenes Geld
Hier Bürger und Meister trotz andern.
Dann werde ich Meister in dieser Stadt:
Frau Meisterin wird meine Lore;
Dann geht es Juchheissa! bei Tag und bei Nacht,
Doch nicht mehr im Winkel am Tore.

Du, du liegst mir im Herzen
(Sehnsucht)

(M und T: Volksgut aus Norddeutschland)

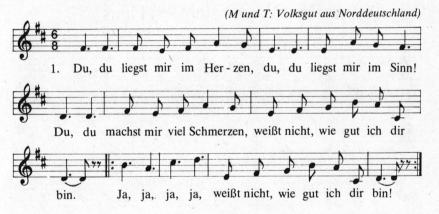

1. Du, du liegst mir im Her - zen, du, du liegst mir im Sinn!
Du, du machst mir viel Schmerzen, weißt nicht, wie gut ich dir
bin. Ja, ja, ja, ja, weißt nicht, wie gut ich dir bin!

2. So, so wie ich dich liebe,
So, so liebe auch mich!
Die, die zärtlichsten Triebe
Fühl' ich allein nur für dich.

3. Doch, doch darf ich dir trauen,
Dir, dir mit leichtem Sinn?
Du, du kannst auf mich bauen,
Weißt ja, wie gut ich dir bin.

4. Und, und wenn in der Ferne
Dein, dein Bild mir erscheint,
Dann, dann wünsch' ich so gerne,
Daß uns die Liebe vereint.

Dort in den Weiden steht ein Haus

1. Dort in den Wei-den steht ein Haus, steht ein Haus, steht ein Haus, da schaut die Magd zum Fen-ster 'naus, zum Fen-ster 'naus. Sie schaut strom-auf, sie schaut strom-ab: „Ist noch nicht da mein Her-zens-knab'? Der schön-ste Bursch am gan-zen Rhein, den nenn' ich mein!

2. Des Morgens fährt er auf dem Fluß
Und singt herüber seinen Gruß,
Ja seinen Gruß.
Des Abends, wenn's Glühwürmchen fliegt,
Sein Nachen an das Ufer wiegt,
Da kann ich mit dem Burschen mein
Beisammen sein.

3. Die Nachtigall im Fliederstrauch,
Was sie da singt, versteh' ich auch,
Versteh' ich auch."
Sie sagte: „Übers Jahr ist Fest,
Hab' ich, mein Liebster, auch ein Nest,
Wo ich dann mit dem Burschen mein
Die Frohst' am Rhein!" *(M und T: A. W. F. v. Zuccalmaglio)*

Dat du min Leevsten büst

1. Dat du min Leev - sten büst, dát du wul weeßt.

Kumm bi de Nacht, kumm bi de Nacht, segg mi wat Leevs!

Kumm bi de Nacht, kumm bi de Nacht, segg mi wat Leevs!

2. Kumm du üm Middernacht,
Kumm du Klock een!
Vader slöpt, Moder slöpt,
Ick slap alleen.

3. Klopp an de Kammerdör,
Fat an de Klink!
Vader meent, Moder meent,
Dat deit de Wind.

4. Kummt denn de Morgenstund,
Kreiht de ol Hahn.
Leevster min, Leevster min,
Denn mößt du gahn!

5. Sachen den Gang henlank,
Lies mit de Klink!
Vader meent, Moder meent,
Dat deit de Wind.

(M und T: Volksgut aus Norddeutschland)

35

Das Schiff streicht durch die Wellen

(Schifferlied)

1. Das Schiff streicht durch die Wel - len, fi - de - lin. Vom Ost die Se - gel schwel - len, fi - de - lin. Ver - schwunden ist der Strand in die Fer - ne, o wie ger - ne wär' ich. noch im Hei - mat- land, fi - de - lin, fi - de - lin!

2. Ihr dunkelblauen Wogen, fidelin,
   Wo kommt ihr hergezogen, fidelin?
   Kommt ihr vom fernen Strand?
   Laßt sie rollen,
   Denn sie sollen
   Noch zurück zum Heimatland,
   Fidelin, fidelin!

3. Und wenn die Wellen rauschen, fidelin,
   Wird sie am Ufer lauschen, fidelin.
   Dann eilet hin zu ihr. Sie zu grüßen,
   Sie zu küssen,
   Sagt ihr viel, recht viel von mir,
   Fidelin, fidelin!

4. Mag ich auf Wellen schwanken, fidelin,
   Sind immer die Gedanken, fidelin,
   Bei dir im Heimatland.
   Was ich singe,
   Das erklinge
   Bis hinüber an den Strand,
   Fidelin, fidelin!

5. Wenn wild die Stürme sausen, fidelin,
   Und hoch die Wellen brausen, fidelin,
   Dann denk' ich nur an dich,
   Daß mir bliebe
   Deine Liebe,
   Und kein Sturm erschüttert mich,
   Fidelin, fidelin!

   (M: G. B. Perneckini, T: I. von Brassier)

Wenn des Sonntags früh

(Das Schweizermadel)

1. Wenn des Sonn - tags früh um vier die Sonn' auf - geht und das
Hol - la hi - a hi - a hi - a hol - la - ho, hol - la

Schweizer - ma - del auf die Alm naufgeht,
hi - a hi - a hi - a hol - la - ho, bleibt ein Wan - der - bursch

am We - ge stehn, weil das Schweizer - ma - del sang so schön.

2. In der ersten Hütt', da hab'n wir zusammeng'sess'n,
In der zweiten Hütt', da hab'n wir zusammengess'n,
In die dritte hab'n wir reingeschaut,
Saß ein Wanderbursch mit seiner Braut.

3. Mädel heirat mich, ich bin ein Zimmermann,
Baue Häuser mit 'ner Liebeslaube dran,
Kann nicht länger bleiben so allein;
Mädel, heirat mich und du bist mein!

(M und T: Volksgut)

Allemal kann man nit lustig sein

1. Al - le - mal kann man nit lu - stig sein, al - le - mal
hat man kein' Freud', al - le - mal liebt man sein Schät - zel nit,
Schät - zel nit, al - le - mal hat man nit Zeit.

2. Wenn ich dein Bild mir betrachten tu',
   Muß ich mich an dir erfreun:
   Allezeit kommst du mir schöner vor,
   Und ich lieb' dich von neu'm.

3. Äugelein hast du in deinem Kopf,
   Glänzen natürlich von fern,
   Wie der Karfunkel im Ofenloch,
   Wie das Licht in der Latern.

(Übertragung eines schwäbischen Schnaderhüpferls)

Als ich noch im Flügelkleide

(Dauernde Liebe)

1. Als ich noch im Flü-gel-klei-de in die Mäd-chen-schu-le ging, o wie hüpft' ich da vor Freu-de, wenn mich Li-na froh emp-fing; und, wie man als Kind oft tut, zu mir sprach: „Ich bin dir gut!" und, wie man als Kind oft tut, zu mir sprach: „Ich bin dir gut!"

2. Gern saß ich ihr gegenüber,
Und anstatt ins Buch zu sehn,
Sah ich drunter oder drüber,
Mocht' es gleich mir übel gehn;
Bis sie mich zur Seite lud
Mit dem Gruß: „Ich bin dir gut!"

3. Wenn wir Kinder abends spielten,
Uns vom großen Feuermann
Und von Hexen unterhielten,
Sah mich Lina zärtlich an:
„Was schert uns die Hexenbrut?
Fritz, komm her, ich bin dir gut!"

4. Als ich Jüngling heißen wollte
   Und doch nur erst Knabe war,
   Der die Weisheit lernen sollte,
   Floß ihr Auge sonnenklar,
   Und auch dieser Augen Glut
   Sagte mir: „Ich bin dir gut!"

5. Schrieb ich aus der fernen Weite,
   Daß ich mich ja ganz allein,
   Einzig nur an ihrer Seite
   Dieses Lebens könnte freun;
   Schrieb sie mir mit ihrem Blut
   Den Bescheid: „Ich bin dir gut!"

6. Aber ach, der süßen Freude,
   Da ich nun nach Hause kam!
   Unsre Herzen hüpften beide,
   Als ich in den Arm sie nahm,
   Stieg auf ihre Wangen Glut,
   Und sie sprach: „Ich bin dir gut!"

7. Als der Trauungsmorgen tagte
   Und mein Mund sie feierlich
   Bei der Zeugen Ankunft fragte:
   „Lina, liebst du wirklich mich?"
   Da gab sie mit hohem Mut
   Den Bescheid: „Ich bin dir gut!"

8. Als der Priester seinen Segen
   Vor dem Traualtar uns gab,
   Floß gleich einem Sonnenregen
   Eine Tränenflut herab;
   Und auch diese Tränenflut
   Sagte mir: „Ich bin dir gut!"

9. O die Welt wird mir zum Himmel,
   Zum Elysium sogar,
   Wenn mir unter dem Getümmel
   Meiner muntern Kinderschar
   Sanft mein Weib im Arme ruht
   Und mir sagt: „Ich bin dir gut!"

(M: Wolfgang Amadeus Mozart, T: um 1790, Verfasser unbekannt)

Und der Hans schleicht umher

1. Und der Hans schleicht um-her, trü-be Au-gen, blas-se Wan-gen, und das Herz ihm be-fan-gen und der Kopf ihm so schwer, und die Lie-se vor der Tü-re, ro-tes Mie-der, gold-ne Schnü-re, schaut hin-auf nach dem Him-mel und sieht den Hans nicht an, schaut hin-auf nach dem Him-mel und sieht den Hans nicht an.

2. Liebe Liese, komm her!
   Laß den Himmel, der ist trübe,
   Doch im Herzen die Liebe,
   Ach, die brennt gar so sehr!
   Aber wenn du wieder gut bist
   Und du wieder deinen Hans küßt,
   Oh, dann ist auch auf einmal
   Der Himmel wieder hell,
   Oh, dann ist auch auf einmal
   Der Himmel wieder hell!

3. Und er bittet und fleht,
   Und er zupft sie am Zöpfchen,
   Und die Liese hält's Köpfchen
   Schon halb umgedreht.
   Und sie lacht schon und zieht's Mäulchen,
   Und sie ziert sich noch ein Weilchen,
   Und dann küßt sie den Hans,
   Und 's ist alles wieder gut,
   Und dann küßt sie den Hans,
   Und 's ist alles wieder gut.

(M und T: F. von Woyna)

Gestern bei Mondenschein
(Bei Mondenschein)

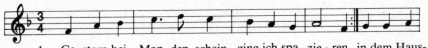

1. Ge-stern bei Mon-den-schein ging ich spa-zie-ren in dem Haus-

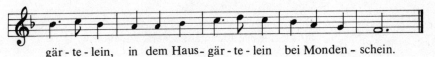

gär-te-lein, in dem Haus-gär-te-lein bei Monden-schein.

2. Da saß ein Mägdelein wohl ganz alleine
   In dem Hausgärtelein bei Mondenschein.

3. Mägdlein, was machst du hier so ganz alleine
   In dem Hausgärtelein bei Mondenschein?

4. Ich bind' ein Kränzlein von grünen Zypressen
   In dem Hausgärtelein bei Mondenschein.

5. Es soll dem Liebsten sein, wenn er wird kommen
   In das Hausgärtelein bei Mondenschein.

(M und T: Volksgut, angeblich aus Schlesien)

An dem schönsten Frühlingsmorgen (Die Spröde)

1. An dem schönsten Früh-lings-mor-gen ging die
Schä-fer-in und sang, jung und schön und oh-ne
Sor-gen, daß es durch die Wäl-der klang. So
la la, la la la la, la la la la la la la la la la la!

2. Thyrsis bot ihr für ein Mäulchen
   Zwei, drei Schäfchen gleich am Ort,
   Sie besann sich noch ein Weilchen;
   Doch sie sang und lachte fort. So lala usw.

3. Und ein andrer bot ihr Bänder,
   Und der dritte bot sein Herz;
   Doch sie trieb mit Herz und Bändern
   So wie mit den Lämmern Scherz. So lala usw.

4. Bei dem Glanz der Abendröte
   Ging sie still den Wald entlang,
   Damon saß und spielte Flöte,
   Daß es durch die Seele drang. So lala usw.

5. Und er zog sie, ach, zu sich nieder,
   Küßte sie so hold, so süß;
   Und sie sagte: „Blase wieder!"
   Und der gute Junge blies: So lala usw.

6. Meine Ruh' ist nun verloren,
   Meine Freuden sind entflohn,
   Und ich hör' vor meinen Ohren
   Immer nur den süßen Ton: So lala usw.

(M: Friedrich H. Himmel, T: Johann Wolfgang von Goethe)

Es war ein Sonntag, hell und klar

(M: K. Götze, T: A. Freudenthal)

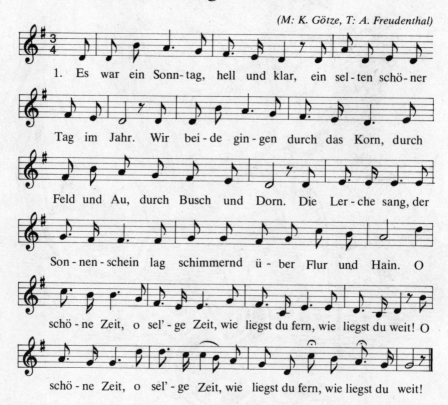

1. Es war ein Sonn-tag, hell und klar, ein sel-ten schö-ner

Tag im Jahr. Wir bei-de gin-gen durch das Korn, durch

Feld und Au, durch Busch und Dorn. Die Ler-che sang, der

Son-nen-schein lag schimmernd ü-ber Flur und Hain. O

schö-ne Zeit, o sel'-ge Zeit, wie liegst du fern, wie liegst du weit! O

schö-ne Zeit, o sel'-ge Zeit, wie liegst du fern, wie liegst du weit!

2. Wir gingen schweigend Arm in Arm,
   Das Herz so voll, das Herz so warm.
   Die blauen Augen dein, o Maid,
   Erstrahlten hell in Seligkeit.
   Tief drang ihr Blick ins Herz mir ein,
   Weit schöner als der Sonnenschein!

3. Auf stiller brauner Heide dort,
   Da fand mein Herz das rechte Wort,
   Da fand mein Mund zum Kuß den Mut!
   Leis frug ich dich: „Bist du mir gut?"
   Da sahst du mich so eigen an:
   „Das weißt du nicht, du böser Mann?"

Zu Lauterbach hab' i mein' Strumpf verlor'n
(Zu Lauterbach)

(M und T: Volksgut)

1. Zu Lau - ter - bach hab' i mein' Strumpf ver - lor'n, und oh - ne Strumpf geh' i nöt hoam, drum geh' i erst wie - der nach Lau - ter - bach und kauf' mir an Strumpf zu dem oan!

2. Zu Lauterbach hab' i mein Herz verlor'n,
   Und ohne Herz kann i nöt leb'n!
   Drum muß i bald wieder nach Lauterbach,
   Und's Dirndel solls seine mir geb'n!

3. Vater, wann gibst mir denn's Heimatel,
   Vater, wann läßt's mir überschreib'n?
   Denn's Dirndel wachst auf as wie's Grummatel
   Und will nöt mehr lediger bleib'n.

4. Das Dirndel hat schwarzbraune Augele,
   Gar nett wie a Täuberl schaut's her;
   Und wann i beim Fenster oan Schneppler tu',
   Dann kommt sie ganz freundli daher.

Willst du dein Herz mir schenken

1. Willst du dein Herz mir schenken, so fang es heim-lich an, daß un-ser bei-der Denken nie-mand er - - - - - ra - - ten kann! Die Lie - be muß uns bei.- den all - zeit ver - schwiegen sein; drum schließ die größ - ten Freu – den in mei - nem Her – zen ein!

2. Behutsam sei und schweige
Und traue keiner Wand,
Lieb innerlich und zeige
Dich außen unbekannt!
Kein' Argwohn mußt du geben,
Verstellung nötig ist;
Genug, daß du, mein Leben,
Der Treu' versichert bist.

3. Begehre keine Blicke
Von meiner Liebe nicht!
Der Neid hat viele Tücke
Auf unsern Bund gericht't.
Du mußt die Brust verschließen,
Halt deine Neigung ein!
Die Lust, die wir genießen,
Muß ein Geheimnis sein.

4. Zu frei sein, sich ergehen,
Hat oft Gefahr gebracht;
Man muß sich wohl verstehen,
Weil ein falsch Auge wacht.
Du mußt den Spruch bedenken,
Den ich vorher getan:
Willst du dein Herz mir schenken,
So fang es heimlich an!

(M: J. S. Bach, nach anderen Quellen Michelangelo Girolamo Giovannini;
T: Christian Weise)

Guter Mond, du gehst so stille
(An den Mond)

1. Gu - ter Mond, du gehst so stil - le in den
bist so ru - hig, und ich füh - le, daß ich

A - bend - wol - ken hin;
oh - ne Ru - he bin! Trau - rig fol - gen mei - ne

Blik - ke dei - ner stil - len, hei - tern Bahn. Oh, wie

hart ist das Ge - schik - ke, daß ich dir nicht fol - gen kann!

2. Guter Mond, dir darf ich's sagen,
Was mein banges Herze kränkt,
Und an wen mit bittern Klagen
Die betrübte Seele denkt!
Guter Mond, du sollst es wissen,
Weil du so verschwiegen bist,
Warum meine Tränen fließen
Und mein Herz so traurig ist.

3. Dort in jenem kleinen Tale,
   Wo die dunkeln Bäume stehn,
   Nah bei jenem Wasserfalle
   Wirst du eine Hütte sehn;
   Geh durch Wälder, Bäch' und Wiesen,
   Blicke sanft durchs Fenster hin,
   So erblickest du Elisen,
   Aller Mädchen Königin.

4. Nicht in Gold und nicht in Seide
   Wirst du dieses Mädchen sehn;
   In gemeinem, nettem Kleide
   Pflegt mein Mädchen stets zu gehn.
   Nicht vom Adel, nicht vom Stande,
   Was man sonst so hoch verehrt,
   Nicht von einem Ordensbande
   Hat mein Mädchen ihren Wert.

5. Nur ihr reizend gutes Herze
   Macht sie liebenswert bei mir,
   Stolz im Ernste, froh im Scherze,
   Jeder Zug ist gut an ihr.
   Ausdrucksvoll sind die Gebärden,
   Froh und heiter ist ihr Blick;
   Kurz, von ihr geliebt zu werden
   Scheinet mir das größte Glück.

6. Mond, du Freund der reinen Triebe,
   Schleich dich in ihr Kämmerlein!
   Sage ihr, daß ich sie liebe,
   Daß sie einzig und allein
   Mein Vergnügen, meine Freude,
   Meine Lust, mein Alles ist,
   Daß ich gerne mit ihr leide,
   Wenn ihr Aug' in Tränen fließt!

7. Daß ich aber schon gebunden
   Und nur leider zu geschwind
   Meine süßen Freiheitsstunden
   Schon für mich verschwunden sind,
   Und daß ich nicht ohne Sünde
   Lieben könne in der Welt –
   Lauf und sag's dem guten Kinde,
   Ob ihr diese Lieb' gefällt!   *(M und T: Volksgut)*

Bald gras' ich am Neckar

(Das Ringlein)

(M und T: Volksgut)

1. Bald gras' ich am Nek-kar, bald gras' ich am Rhein; bald . hab' ich ein Schät-zel, bald bin ich al – lein.

2. Was hilft mir das Grasen, wenn die Sichel nicht schneid't!
   Was hilft mir ein Schätzel, wenn's bei mir nicht bleibt!

3. Und soll ich dann grasen am Neckar, am Rhein,
   So werf' ich mein goldiges Ringlein hinein.

4. Es fließet im Neckar und fließet im Rhein,
   Soll schwimmen hinunter ins tiefe Meer 'nein.

5. Und schwimmt das Goldringlein, so frißt es ein Fisch;
   Das Fischlein soll kommen auf Königs sein' Tisch.

6. Der König tät fragen, wem's Ringlein soll sein?
   Da tät mein Schatz sagen: „Das Ringlein g'hört mein."

7. Mein Schätzlein tät springen bergauf und bergein,
   Tät mir wied'rum bringen das Goldringlein fein.

Wenn i auf Amorbach geh'

1. Wenn i auf A - mor - bach geh', setz' ich mein
Hütl in die Höh'. Wie ich'n Stück auf - fi kumm,
schau' ich mich um und um, seh' ich mein Schätzle da
stehen wie ein braun's Näglein so schön.

2. „Schätzle, wie meinst du's mit mir?
Meinst du, daß ich dich vexier'?
Meinst du, daß ich mich bekränk'
Oder ins Wasser versenk'?
Lieget die Schuld nicht an dir,
Weil du so umgehst mit mir?"

3. „Schätzle, laß dein Trotzen nur sein!
Trotzen, das steht dir nicht fein;
Freundlich bist erst gewest
Mit mir aufs allerbest',
Aber drei Wochen nachher
Red'st du kein Wörtle mit mir."

4. „Schätzle, was sagen dein' Leut',
Daß dich das Lieben so freut?"
„Mein Leut' sag'n jederzeit:
Lieben geht weit und breit,
Lieben geht in der Welt rum,
Schätzle, schau dich noch mal um!"

(M und T: Volksgut)

53

Wenn d' zu mei'm Schätzel kommst
(Gruß)

1. Wenn d' zu mei'm Schät-zel kommst, sag, ich laß's grü-ßen; wenn d' zu mei'm Schät-zel kommst, sag ich laß's grü-ßen! Wenn sie fragt, wie mir's geht, wie es steht, wie mir's geht, sag: auf zwei Fü-ßen, hei-di-de-ri-de-ral-la-la! sag: auf zwei Fü-ßen, hei-di-de-ri-de-ra!

2. Wenn sie fragt, ob ich krank,
Sag, ich sei g'storben;
Wenn sie fragt, ob ich krank,
Sag, ich sei g'storben!
Wenn's an zu weinen fangt,
Klagen fangt, weinen fangt,
Sag: ich komm morgen,
Heidideriderallala!
Sag: ich komm morgen,
Heidideridera!

3. Mädel, trau nit so wohl,
Du bist betrogen;
Mädel, trau nit so wohl,
Du bist betrogen.
Daß ich dich gar nit mag,
Nimmer mag, gar nit mag,
Das ist erlogen,
Heidideriderallala!
Das ist erlogen,
Heidideridera!

(M und T: Volksgut)

Denk' ich alleweil
(Verlorene Liebesmüh')

1. Denk' ich al - le - weil, denk' ich al - le - weil, schön
Schätz - lein wär' mein; jetzt seh' ich's vor Au - gen, es
kann ja nicht sein; jetzt seh' ich's vor Au - gen, es
kann ja nicht sein.

2. Wo ich gehe, wo ich stehe,
Das Herz tut mir weh;
Den Leuten ist's zuwider,
Wenn ich nur mit ihr geh'.

3. „Herzig Schätzlein, bist du drinnen,
Steh auf und mach auf!
Es friert mich an meine Finger,
Bin sonst nicht wohlauf."

4. „Friert dich's an deine Finger,
Zieh Handschühle an,
Bleib nur eine Weil' stehen,
Klopf noch einmal an!"

5. „Was batt' mir mein Klopfen?
Du machst mir nicht auf;
Du tust mich vexieren
Und lachst mich nur aus!"

(M und T: Volksgut, wohl aus Schwaben)

56

Wenn ich ein Vöglein wär'

1. Wenn ich ein Vög-lein wär' und auch zwei Flüg-lein hätt',

flög ich zu dir; weil's a-ber nicht kann sein,

weil's a-ber nicht kann sein, bleib' ich all-hier.

2. Bin ich gleich weit von dir,
Bin doch im Schlaf bei dir
Und red' mit dir;
Wenn ich erwachen tu,
Bin ich allein.

3. Es vergeht keine Stund' in der Nacht,
Da nicht mein Herz erwacht
Und an dich gedenkt,
Daß du mir vieltausendmal
Dein Herz geschenkt.

(M: Johann Friedrich Reichardt zugeschrieben,
T: aus Johann Gottfried Herders „Stimmen der Völker in Liedern")

Wenn alle Brünnlein fließen
(Tritt zu!)

1. Wenn al - le Brünn - lein flie - ßen, so muß man trin - ken,
wenn ich mein'n Schatz nicht ru - fen darf, tu ich ihm win - ken,

wenn ich mein'n Schatz nicht ru - fen darf, ju, ja

rufen darf, tu ich ihm win - ken.

2. Ja, winken mit den Äugelein
Und treten auf den Fuß,
's ist eine in der Stube drin,
Die meine werden muß.

3. Warum soll sie's nicht werden,
Ich hab' sie ja so gern.
Sie hat zwei blaue Äugelein,
Die leuchten wie zwei Stern'.

4. Sie hat zwei rote Wängelein,
Sind röter als der Wein,
Ein solches Mädel findst du nicht
Wohl unterm Sonnenschein.

5. „Ach herz'ger Schatz, ich bitte dich,
   Ach laß mich gehen!
   Denn deine Leut' die schmähen mich,
   Ich muß mich schämen."

6. Was frag' ich nach den Leuten,
   Die mich tun schmähen?
   Ei, so lieb ich noch einmal,
   Ju, ja noch einmal
   Die schönen Mädchen!

(M und T: Volksgut)

In meines Vaters Garten

1. In mei-nes Va-ters Gar-ten, da lag ich, und ich schlief, da träumte mir ein Träu-me-lein von meinem Feins-herz-lieb, — da träumte mir ein Träu-me-lein von meinem Feins-herz-lieb.

2. Und da ich nun erwachte,
   Da stand niemand bei mir;
   Es war'n die roten Rosen,
   Sie blühten über mir.

3. Ich brach mir ab ein Zweiglein,
   Ich band mir einen Kranz,
   Ich gab ihn meiner Herzliebsten,
   Auf daß sie mit mir tanzt'.

4. Und wie der Tanz am besten war,
   So war das Geigen aus.
   Wir wollten beide heimgehn,
   Wir hatten keins kein Haus.

5. Ich will ein Häuslein bauen
   Von Petersilie grün,
   Ich will mir's lassen decken
   Mit roten Rosen schön.

6. Und wenn ich's nun werd' fertig han,
   Bescher' mir Gott was 'nein,
   Daß ich zu Jahr kann sprechen:
   Das Häuslein, das ist mein!

(M und T: Volksgut,
wohl aus dem schlesischen Bergland)

Kein Feuer, keine Kohle
(Heimliche Liebe)

1. Kein Feu - er, kei - ne Koh - le kann bren - nen so
heiß als heim - li - che Lie - be, von der nie - mand nichts
weiß, – – – – – – – – – von der nie - mand nichts weiß.

2. Keine Rose, keine Nelke kann blühen so schön,
   Als wenn zwei verliebte Seelen beieinander tun stehn.

3. Wie's Waldvöglein singt, wenn's der Frühling anweht,
   So dringt mir ins Herze deine liebliche Red'.

4. Zwei Sternlein am Himmel, zwei Röslein im Hag:
   Mein Herz und das deine sind vom selbigen Schlag.

5. Und willst du es wissen, wie treu ich es mein',
   So setz einen Spiegel ins Herz mir hinein!

6. Und der Spiegel wird's weisen: Es ist nichts darin
   Als Liebe und Treue und ehrlicher Sinn.   *(M und T: Volksgut)*

Warum bist du denn so traurig

(Treue Liebe)

1. War-um bist du denn so trau-rig? Bin ich al - ler Freu-den voll! Meinst, ich könn - te dich ver - las - sen, meinst, ich könn - te dich ver - las - sen? Du ge - fällst mir gar so wohl, du ge - fällst mir gar so wohl.

2. Eh' ich dich, mein Kind, will lassen,
   Muß der Himmel fallen ein
   Und die Sternlein sich erblassen
   Und der Mond verfinstert sein.

3. Morgen muß ich von dir reisen,
   Abschied nehmen mit Gewalt;
   Lustig singen schon die Vögel
   Draußen in dem grünen Wald.

4. Sitzen da zwei Turteltauben
   Droben auf dem dürren Ast;
   Wo sich zwei Verliebte scheiden,
   Da verwelket Laub und Gras.

5. Laub und Gras, das mag verwelken,
   Aber treue Liebe nicht:
   Kommst mir wohl aus meinen Augen,
   Doch aus meinem Herzen nicht!

(M und T: Volksgut)

Ach wie ist's möglich dann
(Treue Liebe)

1. Ach wie ist's mög-lich dann, daß ich dich las-sen kann!

Hab' dich von Her - zen lieb, das glau-be mir!

Du hast das Her-ze mein al - so ge - nom - men ein,

daß ich kein an - deren lieb' als dich al - lein.

2. Blau blüht ein Blümelein,
Das heißt Vergißnichtmein;
Dies Blümlein leg ans Herz
Und denke mein!
Stirbt Blum' und Hoffnung gleich,
Wir sind an Liebe reich;
Denn die stirbt nie bei mir,
Das glaube mir!

3. Wär' ich ein Vögelein,
Wollt' ich bald bei dir sein,
Scheut' Falk' und Habicht nicht,
Flög' schnell zu dir.
Schöß' mich ein Jäger tot,
Fiel' ich in deinen Schoß;
Sähst du mich traurig an,
Gern stürb' ich dann.

(M: Friedrich W. Kücken, T: Helmine von Chézy)

64

Ich ging wohl bei der Nacht
(Nachtfahrt)

1. Ich ging wohl bei der Nacht, die Nacht, die war so fin-ster — val-le-di ral-le-di juck di juck di juck, daß man kein Stern-lein sah.

2. Ich kam vor Liebchens Tür,
   Die Tür, die war verschlossen,
   Der Riegel, der war für.

3. Es war'n der Schwestern drei,
   Die allerjüngste drunter,
   Die ließ den Knaben ein.

4. Sie stellt' mich hinter die Tür,
   Bis Vater und Mutter schliefen,
   Da zog sie mich herfür.

5. Sie führt' mich oben ins Haus,
   Ich dacht' sie führt' mich schlafen,
   Sie stieß mich zum Laden hinaus.

6. Ich fiel auf einen Stein,
   Schlug mir zwei Rippen im Leib entzwei,
   Dazu das linke Bein.

7. Der Fall, der tut mir weh;
   „Ade, du falsches Schätzchen,
   Zu dir komm' ich nicht mehr."

8. „Mein Kind, verred' es nicht!
   Denn ist der Schaden geheilet,
   Das Naschen läßt du nicht."

(M und T: Volksgut)

65

Wenn ich an den letzten Abend gedenk'

(Der letzte Abend)

1. Wenn ich an den letz-ten A – bend gedenk', als ich
Abschied von dir nahm, denn der Mond, der schien so hell, ich mußt'
schei-den von ihr, doch mein Herz bleibt stets bei dir. Nun a-
de, a-de, a-de, nun a-de, a-de, a-de! Feins-lieb-chen, le-be wohl!

2. Meine Mutter hat gesagt, ich sollt 'ne Reiche nehm'n,
   Die da hat viel Silber und Gold;
   Doch viel lieber will ich mich in die Armut begeb'n,
   Als ich dich verlassen sollt'.

3. Großer Reichtum bringt uns keine Ehr',
   Große Armut keine Schand';
   Ei, so wollt' ich, daß ich tausend Taler reicher wär'
   Und hätt' dich an meiner Hand.

4. Ich gedenke, noch einmal reich zu werd'n,
   Aber nicht an Geld und Gut:
   Wollte Gott mir nur schenken das ewige Leb'n,
   Ei, so bin ich reich genug.

5. Das ewige Leben, viel Glück und Seg'n
   Wünsch ich dir vieltausendmal.
   Und du bist mein Schatz, und du bleibst mein Schatz
   Bis in das kühle Grab. Nun ade, ade, ade!
   Feinsliebchen, lebe wohl!

(M und T: Volksgut)

Ich habe mein Feinsliebchen
(Vergebliche Warnung)

1. Ich ha - be mein Feins - lieb - chen, ich ha - be mein Feins -
lieb - chen so lan - ge nicht ge - sehn, so lan - ge nicht ge - sehn.

2. Ich sah sie gestern abend
   Wohl in der Haustür stehn.
   Ich sah sie gestern abend
   Wohl in der Haustür stehn.

3. Ich dacht', ich wollt' sie küssen,
   Der Vater sollt's nicht wissen;
   Die Mutter ward's gewahr,
   Daß jemand bei ihr war.

4. „Ach Tochter, willst du freien?
   Das wird dich bald gereuen!
   Es reut dich ganz gewiß,
   Es reut dich ganz gewiß.

5. Wenn andre junge Mädchen
   Mit ihren grünen Kränzchen
   Wohl auf den Tanzboden gehn,
   Wohl auf den Tanzboden gehn.

6. Da mußt du junges Weibchen
   Mit deinem schneeweißen Häubchen
   Wohl an der Wiege stehn,
   Wohl an der Wiege stehn.

7. Mußt singen: Ru ru Rinnchen,
   Schlaf ein, mein liebes Kindchen,
   Tu deine Äuglein zu
   Und schlaf in guter Ruh'!"

8. „Ach hätt' die Lieb' nicht so gebrannt,
   So wär'n wir nicht so nah bekannt;
   Das Feuer brennet sehr,
   Die Liebe noch viel mehr.

9. Das Feuer kann man löschen,
   Die Liebe nicht vergessen,
   Ja nun und nimmermehr,
   Ja nun und nimmermehr."

(M und T: Volksgut)

Den Sonntag, des Morgens in aller Fruh

(Liebesschmerz)

1. Den Sonn-tag, des Mor-gens in al-ler Fruh, da
kam mir ei-ne trau-ri-ge Botschaft zu, dieweil ich von mei'm Schätzchen hab' Abschied genomm'n, ich
soll-te doch noch ein-mal zu ihr komm'n.

2. Und als ich zu ihr gekommen bin,
   Da tät' sie mir was sagen in aller Still':
   Ich sollt' sie nicht verlassen in aller ihrer Not,
   Ich sollt' sie treulich lieben bis in den Tod.

3. „Schau an, schau an mein bleiches Angesicht,
   Schau, wie mich die Liebe hat zugericht'!
   Kein Feuer ist auf Erden, das brennet also heiß,
   Als die verborgne Liebe, die niemand weiß."

4. „Die Dornen und Disteln, die stechen gar zu sehr,
   Die falschen Zungen aber noch viel mehr;
   Viel lieber wollt' ich gehen, wo Dorn' und Disteln stehn,
   Als wo zwei falsche Zungen beisammenstehn."

5. „Mit Trauern, da muß ich schlafen gehn,
   Mit Trauern muß ich wiedrum auferstehn;
   Mit Trauern und mit Weinen verbring' ich meine Zeit,
   Dieweil ich nicht kann haben, was mein Herz erfreut."

6. „Geht dir's wohl, so gedenk an mich,
   Geht dir's aber übel, so kränkt es mich.
   Wie froh wollt' ich sein, wenn dir's nur wohl ergeht,
   Obschon mein junges Leben in Trauern steht."

7. „Ach herzlieber Schatz, ich bitte dich noch eins:
   Du wollest auch bei meinem Begräbnis sein,
   Du wollst mich helfen tragen ins kühle Grab,
   Dieweil ich dich so treulich geliebet hab'."

(M und T: Volksgut)

71

Nun so reis' ich weg von hier
(Abschied)

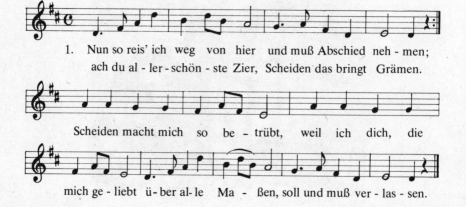

1. Nun so reis' ich weg von hier und muß Abschied neh - men;
ach du al - ler - schön - ste Zier, Scheiden das bringt Grämen.

Scheiden macht mich so be - trübt, weil ich dich, die

mich ge - liebt ü - ber al - le Ma - ßen, soll und muß ver - las - sen.

2. Wenn zwei gute Freunde sind,
   Die einander kennen,
   Sonn' und Mond bewegen sich,
   Ehe sie sich trennen.
   Noch viel größer ist der Schmerz,
   Wenn ein treu verliebtes Herz
   Muß von seinesgleichen
   Eine Zeitlang weichen.

3. Schatz, leb' wohl und denk' an mich,
   Denn ich muß nun scheiden;
   Du wirst mir auch ewiglich
   Im Gedächtnis bleiben.
   Hörst du oftmals Vögelein,
   Wisse, daß es Boten sein,
   Die mit ihrem Singen
   Einen Gruß dir bringen.

4. Küsset dir ein Lüftelein
   Wangen oder Hände,
   Wisse, daß es Seufzer sein,
   Die ich zu dir sende.
   Tausend schick' ich täglich aus,
   Die da wehen um dein Haus,
   Diese da zu finden,
   Die mich konnte binden.

5. Dieses hab' ich noch zuletzt
   Meiner Tausend-Freude
   Jetzt zur Nachricht aufgesetzt,
   Und nun heißt's: Ich scheide.
   Lebe du in Fried' und Ruh',
   Bis du tust die Augen zu;
   Reich mir deine Hände,
   Denn es geht zum Ende.

(M und T: Volksgut)

Es dunkelt in dem Walde

(Ich hört' ein Sichlein rauschen)

1. Es dun-kelt in dem Wal - - - - - de, nach
Hau-se woll'n wir gehn; das Korn woll'n wir ab-
schneiden, so gut als wir's ver-stehn.

2. Ich hört' ein Sichlein rauschen,
Ja rauschen durch das Korn;
Ich hört' mein Feinslieb klagen,
Sie hätt' ihr' Ehr' verlorn.

3. Hat sie ihr' Ehr' verloren,
Hab' ich ja noch die mein';
So gehn wir beide zusammen
Und winden zwei Kränzelein.

4. Ein Kränzelein von Rosen,
Ein Kränzelein von Klee;
In Frankfurt an der Brücken
Da liegt ein tiefer Schnee.

5. Der Schnee, der ist zerschmolzen,
Das Wasser läuft dahin
In mein's Feinsliebchens Garten,
Dahin steht all' mein Sinn.

6. In mein's Feinsliebchens Garten
Da stehn zwei Bäumelein;
Das eine trägt Muskaten,
Das and're braun' Nägelein.

7. Muskaten, die sind süße,
Braun' Nägelein, die sind gut:
Ei, so wünsch' ich meinem Herzliebchen
Einen frischen und fröhlichen Mut.

(M und T: Volksgut)

Ach schönster Schatz, mein Augentrost

(Augentrost)

1. Ach schön-ster Schatz, mein Au – gen-trost, hast mei-ner ganz ver-ges – sen? Du hast mir ja die Treu' ver-sagt und mir mein Herz so schwer ge-macht; gänz-lich hast mich ver-las – sen.

2. Des Morgens, wenn ich früh aufsteh',
   Die Sonn' geht auf mit Strahlen,
   Seh' ich schon bald am Fensterlein
   Mein' Augentrost, mein' Herzenspein
   Sich zöpfen fein und schmücken.

3. Des Abends, wenn ich schlafen geh',
   Denk' ich an jene Stunde,
   Denk' ich der Allerliebsten mein:
   Wo wird mein Schatz, mein Engel sein,
   Den ich so treulich liebe?

4. Die Leut' sind schlimm, sie reden viel,
   Das wirst du gar wohl wissen;
   Und wenn ein Herz das andre liebt,
   Und keines dann ein' Falschheit übt,
   Das tut die Leut' verdrießen.

5. Ich trag' einen Ring an meiner Hand,
   Darin da steht dein Name;
   Und wenn's von Gott verordnet ist,
   Und wenn's von Gott verordnet ist,
   So kommen wir zusammen.

6. Nun wünsch' ich dir ein' gute Nacht
   Und alles Wohlergehen,
   Ein' süßen Schlaf, eine sanfte Ruh'
   Ein' angenehmen Traum dazu;
   Nach Hause muß ich gehen.

(M und T: Volksgut)

I woaß a schöni Glock'n
(Mei Dienei)

1. I woaß a schö - ni Glo - ck'n, die hat an' schön'
Klang, und i woaß a schöns Die - nei, des
hat an' schön' Gang.

2. I woaß a schöni Alm,
Und die hat an' Kleeplatz,
Und da geht des schö' Dienei,
Und des is mei' Schatz.

3. Und beim Dienei seiner Hütt'n,
Da singa die Schwalb'n,
Und da laafa die Gambsein
Glei' her über d'Alm.

4. Mei Leb'n und mei Freud'
Und mei Kopf und mei Sinn
Is allwei' beim Dienei
In der Almhütt'n drin.

5. Und i ko' nimmer sitzn,
I ko' nimmer steh',
Und muaß zun ihr auffi,
Auf d'Alm auffi geh'.

6. Aus 'n Tal bin i ganga,
Auf d'Alm bin i g'rennt,
Und da hat's mi vo' weit'n
In' Juchezn kennt.

7. Du flachshaarets Diendl,
Di hon i so gern,
Und i kunnt weg'n den Flachs
Glei' a Spinnradl wer'n.

(M und T: Volksgut)

79

Von Liebesleid
und Trennungsschmerz

In einem kühlen Grunde
(Das zerbrochene Ringlein)

1. In ei - nem küh - len Grun - de da geht ein Mühlen -

rad; mein' Lieb - ste ist ver - schwunden, die dort ge - woh - net

hat, mein' Lieb - ste ist ver - schwun - den, die dort ge - woh - net hat.

2. Sie hat mir Treu' versprochen,
   Gab mir ein'n Ring dabei;
   Sie hat die Treu' gebrochen,
   Mein Ringlein sprang entzwei.

3. Ich möcht' als Spielmann reisen
   Weit in die Welt hinaus
   Und singen meine Weisen
   Und gehn von Haus zu Haus.

4. Ich möcht' als Reiter fliegen
   Wohl in die blut'ge Schlacht,
   Um stille Feuer liegen
   Im Feld bei dunkler Nacht.

5. Hör' ich das Mühlrad gehen,
   Ich weiß nicht, was ich will –
   Ich möcht' am liebsten sterben,
   Da wär's auf einmal still.

(M: Friedrich Glück, T: J. von Eichendorff)

Da droben auf jenem Berge

(Müllers Abschied)

1. Da droben auf jenem Berge, da steht ein hohes Haus, da schauen alle Frühmorgen drei schöne Jungfrauen heraus.

2. Die eine, die heißt Susanne,
   Die andre Annemarei,
   Die dritte, die darf ich nicht nennen,
   Die soll mein eigen sein.

3. Da drunten in jenem Tale,
   Da treibt das Wasser ein Rad,
   Das mahlet nichts als Liebe
   Von morgens bis abends spat.

4. Das Mühlrad ist zerbrochen,
   Die Liebe hat ein End'.
   Wo zwei Verliebte sich scheiden,
   Sie geben einander die Händ'.

5. Ach Scheiden, immer Scheiden,
   Wer hat dich doch erdacht!
   Du hast mein junges Herze
   Aus Freuden in Trauern gebracht.

(M und T: Volksgut)

Müllers Abschied.

Und in dem Schneegebirge

1. Und in dem Schneege - bir - ge, da fließt ein Brünn - lein kalt, und wer dar - aus tut trin - ken, und wer dar - aus tut trin - ken, wird jung und nimmer alt.

2. Ich hab' daraus getrunken
Gar manchen frischen Trunk;
Ich bin nicht alt geworden,
Ich bin noch allzeit jung.

3. Ade, mein Schatz, ich scheide,
Ade, mein Schätzelein!
„Wann kommst du aber wieder,
Herzallerliebster mein?"

4. „Wenn's schneiet rote Rosen
Und regnet kühlen Wein.
Ade, mein Schatz, ich scheide,
Ade, mein Schätzelein!"

5. „Es schneit ja keine Rosen
Und regnet keinen Wein,
So kommst du auch nicht wieder,
Herzallerliebster mein!"

(M und T: Volksgut aus Schlesien)

Den lieben langen Tag

1. Den lie-ben lan-gen Tag hab' i nur Not und Plag',
den lie-ben lan-gen Tag hab' i nur Not und Plag' und
sollt' am A-bend doch nit wei-ne? Wenn ich am
Fen-ster steh' und in die Nacht nei seh' so ganz al-
lei-ne, da muß i wei-ne, wenn ich am Fen-ster steh' und in die
Nacht nei seh' so ganz al-lei-ne, da muß i wei-ne.

2. Denn, ach, mein Lieb' ist tot,
Ist drob'n beim lieben Gott,
Er war mit Herz und Sinn der meine.
Ich seh' ihn nimmermehr,
Das macht mir's Herz so schwer,
Und i muß weine, bin i alleine.

3. Jetzt kommt er nimmermehr,
Das drückt mi gar zu schwer,
Und abends muß i immer weine!
Wenn d'Stern spazierengehn,
Glaub' i sein Aug' zu sehn,
Und bin alleine, da muß i weine.

(M: Volksweise, T: Ph. J. Düringer)

HBOSSE

Mein Schatz ist a Reiter

(M und T: Volksgut)

1. Mein Schatz ist a Rei-ter, a Rei-ter muß sein. Das Roß ist des Kai-sers, der Rei-ter ist mein. Tral - la - val - la - la - la, tral - la - val - la - la - la, tral - la - la, tral - la - la, tra - la - la - la - la, tral - la - la, tral - la - la, tra - la - la - la - la.

2. Blauäugig, braunes Haar
Und a Grübel im Kinn,
So ist mein schönes Schatzel,
In das i verliebt bin.

3. Treu bin i, treu bleib i,
Treu hab' i 's im Sinn,
Treu bleib' i mei'm Schatzel
In Frankfurt und Wien.

4. Mein Schatzel ist fort,
Er ist über den See;
I darf nit dran denken,
Tut's Herzel so weh.

5. Mein Herzel ist treu,
's ist a Schlossel dabei;
Ein einziger Bue
Hat'n Schlüssel dazue.

6. Zwei Anteln im Teich
Und zwei Fischeln im See:
Mein' Liebschaft geht unter,
Kommt nimmer in d' Höh.

Meister Müller, tut mal sehen

(Des Müllers Töchterlein)

1. Mei-ster Mül-ler, tut mal se-hen, was in sei-ner Mühlen ist ge-sche-hen; denn das Rad, das bleibt ganz stil-le stehn, es muß et-was zugrun-de gehn.

2. Die Frau Müllrin sprang wohl auf die Kammer,
   Schlug die Händ' überm Kopf zusammen:
   „Haben wir das einz'ge Töchterlein,
   Und das muß uns ertrunken sein!"

3. „Frau, ich bitt' dich ums Himmels willen,
   Laß nur Gott seinen Wunsch erfüllen;
   Laß das Kind in seiner Qual und Pein
   Ihm hier und dort empfohlen sein!"

4. „Kommt, ihr Schwestern, kommt gegangen!
   Seht, das Rad hat mich gefangen;
   Kränzet mir mein Haupt mit Rosmarin,
   Dieweil ich Braut und Jungfer bin!

5. Liebste Eltern, tut's dran wagen,
   Laßt mich durch sechs Träger tragen;
   Traget mich dem Kirchhof zu,
   Auf daß ich schlaf' in stiller Ruh'!

6. Dort in jenem Rosengarten
   Tut der Bräut'gam meiner warten,
   Ja, bei Gott in jener Ewigkeit
   Da steht mein Brautbett schon bereit."

(M: August Buker, T: Volksgut)

Horch, was kommt von draußen rein?

(Die Verlassene)

1. Horch, was kommt von drau - ßen rein? Hol - la - hi, hol - la - ho!

Wird wohl mein Feins - lieb - chen sein, Hol - la - hi - a - ho!

Geht vor - bei und schaut nicht rein, hol - la - hi, hol - la - ho,

wird's wohl nicht ge - we - sen sein, hol - la - hi - a - ho!

2. Leute haben's oft gesagt,
   Hollahi, hollaho,
   Was ich für 'n Feinsliebchen hab',
   Hollahiaho!
   Laß sie reden, schweig fein still,
   Hollahi, hollaho,
   Kann ja lieben, wen ich will,
   Hollahiaho!

3. Leute, sagt mir, was das ist,
   Hollahi, hollaho,
   Was das für ein Lieben ist,
   Hollahiaho!
   Den ich lieb', den krieg' ich nicht,
   Hollahi, hollaho,
   Und 'nen andern mag ich nicht,
   Hollahiaho!

4. Wenn mein Liebchen Hochzeit hat,
   Hollahi, hollaho,
   Ist für mich ein Trauertag,
   Hollahiaho!
   Geh' ich in mein Kämmerlein,
   Hollahi, hollaho,
   Trage meinen Schmerz allein,
   Hollahiaho!

5. Wenn ich dann gestorben bin,
   Hollahi, hollaho,
   Trägt man mich zum Grabe hin,
   Hollahiaho!
   Setzt mir keinen Leichenstein,
   Hollahi, hollaho,
   Pflanzt mir Rosen und Vergißnichtmein,
   Hollahiaho!

(M und T: aus Baden, nach anderen Quellen aus Schwaben)

Drei Lilien

(M und T: Volksgut)

1. Drei Li-li-en, drei Li-li-en, die pflanzt' ich auf mein Grab. Da kam ein stol-zer Rei-ters-mann, der brach sie ab. Mit Juch-hei-ra-sas-sas-sas-sas-sas-sas-sa, mit Ju-val-le-ral-la val-le-ral-la-la! Da kam ein stol-zer Rei-ters-mann, der brach sie ab.

2. „Ach Reitersmann, ach Reitersmann,
Laß doch die Lilien stehn!
Die soll ja mein Feinsliebchen
Noch einmal sehn.
Mit Juchheirasassassassassassassa,
Mit Juvalleralla vallerallala!
Die soll ja mein Feinsliebchen
Noch einmal sehn."

3. „Was schert mich denn dein Liebchen,
Was schert mich denn dein Grab!
Ich bin ein stolzer Reiter
Und brech' sie ab.
Mit Juchhei usw.

4. Und sterbe ich noch heute,
So bin ich morgen tot.
Dann begraben mich die Leute
Ums Morgenrot.
Mit Juchhei usw.

Droben stehet die Kapelle

(Die Kapelle)

(M: Volksgut, T: Ludwig Uhland)

1. Dro - ben ste - het die Ka - pel - le, schau - et still. ins Tal hin - ab; drun - ten singt bei Wies' und Quel - le froh und hell der Hir - ten - knab'.

2. Traurig tönt das Glöcklein nieder,
Schauerlich der Leichenchor;
Stille sind die frohen Lieder,
Und der Knabe lauscht empor.

3. Droben bringt man sie zu Grabe,
Die sich freuten in dem Tal;
Hirtenknabe, Hirtenknabe!
Dir auch singt man dort einmal!

Schatz, ach Schatz, reise nicht so weit

(Soldatenabschied)

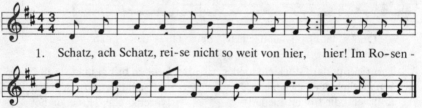

1. Schatz, ach Schatz, rei-se nicht so weit von hier, hier! Im Ro-sen-gar-ten will ich dein war-ten, im grü-nen Klee, im wei-ßen Schnee.

2. Mich zu erwarten, das brauchest du ja nicht.
   Geh du zum Reichen, zu deinesgleichen,
   Es ist mir lieb, es ist mir recht.

3. Ich heirat' nicht nach Geld und nicht nach Gut;
   Eine treue Seele tu' ich mir wählen,
   Wer's glauben tut, wer's glauben tut.

4. Wer's glauben tut, der ist so weit von hier.
   Er ist in Schleswig, er ist in Holstein,
   Er ist Soldat und bleibt Soldat.

5. Soldatenleben, ei, das heißt lustig sein;
   Wenn andre Leut' schlafen, dann muß er wachen,
   Muß Schildwach' stehn, Patrouille gehn.

6. Schildwache stehn, das brauchest du ja nicht.
   Wenn dich d' Leut' fragen, dann mußt du sagen:
   Schatz, du bist mein, und ich bin dein.

(M und T: Volksgut)

Es geht ein' dunkle Wolk' herein

1. Es geht ein' dunk - le Wolk' her - ein, mich deucht, es wird ein Re - gen sein, ein Re - gen aus den Wol - ken wohl in das grü - ne Gras.

(M und T: Joh. Werlin, 1646)

2. Und scheinst du, liebe Sonn', nit bald,
   So weset all's im grünen Wald;
   Und all die müden Blumen,
   Die haben müden Tod.

3. Es geht ein dunkle Wolk' herein;
   Es soll und muß geschieden sein.
   Ade, Feinslieb, dein Scheiden
   Macht mir das Herze schwer.

Es ist bestimmt in Gottes Rat

(Gottes Rat und Scheiden)

(M: Felix Mendelssohn-Bartholdy, T: Ernst von Feuchtersleben)

1. Es ist be-stimmt in Got-tes Rat, daß man vom Lieb-sten, was man hat, muß schei – den, muß schei – den, wie-wohl doch nichts im Lauf der Welt dem Her-zen, ach, so sau-er fällt als Schei-den, als Schei-den, ja Schei – den.

2. So dir geschenkt ein Knösplein was,
So tu es in ein Wasserglas,
Doch wisse:
Blüht morgen dir ein Röslein auf,
Es welkt wohl schon die Nacht darauf,
Das wisse.

3. Und hat dir Gott ein Lieb beschert
Und hältst du sie recht innig wert,
Die Deine,
Es wird nur wenig Zeit wohl sein,
Da läßt sie dich so gar allein.
Dann weine.

4. Nun mußt du mich auch recht ver-stehn, nun mußt du mich auch recht ver-stehn, wenn Menschen aus-ein-an-der-gehn, so sa-gen sie: Auf Wie-der-sehn! Auf Wie-der-sehn, auf Wie-der-sehn, auf Wieder – sehn!

Sag mir das Wort
(Lang, lang ist's her)

1. Sag mir das Wort, dem so gern ich ge-lauscht, lang, lang ist's her,

lang, lang ist's her. Sing mir das Lied, das mit Wonne mich berauscht!

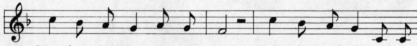

Lang, lang ist's her, lang ist's her! Kehrt doch mit dir mei-ne

Ru-he zu-rück, du, all mein Seh-nen, du, all mein Glück, lacht mir wie

ein-stens dein lie-ben-der Blick, lang, lang ist's her, lang ist's her.

2. Denkst du der Seufzer, die ich um dich geklagt,
Lang, lang ist's her, lang, lang ist's her,
Als wir voll Schmerz ,Lebewohl' uns gesagt?
Lang, lang ist's her, lang ist's her!
Kehre, o kehre doch bald mir zurück,
Du, all mein Sehnen, du, all mein Glück,
Daß mir wie einst lacht dein liebender Blick,
Lang, lang ist's her, lang ist's her!

(Auch in Deutschland volkstümlich gewordenes irisches Volkslied, T: W. Weidling)

Morgen muß ich
fort von hier (Lebewohl)

1. Mor-gen muß ich fort von hier und muß Ab - schied

neh-men: o du al-ler-schön-ste Zier, Schei-den das bringt

Grä-men. Da ich dich so treu ge-liebt ü-ber al-le Ma-ßen,

soll ich dich ver – las – sen, soll ich dich ver – las - sen.

2. Wenn zwei gute Freunde sind, die einander kennen,
   Sonn' und Mond bewegen sich, ehe sie sich trennen.
   Noch viel größer ist der Schmerz,
   Wenn ein treu verliebtes Herz in die Fremde ziehet.

3. Dort auf jener grünen Au steht mein jung frisch Leben,
   Soll ich denn mein Lebelang in der Fremde schweben?
   Hab' ich dir was Leid's getan, bitt' dich, woll's vergessen,
   Denn es geht zu Ende!

4. Küsset dir ein Lüftelein Wangen oder Hände,
   Denke, daß es Seufzer sein, die ich zu dir sende!
   Tausend schick' ich täglich aus,
   Die da wehen um dein Haus, weil ich dein gedenke.

(M: Friedrich Silcher, T: Achim von Arnim)

Ich stund auf hohem Berge

(Gedenke mein)

1. Ich stund auf ho - hem Ber - ge, schaut' in den tie - fen Rhein, dar - in las ich ge - schrie - ben, daß wir uns sol - len lie - - - - - - ben und treu, und treu ver - bun - den sein, —— und treu, und treu ver - bun - den sein.

2.   Ich ging mit ihr lustwandeln,
       Lustwandeln in den Wald;
       Ich tat ihr etwas schenken,
       Daran sie sollt' gedenken,
       Von Gold, von Gold ein Ringelein.

3.   Ein Ringelein zu schenken,
       Das kostet nichts als Geld.
       Der Ringlein und Dukaten,
       Der kann man sich entraten,
       Der sind, der sind noch in der Welt.

4.   Leb wohl, mein fein Herzliebchen!
       Es muß geschieden sein.
       Wenn ich dann wiederkomme,
       Soll es uns beiden frommen.
       Feinslieb, Feinslieb, gedenke mein!

(M und T: Volksgut)

Das ist im Leben häßlich eingerichtet

(Behüt dich Gott, es wär' zu schön gewesen)

1. Das ist im Le - ben häß - lich ein - ge - rich - tet, daß bei den
Ro - sen gleich die Dor - nen stehn, und was das
ar - me Herz auch sehnt und dich - tet, zum Schlus - se
kommt das Von - ein - an - der - gehn. In dei - nen
Au - gen hab' ich einst ge - le - sen, es blitz - te
drin von Lieb' und Glück ein Schein: Be - hüt dich
Gott, es wär' zu schön ge - we - sen, be - hüt dich
Gott, es hat nicht sol - len sein. Be - hüt dich Gott, es wär' zu schön ge -
we - sen, be - hüt dich Gott, es hat nicht sol - len sein.

2. Leid, Neid und Haß, auch ich hab' sie empfunden,
   Ein sturmgeprüfter müder Wandersmann.
   Ich träumt' von Frieden dann und stillen Stunden,
   Da führte mich der Weg zu dir hinan.
   In deinen Armen wollt' ich ganz genesen,
   Zum Danke dir mein junges Leben weihn:
   Behüt dich Gott, es wär' zu schön gewesen,
   Behüt dich Gott, es hat nicht sollen sein!

3. Die Wolken fliehn, der Wind saust durch die Blätter,
   Ein Regenschauer zieht durch Wald und Feld,
   Zum Abschiednehmen just das rechte Wetter,
   Grau wie der Himmel steht vor mir die Welt.
   Doch wend' es sich zum Guten oder Bösen,
   Du schlanke Maid, in Treuen denk' ich dein!
   Behüt dich Gott, es wär' zu schön gewesen,
   Behüt dich Gott, es hat nicht sollen sein!

(M: V. E. Neßler, T: J. V. von Scheffel)

Es ritten drei Reiter
zum Tore hinaus

(Drei Reiter am Tore)

1. Es rit-ten drei Rei-ter zum To-re hin-aus, a-de!
Feins-lieb-chen schau-te zum Fen-ster hin-aus, a-de!

Und wenn es denn soll ge-schie-den sein, so

reich mir dein gol-de-nes Rin-ge-lein! A-de, a-de, a-

de! Ja, Schei-den und Mei-den tut weh.

2. Und der uns scheidet, das ist der Tod, ade!
   Er scheidet so manches Mündlein rot, ade!
   Er scheidet so manchen Mann vom Weib,
   Die konnten sich machen viel Zeitvertreib.

3. Er scheidet das Kindlein in der Wiegen, ade!
   Wann werd' ich mein schwarzbraunes Mädel doch kriegen, ade!
   Und ist es nicht morgen, o wär' es doch heut!
   Es macht' uns allbeiden gar große Freud'.

(M und T: Volksgut)

So leb' denn wohl, du stilles Haus

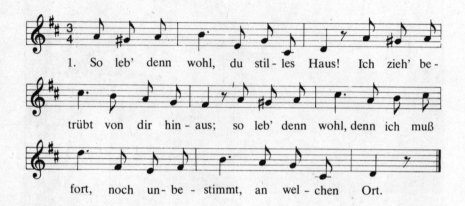

1. So leb' denn wohl, du stil-les Haus! Ich zieh' betrübt von dir hin-aus; so leb' denn wohl, denn ich muß
fort, noch un-be-stimmt, an wel-chen Ort.

2. So leb' denn wohl, du schönes Land,
In dem ich hohe Freude fand;
Du zogst mich groß, du pflegtest mein,
Und nimmermehr vergess' ich dein.

3. So lebt denn, all ihr Lieben, wohl,
Von denen ich jetzt scheiden soll;
Und find' ich draußen auch mein Glück,
Denk' ich doch stets an euch zurück.

(M: W. Müller, T: F. Raimund)

Morgenrot, Morgenrot

(Reiters Morgenlied)

1. Morgen - rot, Morgen - rot, leuchtest mir zum frü - hen Tod? Bald wird die Trom - pe - te bla - sen, dann muß ich mein Le - ben las - sen, ich und man - cher Ka - me - rad!

2. Kaum gedacht, kaum gedacht,
War der Lust ein End' gemacht.
Gestern noch auf stolzen Rossen,
Heute durch die Brust geschossen,
Morgen in das kühle Grab.

3. Ach, wie bald, ach, wie bald
Schwindet Schönheit und Gestalt!
Tust du stolz mit deinen Wangen,
Die wie Milch und Purpur prangen,
Ach, die Rosen welken all!

4. Darum still, darum still
Füg' ich mich, wie Gott es will.
Nun, so will ich wacker streiten,
Und sollt' ich den Tod erleiden,
Stirbt ein braver Reitersmann.

(M: Volksgut, T: Wilhelm Hauff)

107

Es wollt' ein Jäger jagen

(Der verschlafene Jäger)

(M und T: Volksgut)

1. Es wollt' ein. Jä - ger ja - gen drei - vier - tel Stund vor Ta - gen wohl in dem grü - nen Wald, ja Wald, wohl in dem grü - nen Wald.

2. Was begegnet ihm auf der Heide?
   Ein Mädchen im weißen Kleide,
   Die war so wunderschön.

3. Er tät das Mädchen wohl fragen,
   Ob s' ihm wollt helfen jagen
   Ein Hirschlein oder ein Reh.

4. „Ei, helfen jagen vermag ich nicht;
   Ein ander Vergnügen versag' ich nicht,
   Es sei auch was es sei."

5. Sie setzten sich beide zusammen
   Und täten einander umfangen,
   Bis daß der Tag anbrach.

6. „Steh auf, du fauler Jäger!
   Die Sonne scheint über die Täler,
   Ein Fräulein bin ich noch."

7. Das tät den Jäger verdrießen;
   Er wollte das Mädchen erschießen,
   Daß sie so reden tät.

8. Sie fiel dem Jäger zu Füßen,
   Er sollt' sie doch nicht erschießen,
   Er sollt' ihr verzeihen dies Wort.

9. Der Jäger, der tät sich bedenken,
   Er wollte das Leben ihr schenken
   Bis auf ein ander Mal.

10. Sie tät den Jäger wohl fragen,
    Ob sie grün Kränzlein dürft' tragen
    Auf ihrem goldgelben Haar.

11. „Grün Kränzlein sollst du nicht tragen,
    Weiß Häublein sollst aufhaben
    Wie andre jung Jägersfrau'n auch."

12. „Jetzt laß ich mein Härlein fliegen,
    Ein' braven Burschen zu kriegen,
    Dem Jäger zu Schand und Spott."

Ich hab' die Nacht geträumet

(Der schwere Traum)

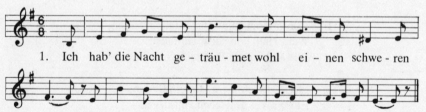

1. Ich hab' die Nacht ge - träu - met wohl ei – nen schwe - ren Traum: es wuchs in mei - nem Gar - ten ein Ros - ma- ri - en – baum.

2. Ein Kirchhof war der Garten,
   Ein Blumenbeet das Grab,
   Und von dem grünen Baume
   Fiel Kron' und Blüte ab.

3. Die Blätter tät' ich sammeln
   In einen goldnen Krug;
   Der fiel mir aus den Händen,
   Daß er in Stücken schlug.

4. Draus sah ich Perlen rinnen
   Und Tröpflein rosenrot.
   Was mag der Traum bedeuten?
   Ach Liebster, bist du tot?

(M und T: altes Volksgut)

Ich hört' ein Sichelein rauschen

1. Ich hört' ein Siche - lein rauschen, wohl rauschen durch das Korn, ich hörte ein feine Magd klagen, sie hätt' ihr Lieb ver - lor'n.

2. „Laß rauschen, Lieb, laß rauschen,
   Ich acht' nit, wie es geh';
   Ich hab' mir ein'n Buhlen erworben
   In Veiel und grünem Klee."

3. „Hast du einen Buhlen erworben
   In Veiel und grünem Klee,
   So steh' ich hier alleine,
   Tut meinem Herzen weh."

*(M: diese Fassung 1858 von Anton Wilhelm Florentin von Zuccalmaglio aufgezeichnet,
T: die drei ursprünglich nicht zusammengehörigen Strophen von L. Uhland vereinigt)*

Hier hab' ich so manches liebe Mal
(An der Weser)

1. Hier hab' ich so manches lie - be Mal mit mei - ner Lau- te ge -

ses - sen, hin - un - ter- blickend ins wei- te Tal, mein selbst und der Welt ver-

ges- sen. Und um mich klang es so froh und hehr, und ü- ber mir tagt' es so

hel - le: und un - ten brau - ste das fer - ne Wehr und der

We - ser blit - zen- de Wel - le. Wie lie - ben - der Sang aus ge -

lieb - tem Mund, so flü - stert' es rings durch die Bäu - me, und

aus des Ta - les off - nem Grund be - grüß - ten mich nicken - de

Träu - me. Und da sitz' ich aufs neu - e und spä - he um - her und

lau - sche hin - auf und her - nie - der. Die hol - den Wei - sen

rau - schen nicht mehr, die Träu – me keh - ren nicht wie - der.

Die sü - ßen Bil - der, wie weit, wie weit! Wie schwer der Himmel, wie

trü - be! Fahr wohl, fahr wohl, du se - li - ge Zeit! Fahrt

wohl, ihr Träu - me der Lie - be!

(M: G. Pressel, T: F. Dingelstedt)

113

Es blies ein Jäger wohl in sein Horn

(Das schwarzbraune Mädel)

1. Es blies ein Jä-ger wohl in sein Horn, wohl in sein Horn, und
al-les, was er blies, das war ver-lor'n. Hop-sa-sa, tra-
ri-ra-ra, und al-les, was er blies, das war ver-lor'n.

2. „Soll denn mein Blasen verloren sein,
Viel lieber wollt' ich kein Jäger sein."

3. Er zog sein Netz wohl übern Strauch,
Da sprang ein schwarzbrauns Mädel heraus.

4. „Ach schwarzbrauns Mädel, entspring mir nicht,
Ich habe große Hunde, die holen dich."

5. „Deine großen Hunde, die holen mich nicht,
Sie wissen meine hohen, weiten Sprünge noch nicht."

6. „Deine hohen, weiten Sprünge, die wissen sie wohl;
Sie wissen, daß du heute noch sterben sollst."

7. „Und sterbe ich nun, so bin ich tot,
Begräbt man mich unter die Rosen rot,

8. Wohl unter die Rosen, wohl unter den Klee;
Darunter vergeh' ich nimmermeh."

9. Es wuchsen drei Lilien auf ihrem Grab,
Es kam ein Reiter, wollt' sie brechen ab.

10. „Ach Reiter, laß die Lilien stahn,
Es soll sie ein junger frischer Jäger han."

(M und T: Volksgut)

Letzte Rose

1. Letz-te Ro-se, wie magst du so ein – sam hier blühn? Dei-ne freund-li-chen Schwestern sind längst, schon längst da-hin. Kei-ne Blü-te haucht Bal-sam mit la – ben-dem, la – ben-dem Duft, kei-ne Blätt-chen mehr flat-tern in stür-mi-scher Luft.

2. Warum blühst du so traurig im Garten allein?
   Sollst im Tod mit den Schwestern,
   Mit den Schwestern vereinigt sein.
   Drum pflück' ich, o Rose, vom Stamme,
   Vom Stamme dich ab,
   Sollst ruhen mir am Herzen und mit mir,
   Ja mit mir im Grab.

(M: Volksweise, T: F. W. Riese nach Thomas Moore)

115

Wandern, ach wandern

(Der Rattenfänger)

(M: Adolf Neuendorff, T: Adolf Kunz)

1. Wan-dern, ach wan-dern weit in die Fern', wandern, ach wandern tu' ich so gern, rast-los durch-ei-len Tä-ler und Höhn. Welt, ach so weit, wie bist du so schön! Mir ward kei-ne Lie-be, kein hei-matlich Land, stets wei-ter nur ei-len, von niemand ge-kannt. Die Sor-gen und Gril-len, die kannte ich nie, singend verscheucht' ich spät sie und früh. Ein fah-ren-der Sän-ger, von niemand ge-kannt, ein Rat-ten-fän-ger, das ist mein Stand, ein fah-ren-der Sän-ger, von niemand ge-kannt, ein Rat-ten-fän-ger, das ist mein Stand.

2. Ratten und Mäuse fange ich ein,
   Aber auch Mägdlein, herrlich und fein.
   So eine Unschuld, lieblich und zart,
   Küsse ich feurig nach Sängers Art.
   Und will sie sich sträuben,
   Halt' ich sie so warm,
   Heiß liebend umschlungen, fest in meinem Arm,
   Sing' flehend ihr leise von Minne ins Herz:
   „Ach, hör doch, du Süße, lindre den Schmerz
   Des fahrenden Sängers, von niemand gekannt,
   Des Rattenfängers aus fernem Land!"

3. Geht es zu Ende, Sterben muß sein,
   War ja im Leben immer allein.
   Im Kampf ums Dasein froh war mein Sinn,
   Drum geb' mein Leben freudig ich hin.
   Herr Petrus im Himmel, er öffnet die Tür,
   Er fraget die Engel: „Sagt, wen bringet ihr?"
   Und sichtlich erfreut reicht mir Petrus die Hand:
   „Sei mir gegrüßt du, sag, was ist dein Stand?"
   „Ein fahrender Sänger, von niemand gekannt,
   Ein Rattenfänger, das ist mein Stand!"

Liebchen, ade!
(Abschied)

1. Lieb - chen, a - de! Schei - den tut weh.
Weil ich denn schei - den muß, so gib mir
ei - nen Kuß! Lieb - chen, a - de! Schei - den tut weh.

2. Liebchen, ade!
Scheiden tut weh.
Wahre die Liebe dein,
Stets will ich treu dir sein!
Liebchen, ade!
Scheiden tut weh.

3. Liebchen, ade!
Scheiden tut weh.
Wein' nicht die Äuglein rot,
Trennt uns ja selbst kein Tod.
Liebchen, ade!
Scheiden tut weh.

(M und T: Volksgut)

Mein Schatz, der ist auf die Wanderschaft hin

(Heimlicher Liebe Pein)

1. Mein Schatz, der ist auf die Wan-der-schaft hin, ich
weiß a-ber nicht, was ich so trau-rig bin; viel-leicht ist er tot und
liegt in gu-ter Ruh', drum bring' ich mei-ne Zeit so trau-rig zu.

2. Als ich mit mei'm Schatz in die Kirch' wollte gehn,
   Viel falsche, falsche Zungen an der Türe stehn;
   Die eine red't dies, die andre red't das,
   Das macht mir gar oft die Äuglein naß.

3. Die Disteln und die Dornen, die stechen gar so sehr,
   Die falschen, falschen Zungen aber noch viel mehr;
   Kein Feuer auf Erden auch brennet also heiß,
   Als heimliche Liebe, die niemand weiß.

4. Ach herzliebster Schatz, ich bitte dich noch eins:
   Du wollest auch bei meinem Begräbnis sein,
   Bei meinem Begräbnis bis ins kühle Grab,
   Dieweil ich dich so treulich geliebet hab'.

5. Ach Gott, was hat mein Vater und Mutter getan!
   Sie haben mich gezwungen zu 'nem ehlichen Mann,
   Zu 'nem ehlichen Mann, den ich nicht geliebt,
   Das macht mir ja mein Herz so gar betrübt.

(M und T: Volksgut)

Es kann mich nichts Schön'res erfreuen

(Falsche Liebe)

1. Es kann mich nichts Schön'res er - freu - en, als
wenn der lieb Sommer an - geht; da blü-hen die Ro-sen im
Wal - de, ju ja im Wal - de, Sol -
da - ten mar - schie - ren ins Feld.

2. „Ach Schätzchen, was hab' ich erfahren,
Daß du willst scheiden von mir?
Willst ziehen fremde Landstraßen,
Wann kommest du wieder zu mir?"

3. Und als ich in fremde Land 'naus kam,
Gedacht' ich gleich wieder fort;
Ach wär' ich zu Hause geblieben
Und hätte gehalten mein Wort!

4. Und als ich nun wieder nach Hause kam,
Feinsliebchen stund hinter der Tür:
„Gott grüß dich, du Hübsche, du Feine!
Von Herzen gefallest du mir."

5. „Was brauch' ich denn dir zu gefallen?
Ich hab' ja schon längst einen Mann,
Dazu einen hübschen und reichen,
Der mich wohl ernähren kann."

6. Was zog er aus seiner Tasche?
   Ein Messer, war scharf und spitz;
   Er stach es Feinsliebchen ins Herze,
   Das rote Blut gegen ihn spritzt.

7. Und als er es wieder heraußer zog,
   Von Blute war es so rot:
   „Ach großer Gott im Himmel,
   Wie bitter ist mir der Tod!"

8. „So geht's, wenn zwei Knaben ein Mädel lieb hab'n,
   Das tut dir gar selten gut;
   Wir beide wir haben's erfahren,
   Was falsche Liebe tut."

(M und T: Volksgut)

Jetz gang i ans Brünnele

(Drei Röselein)

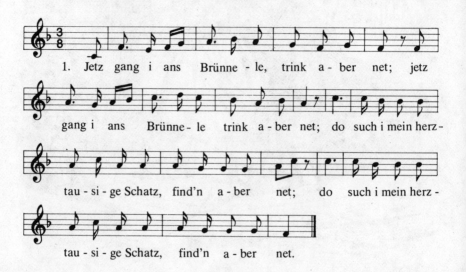

1. Jetz gang i ans Brünne - le, trink a - ber net; jetz
gang i ans Brünne - le trink a - ber net; do such i mein herz-
tau - si - ge Schatz, find'n a - ber net; do such i mein herz -
tau - si - ge Schatz, find'n a - ber net.

2. Do setz i mi so allein
   Aufs grüne Gras;
   Do falle drei Röselein
   Mir in den Schoß.

3. Do laß i meine Äugelein
   Um und um gehn;
   Do siehn i mein herztausige Schatz
   Bei em andre stehn.

4. Sie wirft ihn mit Röselein,
   Treffen mich tut,
   Sie meint, sie wär' ganz allein,
   Das tut kein gut.

5. Und bei em andre stehe sehn,
   Ach, das tut weh!
   Jetz b'hüt di Gott, herztausiger Schatz!
   Di b'sieh i nimme meh.

6. Jetz kauf i mir Dinten und
   Fed'r und Papier,
   Und schreib mei'm herztausige Schatz
   Einen Abschiedsbrief.

7. „Was willst denn scho reise weg?
   Hast jo no Zeit."
   O b'hüt di Gott, herztausiger Schatz!
   Meine Weg sind weit.

8. Jetz leg i mi nieder aufs
   Heu und aufs Stroh,
   Do falle drei Röselein
   Mir in den Schoß.

9. Und diese drei Röselein
   Sind blutigrot;
   Jetz weiß i net, lebt mei Schatz
   Oder ist er tot.

(M und T: Volksgut,
ursprünglich aus dem Remstal in Württemberg)

Ade zur guten Nacht

(M und T: Volksgut)

1. A - de zur gu - ten Nacht! Jetzt ist der Schluß* ge - macht, daß ich muß schei - den. Im Sommer wächst der Klee, im Win - ter schneit's den Schnee, da komm' ich wie - der.

2. Es trauern Berg und Tal,
Wo ich vieltausendmal
Bin drüber gangen;
Das hat deine Schönheit gemacht,
Die mich zum Lieben gebracht
Mit großem Verlangen.

3. Das Brünnlein rinnt und rauscht
Wohl dort am Holderstrauch,
Wo wir gesessen.
Wie manchen Glockenschlag,
Da Herz bei Herzen lag,
Das hast du vergessen!

4. Die Mädchen in der Welt
Sind falscher als das Geld
Mit ihrem Lieben.
Ade zur guten Nacht!
Jetzt ist der Schluß gemacht,
Daß ich muß scheiden.

* = jetzt ist es entschieden

124

Im schönsten Wiesengrunde

1. Im schön-sten Wie-sen-grun-de ist mei-ner Hei-mat Haus, da zog ich man-che Stun-de ins Tal hin-aus. Dich, mein stil-les Tal, grüß' ich tau-sendmal! Da zog ich man-che Stun-de ins Tal hin-aus.

2. Muß aus dem Tal jetzt scheiden, wo alles Lust und Klang;
   Das ist mein herbstes Leiden, mein letzter Gang.
   Dich, mein stilles Tal, grüß' ich tausendmal!
   Das ist mein herbstes Leiden, mein letzter Gang.

3. Sterb' ich, in Tales Grunde will ich begraben sein;
   Singt mir zur letzten Stunde beim Abendschein:
   Dir, o stilles Tal, Gruß zum letztenmal!
   Singt mir zur letzten Stunde beim Abendschein.

(M: Friedrich Silcher, T: Wilhelm Ganzhorn)

Ach, in Trauern muß ich leben

(Abschiedsklage)

(M und T: Volksgut)

1. Ach, in Trauern muß ich le - ben, ob ich schon es nicht ver- schuld't; weil mein Schatz mir's hat auf - ge - ben, will ich's tra - gen mit Ge - duld.

2. Wo ich geh' auf Weg und Straße,
   Sehen mir's die Leute an;
   Meine Augen stehn voll Wasser
   Und kein Wort mehr sprechen kann.

3. Vater und Mutter wollen's nicht leiden,
   Schönster Schatz, das weißt du wohl;
   Helf' dir Gott zu deinem Glücke,
   Weil ich dich nicht haben soll!

4. Sind wir oft beisammen gesessen
   Manche schöne halbe Nacht,
   Haben den süßen Schlaf vergessen
   Und mit Lieben zugebracht.

5. Spielet auf, ihr Musikanten,
   Spielet mir ein Saitenspiel
   Meinem Schätzchen zu Gefallen,
   Weil ich Abschied nehmen will!

6. Rosmarin und Lorbeerblätter
   Schenk' ich dir zu guter Letzt;
   Das soll sein das letzt' Gedenken,
   Weil du mich nochmals ergötzt.

7. Stehn zwei Sternlein an dem Himmel,
   Leuchten heller als der Mond;
   Einer leucht't zu mei'm Feinsliebchen,
   Einer leucht't ins fremde Land.

K.OERTEL SC.

Zu Straßburg auf der Schanz'

1. Zu Straß-burg auf der Schanz', da fing mein Un - glück
an; da wollt' ich den Fran - zo - sen de - ser - tieren und
wollt' es bei den Preu - ßen pro - bieren, ei, das ging nicht
an, —————— ei, das ging nicht an.

2. Eine Stund' wohl in der Nacht
Haben's mich gefangen bracht;
Sie führten mich vor's Hauptmanns Haus:
O Himmel, was soll werden daraus.
Mit mir ist's aus.

3. Frühmorgens um zehn Uhr
Stellt man mich dem Regimente vor;
Da soll ich bitten um Pardon
Und werd doch kriegen meinen Lohn,
Das weiß ich schon.

4. Ihr Brüder allzumal,
Heut seht ihr mich zum letztenmal.
Unser Korporal, der g'strenge Mann,
Ist meines Todes schuld daran,
Den klag ich an.

5. Ihr Brüder alle drei,
Ich bitt', schießt all' zugleich.
Verschont mein junges Leben nicht,
Schießt, daß das rote Blut rausspritzt,
Das bitt' ich euch.

6. O Himmelskönigin,
    Nimm du mein Seel dahin!
    Nimm sie zu dir in' Himmel hinein,
    Allwo die lieben Englein sein,
    Und vergiß nicht mein.

    (M und T: Volksgut)

Es fiel ein Reif in der Frühlingsnacht
(Blaublümelein)

1. Es fiel ein Reif in der Früh - lingsnacht, er
fiel auf die zar - ten Blau - blü - me - lein, sie
sind ver - wel - ket, ver - dor - ret.

2. Ein Jüngling hatte ein Mägdlein lieb,
   Sie flohen gar heimlich von Hause fort,
   Es wußt' nicht Vater noch Mutter.

3. Sie sind gewandert hin und her,
   Sie haben gehabt weder Glück noch Stern,
   Sie sind verdorben, gestorben.

4. Auf ihrem Grab Blaublümlein blühn,
   Umschlingen sich zart wie sie im Grab,
   Der Reif sie nicht welket, nicht dorret.

(M: nach einem elsässischen Volkslied, T: A. W. F. von Zuccalmaglio)

Brüderlein fein

1. Brü - der - lein fein, Brü - der - lein fein, mußt mir ja nicht
bö - se sein! Brü - der - lein fein, Brü - der - lein fein,
mußt nicht bö - se sein! Scheint die Son - ne noch so schön,
ein - mal muß sie un - ter - gehn. Brü - der - lein fein,
Brü - der - lein fein, mußt nicht bö - se sein!

2. Brüderlein fein, Brüderlein fein,
Sag mir nur, was fällt dir ein?
Brüderlein fein, Brüderlein fein,
Sag, was fällt dir ein?
Geld kann vieles in der Welt,
Jugend kauft man nicht ums Geld.
Brüderlein fein, Brüderlein fein,
's muß geschieden sein.

3. Brüderlein fein, Brüderlein fein,
Zärtlich muß geschieden sein!
Brüderlein fein, Brüderlein fein,
's muß geschieden sein!
Denk manchmal an mich zurück,
Schimpf nicht auf der Jugend Glück!
Brüderlein fein, Brüderlein fein,
Schlag zum Abschied ein!

(M: Josef Drechsler, T: Ferdinand Raimund)

131

Im Holderstrauch, im Holderstrauch
(Beim Holderstrauch)

1. Im Hol - der - strauch, im Hol - der - strauch, der blüh - te schön im Mai, da sang ein klei - nes Vö - ge - lein ein Lied von Lieb' und Treu; da sang ein klei - nes Vö - ge - lein ein Lied von Lieb' und Treu.

2. Beim Holderstrauch, beim Holderstrauch
   Wir saßen Hand in Hand,
   Wir waren in der Maienzeit
   Die Glücklichsten im Land;
   Wir waren in der Maienzeit
   Die Glücklichsten im Land.

3. Beim Holderstrauch, beim Holderstrauch,
   Da mußt' geschieden sein.
   Komm bald zurück, komm bald zurück,
   Du Allerliebster mein;
   Komm bald zurück, komm bald zurück,
   Du Allerliebster mein!

4. Beim Holderstrauch, beim Holderstrauch,
   Da weint ein Mägdlein sehr;
   Der Vogel schweigt,
   Der Holderstrauch, der blüht schon lang nicht mehr;
   Der Vogel schweigt,
   Der Holderstrauch, der blüht schon lang nicht mehr.

(M: Hermann Kirchner, T: Karl Römer)

132

Jetzunder geht das Frühjahr an
(Untreue)

1. Jetz - un - der geht das Früh - jahr an, und al - les fängt zu blü - hen an auf grü - ner Heid' —— und ü - ber - all.

2. Es ist nichts Schön'res in der Welt
   Als wie die Blümlein auf dem Feld,
   Sie blühen weiß, blau, rot und gelb.

3. Und wenn sich alles lustig macht
   Und ich auch gar nicht schlafen mag,
   Geh' ich zum Schätzlein bei der Nacht.

4. Und zwischen Berg und tiefem Tal,
   Da hört' ich schon die Nachtigall
   An einem tiefen Wasserfall.

5. Und als ich vor's Schlaffenster ging,
   Da hört' ich schon ein' andern drin,
   Da sagt' ich, daß ich nicht mehr käm'.

6. „Ich hab' dich allzeit treu geliebt
   Und dir dein Herz niemals betrübt,
   Und du führst ein' so falsche Lieb'!"

7. Jetzt geh' ich in den grünen Wald,
   Da such' ich meinen Aufenthalt,
   Weil mir mein Schatz nicht mehr gefällt.

8. Und wenn ich über die Aue geh',
   Da singt das Lerchlein in der Höh':
   „Ade, du falscher Schatz, ade!"

9. Jetzt leg' ich mich ins Federbett,
   Bis über die Ohren zugedeckt,
   Bis mich ein andres Schätzlein weckt.

(M und T: Volksgut)

Es ist ein Schnitter, der heißt Tod
(Der Schnitter Tod)

1. Es ist ein Schnit-ter, der heißt Tod, hat G'walt vom gro-ßen Gott. Heut wetzt er das Mes-ser, es schneid't schon viel bes-ser, bald wird er drein-schnei-den, wir müs-sens nur lei-den: Hüt dich, schön's Blü-me-lein!

2. Was heut noch grün und frisch dasteht,
   Wird morgen hinweggemäht:
   Die edlen Narzissen,
   Die himmlischen Schlüssel,
   Die schön' Hyazinthen,
   Die türkischen Bünden:
   Hüt dich, schön's Blümelein!

3. Viel hunderttausend ungezählt,
   Da unter die Sichel fällt:
   Rot Rosen, weiß Lilien,
   Beid' wird er austilgen.
   Ihr Kaiserkronen,
   Man wird euch nicht schonen:
   Hüt dich, schön's Blümelein!

4. Trutz Tod, komm her! Ich fürcht' dich nit.
   Trutz, komm und tu ein'n Schnitt!
   Wenn Sichel mich letzet,
   So werd ich versetzet
   In den himmlischen Garten.
   Darauf will ich warten:
   Freu dich, schön's Blümelein!

(M: Jacob Balde, T: nach einem „Fliegenden Blatt" aus dem Jahre 1638)

Was hab' ich denn meinem Feinsliebchen getan?

(Laß ab von der Liebe!)

1. Was hab' ich denn mei - nem Feinslieb - chen ge - tan? Sie
geht ja vor - ü - ber und schaut mich nicht an; sie
schlägt ih - re Äu - ge - lein wohl un - ter sich und
hat ei - nen an - de - ren viel lie - ber noch als mich, und
hat ei - nen an - de - ren viel lie - ber noch als mich.

2. Das macht halt ihr Stolz und hochmütiger Sinn,
Weil ich ihr nicht schön und nicht reich genug bin;
Und bin ich auch nicht schön und reich, so bin ich doch so jung
Herzallerliebstes Schätzelein, was kümmr' ich mich denn drum?

3. Jetzt will ich mein Herz auch nicht länger so quälen
Und will mir ein ander schön Schätzchen erwählen;
Wohl aus den Augen, wohl aus dem Sinn
Du närrisches Mädchen, fahr du nur immer hin!

4. Fahr immer nur hin! Ich halte dich nicht,
Ich hab' meinen Sinn auf ein' andre gericht',
Auf ein' andre gericht', auf ein' andre gewend't –
Viel besser, ich hätte dich niemals gekennt.

5. „Und hast du den Sinn auf ein' andre gericht',
   Die Berge sind hoch, die ersteigest du nicht." –
   Wie höher die Berge, wie tiefer das Tal!
   Heut seh' ich mein Schätzelein zum allerletzten Mal.

6. „Ach junger Geselle, ich rate dir's nicht,
   Die Wasser sind tief, die durchschwimmest du nicht;
   Die stillen tiefen Wasser, die haben keinen Grund –
   Laß ab von der Liebe, sie ist dir nicht gesund!"

(M und T: Volksgut)

's ist alles dunkel,
's ist alles trübe
(Woran ich meine Freude hab')

1. 's ist al - les dun - kel, 's ist al - les trü - be, die - weil mein
Schatz ein' an - dern liebt. Ich hab' ge - glaubt, sie lie - bet
mich, ich hab' ge - glaubt, sie lie - bet mich. A - ber nein, a - ber
nein, a - ber nein, a - ber nein, a - ber nein, a - ber
nein, sie has - set mich.

2. Was nutzet mir ein schöner Garten,
   Wenn andre drin spazierengehn
   Und pflücken mir die Röslein ab.
   Woran ich meine, woran ich meine,
   Woran ich meine Freude hab'.

3. Was nutzet mir ein schönes Mädchen,
   Wenn andre immer bei ihr stehn
   Und küssen ihr die Schönheit ab.
   Woran ich meine, woran ich meine,
   Woran ich meine Freude hab'.

4. Kirsch, Kümmel, Nelken hab' ich getrunken,
   Bis daß ich nicht mehr trinken kann,
   Und wenn ich nicht mehr trinken kann,
   Dann kommen wohl die schwarzen Männer
   Und legen mich ins kühle Grab.
   Woran ich keine Freude hab'.
   Woran ich keine, woran ich keine,
   Woran ich keine Freude hab'.

5. So pflanzt mir denn auf meinem Grabe
   Wohl Rosmarin und Thymian,
   Damit ich was zu riechen hab'.
   Woran ich meine, woran ich meine,
   Woran ich meine Freude hab'.

(M und T: Volksgut)

Ehre sey Gott in der Höhe
Friede auf Erden.

A. GABER.

Zu Gottes
und der Erden Preis

Die Luft ist blau

*(M: Franz Schubert,
T: Ludwig Christoph
Heinrich Hölty)*

1. Die Luft ist blau, das Tal ist grün, die klei-nen Mai-en-
glok-ken blühn, und Schlüs-sel-blu-men drun-ter; der
Wie-sen-grund ist schon so bunt und malt sich täg-lich
bun-ter, und malt sich täg-lich bun-ter.

2. Drum komme, wem der Mai gefällt,
Und schaue froh die schöne Welt
Und Gottes Vatergüte,
Die solche Pracht hervorgebracht,
Den Baum und seine Blüte.

143

Nun danket alle Gott

1. Nun dan-ket al-le Gott mit Her-zen, Mund und
Hän-den, der gro-ße Din-ge tut an uns und al-len
En-den, der uns von Mut-ter-leib und Kin-des-bei-nen
an un-zäh-lig viel zu-gut und noch jetz-und ge-tan!

2. Der ewigreiche Gott
   Woll' uns bei unserm Leben
   Ein immer fröhlich Herz
   Und edlen Frieden geben
   Und uns in seiner Gnad'
   Erhalten fort und fort
   Und uns aus aller Not
   Erlösen hier und dort.

3. Lob, Ehr' und Preis sei Gott,
   Dem Vater und dem Sohne
   Und dem, der beiden gleich
   Im höchsten Himmelsthrone,
   Dem dreimal einen Gott,
   Wie es im Anfang war,
   Und ist und bleiben wird
   Jetzund und immerdar.

(M: Johann Crüger, T: Martin Rinckart)

Steht auf, ihr lieben Kinderlein

(M: Nikolaus Herman, T: Erasmus Alber)

1. Steht auf, ihr lie - ben Kin - der - lein! Der Mor - gen - stern mit hel - lem Schein läßt sich frei se - hen wie ein Held und leuch - tet in die gan - ze Welt.

2. Sei uns willkommen, schöner Stern,
   Du bringst uns Christum, unsern Herrn,
   Der unser lieber Heiland ist,
   Darum du hoch zu loben bist.

3. Ihr Kinder sollt bei diesem Stern
   Erkennen Christum, unsern Herrn,
   Marien Sohn, den treuen Hort,
   Der uns leuchtet mit seinem Wort.

4. Gott's Wort, du bist der Morgenstern,
   Wir können dein gar nicht entbehrn,
   Du mußt uns leuchten immerdar,
   Sonst sitzen wir im Finstern gar.

5. Leucht uns mit deinem Glänzen klar
   Und Jesum Christum offenbar';
   Jag aus der Finsternis Gewalt,
   Daß nicht die Lieb' in uns erkalt'.

6. Sei uns willkommen, lieber Tag,
   Vor dir die Nacht nicht bleiben mag.
   Leucht uns in unsre Herzen fein
   Mit deinem himmelischen Schein.

7. O Jesu Christ, wir warten dein,
   Dein heilig's Wort leucht' uns so fein.
   Am End' der Welt bleib nicht lang aus
   Und führ' uns in dein's Vaters Haus.

8. Du bist die liebe Sonne klar,
   Wer an dich glaubt, der ist fürwahr
   Ein Kind der ew'gen Seligkeit,
   Die deinen Christen ist bereit'.

9. Wir danken dir, wir loben dich
   Hier zeitlich und dort ewiglich
   Für deine groß' Barmherzigkeit
   Von nun an bis in Ewigkeit.

Grünet die Hoffnung
(Hoffnung)

1. Grü - net die Hoff- nung, halb hab' ich ge - won - nen;
blü - het die Treu - e, so hab' ich ge - siegt.
Ist nur mein Glük - ke nicht gänz - lich zer - ron - - nen,
wahr - lich, so bin ich von Her - zen ver - gnügt.

2. Kummer und Plagen will ich verjagen,
Wer mich wird fragen, dem will ich sagen:
Grünet die Hoffnung, halb hab' ich gewonnen;
Blühet die Treue, so hab' ich gesiegt.

3. Hassen und Neiden muß ich zwar leiden,
Doch soll's die Freuden mir nicht verleiden.
Grünet die Hoffnung, halb hab' ich gewonnen;
Blühet die Treue, so hab' ich gesiegt.

4. Hoffnung wird bringen treulichen Dingen
Alles Gelingen, drum will ich singen:
Grünet die Hoffnung, halb hab' ich gewonnen;
Blühet die Treue, so hab' ich gesiegt.

(M und T: Jacob Kremberg)

Großer Gott, wir loben dich

(Der Ambrosianische Lobgesang)

1. Gro - ßer Gott, wir lo - ben dich, Herr, wir prei - sen
   Vor dir neigt die Er - de sich und be - wun - dert

dei - ne Stär - ke; Wie du warst vor al - ler Zeit,
dei - ne Wer - ke.

so bleibst du in E - wig - keit.

2. Alles, was dich preisen kann
   Cherubim und Seraphinen,
   Stimmen dir ein Loblied an;
   Alle Engel, die dir dienen,
   Rufen dir in sel'ger Ruh'
   „Heilig, heilig, heilig" zu.

3. Himmel, Erde, Luft und Meer
   Sie verkünden deine Ehre;
   Der Apostel glänzend Heer,
   Der Propheten sel'ge Chöre
   Und der Märtrer lichte Schar
   Lobt und preist dich immerdar.

(M: Peter Ritter,
T: Nach dem altkirchlichen Te deum laudamus von Ignaz Franz)

Geh aus, mein Herz, und suche Freud'

(Sommerlied)

1. Geh aus, mein Herz, und su - che Freud' in die - ser lie - ben
Som - mer - zeit an dei - nes Got - tes Ga - ben; schau
an der schö - nen Gär - ten Zier und sie - he, wie sie
mir und dir sich aus - ge - schmük - ket ha - ben.

2. Die Bäume stehen voller Laub,
Das Erdreich decket seinen Staub
Mit einem grünen Kleide;
Narzissen und die Tulipan,
Die ziehen sich viel schöner an
Als Salomonis Seide.

3. Die Lerche schwingt sich in die Luft,
Das Täubchen fliegt aus seiner Gruft
Und macht sich in die Wälder;
Die hochbegabte Nachtigall
Ergötzt und füllt mit ihrem Schall
Berg, Hügel, Tal und Felder.

4. Ich selber kann und mag nicht ruhn;
Des großen Gottes großes Tun
Erweckt mir alle Sinnen;
Ich singe mit, wenn alles singt,
Und lasse, was dem Höchsten klingt,
Aus meinem Herzen rinnen.

5. Ach, denk' ich, bist du hier so schön
   Und läßt du's uns so lieblich gehn
   Auf dieser armen Erden:
   Was will doch wohl nach dieser Zeit
   Dort in der reichen Ewigkeit
   In deinem Himmel werden!

6. O wär ich da, o ständ' ich schon,
   Ach süßer Gott, vor deinem Thron
   Und trüge meine Palmen!
   So wollt' ich nach der Engel Weis'
   Erhöhen deines Namens Preis
   Mit tausend schönen Psalmen.

(M: August E. Müller, T: Paul Gerhardt)

Was frag' ich viel nach Geld und Gut

1. Was frag' ich viel nach Geld und Gut, wenn ich zu-frie-den bin!
Gibt Gott mir nur ge-sun-des Blut, so hab' ich fro-hen Sinn
und sing' aus dank-ba-rem Ge-müt mein Mor-gen-und mein A-bend-lied.

2. So mancher schwimmt in Überfluß,
Hat Haus und Hof und Geld
Und ist doch immer voll Verdruß
Und freut sich nicht der Welt.
Je mehr er hat, je mehr er will,
Nie schweigen seine Klagen still.

3. Da heißt die Welt ein Jammertal
Und deucht mir doch so schön,
Hat Freuden ohne Maß und Zahl,
Läßt keinen leer ausgehn.
Das Käferlein, das Vögelein
Darf sich ja auch des Maien freun.

4. Und uns zuliebe schmücken ja
Sich Wiese, Berg und Wald,
Und Vögel singen fern und nah,
Daß alles widerhallt.
Bei Arbeit singt die Lerch' uns zu,
Die Nachtigall bei süßer Ruh'.

5. Und wenn die goldne Sonn' aufgeht,
Und golden wird die Welt,
Und alles in der Blüte steht,
Und Ähren trägt das Feld,
Dann denk' ich: Alle diese Pracht
Hat Gott zu meiner Lust gemacht.

6. Dann preis' ich Gott und lob' ich Gott
Und schweb' in hohem Mut
Und denk': Es ist ein lieber Gott,
Und meint's mit Menschen gut!
Drum will ich immer dankbar sein
Und mich der Güte Gottes freun.

(M: Christian Neefe, T: Johann M. Miller)

Wir treten mit Beten
(Dankgebet)

1. Wir tre-ten mit Be-ten vor Gott den Ge-rechten, er wal-tet und hal-tet ein stren-ges Ge-richt, er läßt von den Schlech-ten die Gu-ten nicht knech-ten, sein Na-me sei ge-lobt, er ver-gißt un-ser nicht.

2. Im Streite zur Seite ist Gott uns gestanden,
   Er wollte, es sollte das Reich siegreich sein;
   Da ward, kaum begonnen, die Schlacht schon gewonnen,
   Du, Gott, warst ja mit uns, der Sieg, er ward dein.

3. Wir loben dich oben, du Lenker der Schlachten,
   Und flehen, mögst stehen uns fernerhin bei,
   Daß deine Gemeinde nicht Opfer der Feinde,
   Dein Name sei gelobet; o Herr, mach uns frei!

(M: nach einer alten Volksweise, T: Jos. Weyl)

155

Zum Lobe
des ehrsamen Handwerks

Wer will fleißige Handwerker sehn

1. Wer will flei-ßi-ge Hand-werker sehn, ei, der muß zu uns her-gehn.

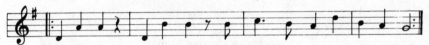

Stein auf Stein, Stein auf Stein, das Häuschen wird bald fer-tig sein.

2. O wie fein, o wie fein,
   Der Glaser setzt die Scheiben ein.

3. Tauchet ein, tauchet ein,
   Der Maler streicht die Wände fein.

4. Zisch, zisch, zisch, zisch, zisch, zisch,
   Der Tischler hobelt glatt den Tisch.

5. Poch, poch, poch, poch, poch, poch,
   Der Schuster schustert zu das Loch.

6. Stich, stich, stich, stich, stich, stich,
   Der Schneider näht ein Kleid für mich.

7. Rühre ein, rühre ein,
   Der Kuchen wird bald fertig sein.

8. Trapp, trapp, drein – trapp, trapp, drein,
   Jetzt gehn wir von der Arbeit heim.

(M und T: Volksgut)

Schneidri, schneidra, schneidrum

1. Schneidri, schneidra, schneidrum, schneidri, schneidra, schneidrum! Ich
bin der Mei - ster Schneider und mach' den Leu - ten
Klei - der im Lan - de weit her - um, im Lan - de weit her - um.

2. Ich Schneider bin ein Mann!
Kann einem neues Leben
Durch meine Arbeit geben,
Daß er passieren kann.
Ich Schneider bin ein Mann!

3. Ich sitz' und schau' mich um,
Als wenn ich Kaiser wäre,
Mein Szepter ist die Schere,
Mein Tisch das Kaisertum.
Ich sitz' und schau' mich um.

4. Spott keiner der Schneider mehr!
Man halte sie in Ehren,
Wenn keine Schneider wären,
Wir liefen nackt herum.
Schneidri, schneidra, schneidrum!

(M und T: nach F. W. von Ditfurth, Fränkische Volkslieder, 1855)

158

Glück auf, der Steiger kommt

(M und T: Volksgut, um 1700)

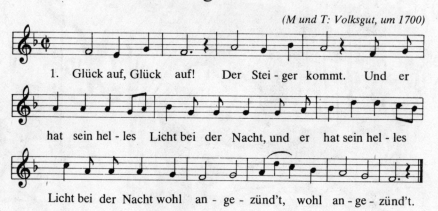

1. Glück auf, Glück auf! Der Stei-ger kommt. Und er
hat sein hel-les Licht bei der Nacht, und er hat sein hel-les
Licht bei der Nacht wohl an-ge-zünd't, wohl an-ge-zünd't.

2. Schon angezünd't,
   Es gibt ein'n Schein,
   Und damit fahren wir
   Ins Bergwerk 'nein.

3. Ins Bergwerk 'nein,
   Wo Bergleut' sein;
   Graben das Silber
   Aus Felsengestein.

4. Der eine gräbt das Silber,
   Der andre gräbt das Gold,
   Und den schwarzbraunen Mägdelein,
   Den'n sein sie hold.

Die Leineweber haben eine saubere Zunft

1. Die Lei - ne - we - ber ha - ben ei - ne sau - be - re Zunft;
Mitt - fa - sten hal - ten sie Zu - sam - men - kunft,

ha - rum, di, dscha - rum, di, schrumm, schrumm, schrumm!

A - sche - grau - e, dun - kel - blau - e, schrumm, schrumm,
mir ein Vier - tel, dir ein Vier - tel, schrumm,

Fein o - der grob, ge - ges - se wer'n se doch, mit der

Jul - le, mit der Spul - le, mit der Schrumm, Schrumm, Schrumm!

2. Die Leineweber nehmen keinen Lehrbuben an,
Der nicht sechs Wochen lang fasten kann.

3. Die Leineweber schlachten alle Jahr zwei Schwein',
Das eine ist gestohlen, und das andre ist nicht sein.

4. Die Leineweber haben ein Schifflein klein,
Da setzen sie Wanzen und die Flöhe hinein.

5. Die Leineweber machen eine saubere Musik,
Wie wenn zwölf Müllerwagen fahren über die Brück'.

(M und T: Volksgut aus Schlesien)

Wie machen's denn die Advokaten

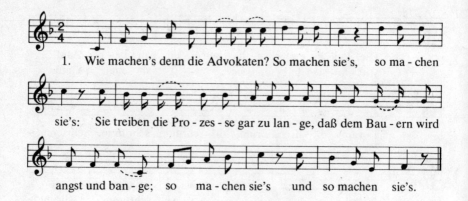

1. Wie machen's denn die Advokaten? So machen sie's, so ma - chen sie's: Sie treiben die Pro - zes - se gar zu lan - ge, daß dem Bau - ern wird angst und ban - ge; so ma - chen sie's und so machen sie's.

2. Wie machen's denn die Bäcker?
So machen sie's, so machen sie's:
Sie backen die Semmel gar zu klein,
Und backen Leib und Seel' hinein.
So machen sie's und so machen sie's.

3. Wie machen's denn die Brauer?
So machen sie's, so machen sie's:
Sie machen ein bißchen Wasser warm
Und machen ein Bier, daß Gott erbarm.
So machen sie's und so machen sie's.

4. Wie machen's denn die Schuster?
So machen sie's, so machen sie's:
Sie ziehn das Leder in die Länge
Und machen die Schuhe gar zu enge.
So machen sie's und so machen sie's.

(M und T: Volksgut)

Da streiten sich die Leut' herum
(Hobellied)

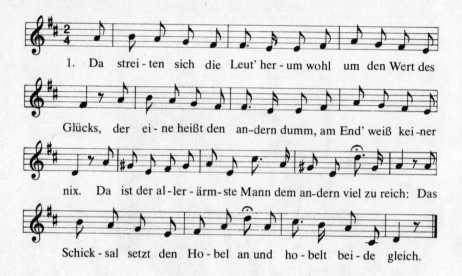

1. Da strei-ten sich die Leut' her-um wohl um den Wert des Glücks, der ei-ne heißt den an-dern dumm, am End' weiß kei-ner nix. Da ist der al-ler-ärm-ste Mann dem an-dern viel zu reich: Das Schick-sal setzt den Ho-bel an und ho-belt bei-de gleich.

2. Die Jugend will halt stets mit G'walt
   In allem glücklich sein;
   Doch wird man nur ein bisserl alt,
   Da find't man sich schon drein.
   Oft zankt mein Weib mit mir, o Graus,
   Das bringt mich nicht in Wut;
   Da klopf' ich meinen Hobel aus und denk':
   Du brummst mir gut!

3. Zeigt sich der Tod einst, mit Verlaub,
   Und zupft mich: „Brüderl, kumm!",
   Da stell' ich mich im Anfang taub
   Und schau mich gar nicht um.
   Doch sagt er: „Lieber Valentin,
   Mach' keine Umständ', geh!",
   Da leg' ich meinen Hobel hin
   Und sag' der Welt ade.

(M: Konradin Kreutzer, T: Ferdinand Raimund)

Es klappert die Mühle
am rauschenden Bach

1. Es klap-pert die Müh-le am rau-schen-den Bach, klipp

klapp! Bei Tag und bei Nacht ist der Mül-ler stets wach, klipp

klapp! Er mah-let das Korn zu dem kräf-ti-gen Brot, und

ha-ben wir sol-ches, so hat's kei-ne Not. Klipp

klapp, klipp klapp, klipp klapp!

2. Flink laufen die Räder und drehen den Stein, klipp klapp!
Und mahlen den Weizen zu Mehl uns so fein, klipp klapp!
Der Bäcker dann Zwieback und Kuchen draus bäckt,
Der immer den Kindern besonders gut schmeckt.
Klipp klapp, klipp klapp, klipp klapp!

3. Wenn reichliche Körner das Ackerfeld trägt, klipp klapp!
Die Mühle dann flink ihre Räder bewegt, klipp klapp!
Und schenkt uns der Himmel nur immerdar Brot,
So sind wir geborgen und leiden nicht Not.
Klipp klapp, klipp klapp, klipp klapp!

(M: Volksgut, T: Ernst Anschütz)

165

Es wollt' ein Schneider wandern

(Schneiders Höllenfahrt)

1. Es wollt' ein Schnei-der wan - dern am Mon - tag in der
be - geg - net ihm der Teu - fel, hat we - der Strümpf' noch

Fruh,
Schuh'.   „He - he, du Schneider - g'sell! Du mußt mit mir in

d'Höll', du mußt uns Teu - fel klei - den, es

ge - he, wie es wöll."   *(M und T: Volksgut)*

166

2. Sobald der Schneider in d' Höllen kam,
   Nahm er seinen Ellenstab,
   Er schlug den Teufeln die Buckel voll,
   Die Teufel auf und ab.
   „He, he, du Schneiderg'sell!
   Mußt wieder aus der Höll';
   Wir brauchen nicht das Messen,
   Es gehe, wie es wöll."

3. Nachdem er all' gemessen hatt',
   Nahm er sein' lange Scher'
   Und stutzt den Teufeln d' Schwänzlein ab,
   Sie hüpfen hin und her.
   „He, he, du Schneiderg'sell!
   Pack dich nur aus der Höll';
   Wir brauchen nicht das Stutzen,
   Es gehe, wie es wöll."

4. Da zog er's Bügeleisen 'raus
   Und warf es in das Feuer,
   Er streicht den Teufeln d' Falten aus,
   Sie schrien ungeheuer:
   „He, he, du Schneiderg'sell!
   Geh du nur aus der Höll';
   Wir brauchen nicht das Bügeln,
   Es gehe, wie es wöll."

5. Er nahm den Pfriemen aus dem Sack
   Und stach sie in die Köpf',
   Er sagt: „Halt still, ich bin schon da,
   So setzt man bei uns Knöpf'."
   „He, he, du Schneiderg'sell!
   Geh einmal aus der Höll';
   Wir brauchen keine Kleider,
   Es gehe, wie es wöll."

6. Drauf nahm er Nadel und Fingerhut
   Und fängt zu stechen an,
   Er flickt den Teufeln d' Naslöcher zu,
   So eng er immer kann.
   „He, he, du Schneiderg'sell!
   Pack dich nur aus der Höll';
   Wir können nimmer riechen,
   Es gehe, wie es wöll."

7. Darauf fängt er zu schneiden an,
   Das Ding hat ziemlich brennt,
   Er hat den Teufeln mit Gewalt
   Die Ohrlappen aufgetrennt.
   „He, he, du Schneiderg'sell,
   Marschier nur aus der Höll';
   Sonst brauchen wir den Bader,
   Es gehe, wie es wöll."

8. Nach diesem kam der Luzifer
   Und sagt: „Es ist ein Graus,
   Kein Teufel hat kein Schwänzerl mehr,
   Jagt ihn zur Höll' hinaus!"
   „He, he, du Schneiderg'sell,
   Pack dich nur aus der Höll';
   Wir brauchen keine Kleider,
   Es gehe, wie es wöll."

9. Nachdem er nun hat aufgepackt,
   Da war ihm erst recht wohl,
   Er hüpft und springet unverzagt,
   Lacht sich den Buckel voll.
   Ging eilends aus der Höll'
   Und blieb ein Schneiderg'sell;
   Drum holt der Teufel kein' Schneider mehr,
   Er stehl', soviel er wöll.

Im Wald
und auf der Heide

Mit dem Pfeil, dem Bogen

1. Mit dem Pfeil, dem Bo - gen, durch Ge - birg und Tal

kommt der Schütz ge - zo - gen früh am Mor - gen - strahl.

La - la - la, la - la - la, la - la - la - la, la - la - la - la - la - la - la.

2. Wie im Reich der Lüfte
König ist der Weih,
Durch Gebirg und Klüfte
Herrscht der Schütze frei.

3. Ihm gehört das Weite,
Was sein Pfeil erreicht,
Das ist seine Beute,
Was da fleucht und kreucht.

(M: Anselm Weber, T: Friedrich von Schiller)

Im Wald und auf der Heide

(Jägerleben)

1. Im Wald und auf der Hei - de, da such' ich mei - ne Freu - de, ich bin ein Jä - gers - mann, ich bin ein Jä - gers - mann. Die For - sten treu zu pfle - gen, das Wildbret zu er - le - gen, mein' Lust hab' ich dar - an, mein' Lust hab' ich dar - an. Hal - li, hal - lo, hal - li, hal - lo, mein' Lust hab' ich dar - an.

2. Trag' ich in meiner Tasche
   Ein Trünklein in der Flasche,
   Zwei Bissen liebes Brot;
   Brennt lustig meine Pfeife,
   Wenn ich den Forst durchstreife,
   Da hat es keine Not.
   Halli, hallo, halli, hallo,
   Da hat es keine Not.

3. Im Walde hingestrecket,
   Den Tisch mit Moos mir decket
   Die freundliche Natur.
   Den treuen Hund zur Seite,
   Ich mir das Mahl bereite
   Auf Gottes freier Flur.
   Halli, hallo, halli, hallo,
   Auf Gottes freier Flur.

4. Das Huhn im schnellen Fluge,
   Die Schnepf' im Zickzackzuge
   Treff' ich mit Sicherheit;
   Die Sauen, Reh' und Hirsche
   Erleg' ich auf der Pirsche,
   Der Fuchs läßt mir sein Kleid.
   Halli, hallo, halli, hallo,
   Der Fuchs läßt mir sein Kleid.

5. Und streich' ich durch die Wälder,
   Und zieh' ich durch die Felder,
   Einsam den vollen Tag,
   Da schwinden mir die Stunden
   Gleich flüchtigen Sekunden,
   Tracht' ich dem Wilde nach.
   Halli, hallo, halli, hallo,
   Tracht' ich dem Wilde nach.

6. Wenn sich die Sonne neiget,
   Der feuchte Nebel steiget,
   Mein Tagwerk ist getan.
   Dann zieh' ich von der Heide
   Zur häuslich stillen Freude,
   Ein froher Jägersmann.   *(M: F. L. Gehricke, 1827,*
   Halli, hallo, halli, hallo,   *T: Wilhelm*
   Ein froher Jägersmann.   *Bornemann, 1816)*

Sah ein Knab'
ein Röslein stehn

(Heidenröslein)

1. Sah ein Knab' ein Rös-lein stehn, Rös-lein auf der Hei-den;

war so jung und mor-gen-schön, lief er schnell, es nah zu sehn,

sah's mit vie-len Freu-den. Rös-lein, Röslein, Rös-lein rot,

Rös-lein auf der Hei - den.

2. Knabe sprach: „Ich breche dich,
Röslein auf der Heiden."
Röslein sprach: „Ich steche dich,
Daß du ewig denkst an mich,
Und ich will's nicht leiden."

3. Und der wilde Knabe brach
's Röslein auf der Heiden;
Röslein wehrte sich und stach,
Half ihm doch kein Weh und Ach,
Mußt' es eben leiden.

(M: Heinrich Werner, T: J. W. von Goethe)

Vöglein im hohen Baum

1. Vög - lein im ho - hen Baum, klein ist's, man sieht es kaum;

singt doch so schön, daß wohl von nah und fern al - le die

Leu - te gern hor - chen und stehn, hor - chen und stehn.

2. Blümlein im Wiesengrund
   Blühen so lieb und bunt,
   Tausend zugleich.
   Wenn ihr vorübergeht,
   Wenn ihr die Farben seht,
   Freuet ihr euch, freuet ihr euch.

3. Wässerlein fließt so fort
   Immer von Ort zu Ort
   Nieder ins Tal.
   Dürsten nun Mensch und Vieh,
   Kommen zum Bächlein sie,
   Trinken zumal, trinken zumal.

4. Habt ihr es auch bedacht,
   Wer hat so schön gemacht
   Alle die drei?
   Gott der Herr machte sie,
   Daß sich nun spät und früh
   Jeder dran freu', jeder dran freu'.

(M: Friedrich Silcher, T: Wilhelm Hey)

O Täler weit, o Höhen

(Abschied vom Walde)

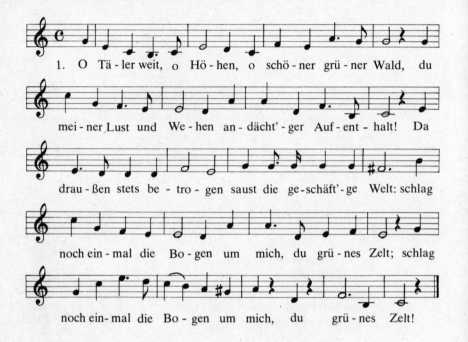

1. O Tä - ler weit, o Hö - hen, o schö - ner grü - ner Wald, du
mei - ner Lust und We - hen an - dächt' - ger Auf - ent - halt! Da
drau - ßen stets be - tro - gen saust die ge - schäft' - ge Welt: schlag
noch ein - mal die Bo - gen um mich, du grü - nes Zelt; schlag
noch ein - mal die Bo - gen um mich, du grü - nes Zelt!

2. Im Walde steht geschrieben ein stilles, ernstes Wort
Von rechtem Tun und Lieben, und was der Menschen Hort.
Ich habe treu gelesen die Worte schlicht und wahr,
Und durch mein ganzes Wesen ward's unaussprechlich klar.

3. Bald werd' ich dich verlassen, fremd in die Fremde gehn,
Auf buntbewegten Gassen des Lebens Schauspiel sehn,
Und mitten in dem Leben wird deines Ernst's Gewalt
Mich Einsamen erheben: so wird mein Herz nicht alt.

(M: Felix Mendelssohn-Bartholdy, T: Joseph von Eichendorff)

Ein Veilchen auf der Wiese stand
(Das Veilchen)

1. Ein Veil-chen auf der Wie-se stand, ge-bückt in sich und un-be-kannt: es war ein her-zigs Veilchen. Da kam eine jun-ge Schä-fe-rin mit leich-tem Schritt und munterm Sinn da-her, da-her, die Wie-se her und sang.

2. „Ach", denkt das Veilchen, „wär' ich nur
   Die schönste Blume der Natur,
   Ach, nur ein kleines Weilchen,
   Bis mich das Liebchen abgepflückt
   Und an dem Busen mattgedrückt!
   Ach nur, ach nur ein Viertelstündchen lang!"

3. Ach, aber ach, das Mädchen kam
   Und nicht in acht das Veilchen nahm,
   Zertrat das arme Veilchen.
   Es sank und starb und freut' sich noch:
   „Und sterb' ich denn, so sterb' ich doch
   Durch sie, durch sie, zu ihren Füßen doch!"

(M: J. F. Reichardt, T: J. W. von Goethe)

176

Ich bin ein freier Wildbretschütz

1. Ich bin ein frei-er Wild-bret-schütz und hab' ein weit Re-vier. Ich - vier. So-weit die brau-ne Hei-de geht, ge-hört das Ja-gen mir. Hor-ri-do, hor-ri-do, hor-ri-do, hor-ri-do, hor-ri-do, hus-sa-sa! – do!

2. Soweit der blaue Himmel reicht,
   Gehört mir alle Pirsch. So - Pirsch.
   Auf Fuchs und Has' und Haselhuhn,
   Auf Rehbock und auf Hirsch.

3. Doch weiß ich ein feins Mägdelein,
   Auf das ich lieber pirsch'. Doch-pirsch'.
   Viel lieber als auf Has' und Huhn,
   Auf Rehbock und auf Hirsch.

4. Und daß sie einem andern gehört,
   Macht keine Sorge mir.
   Ich bin ein freier Wildbretschütz
   Und hab' ein weit Revier.

(M: Volksweise, T: H. Löns)

177

Ich schieß' den Hirsch im wilden Forst

(Jägers Liebeslied)

1. Ich schieß' den Hirsch im wil-den Forst, im tie-fen Wald das Reh, den Ad-ler auf der Klip-pe Horst, die En-te auf dem See; kein Ort, der Schutz ge-wäh-ren kann, wo mei-ne Büch-se zielt – und den-noch hab' ich har-ter Mann die Lie-be auch ge-fühlt, und den-noch hab' ich har-ter Mann die Lie-be auch ge-fühlt.

2. Kampiere oft zur Winterzeit
In Sturm und Wetternacht,
Hab' überreift und überschneit
Den Stein zum Bett gemacht;
Auf Dornen schlief ich wie auf Flaum,
Vom Nordwind unberührt –
Und dennoch hat die harte Brust
Die Liebe auch gespürt.

3. Der wilde Falk' ist mein Gesell,
Der Wolf mein Kampfgespan;
Der Tag geht mir mit Hundsgebell,
Die Nacht mit Hussa an.
Ein Tannreis schmückt statt Blumenzier
Den schweißbefleckten Hut –
Und dennoch schlug die Liebe mir
Ins wilde Jägerblut.

(M: Volksgut, T: Franz von Schober)

179

Ein Jäger aus Kurpfalz

1. Ein Jä - ger aus Kurpfalz, der rei - tet durch den grü - nen Wald, er schießt das Wild da - her, gleich wie es ihm ge - fällt. Ju - ja, ju - ja, gar lu - stig ist die Jä - ge - rei all - hier auf grü - ner Heid', all - hier auf grü - ner Heid'!

2. Auf, sattelt mir mein Pferd
   Und legt darauf den Mantelsack,
   So reit' ich weit umher
   Als Jäger aus Kurpfalz.
   Ju - ja, ju - ja,
   Gar lustig ist die Jägerei
   Allhier auf grüner Heid'!

3. Hubertus auf der Jagd
   Der schoß ein'n Hirsch und einen Has',
   Er traf ein Mägdlein an,
   Und das war achtzehn Jahr'.
   Ju - ja, ju - ja,
   Gar lustig ist die Jägerei
   Allhier auf grüner Heid'!

4. Des Jägers seine Lust,
   Die hat der Herr noch nicht gewußt,
   Wie man das Wildbret schießt,
   Schießt's in die Bein' hinein,
   Ju - ja, ju - ja,
   Da muß das Tier getroffen sein
   Allhier auf grüner Heid'!

5. Jetzt reit' ich nicht mehr heim,
   Bis daß der Kuckuck „Kuckuck" schreit,
   Er schreit die ganze Nacht,
   Hab' mich zu mein' Schatz g'macht,
   Ju - ja, ju - ja,
   Und bleib' bei ihr die ganze Nacht,
   Bis daß der Kuckuck schreit.

(M und T: Volksgut)

181

Ich ging im Walde so für mich hin
(Gefunden)

(M: Volksweise, T: J. W. von Goethe)

1. Ich ging im Wal - de so für mich hin, und nichts zu
su - chen, und nichts zu suchen, das war mein Sinn,
das war mein Sinn.

2. Im Schatten sah ich ein Blümchen stehn,
   Wie Sterne leuchtend, wie Äuglein schön.

3. Ich wollt's es brechen, da sagt' es fein:
   „Soll ich zum Welken gebrochen sein?"

4. Ich grub's mit allen den Würzlein aus,
   Zum Garten trug ich's am hübschen Haus,

5. Und pflanzt' es wieder am stillen Ort;
   Nun zweigt es immer und blüht so fort.

Es gingen drei Jäger wohl auf die Pirsch
(Der weiße Hirsch)

1. Es gin - gen drei Jä - ger wohl auf die Pirsch, sie
woll - ten er - ja - gen den wei - ßen Hirsch, sie woll - ten er -
Schluß
ja - gen den weißen Hirsch. Husch husch! Piff paff! Tra - ra!

2. Sie legten sich unter den Tannenbaum,
   Da hatten die drei einen seltsamen Traum.

Der erste:
3. Mir hat geträumt, ich klopf' auf den Busch,
   Da rauschte der Hirsch heraus, husch, husch!

Der zweite:
4. Und als er sprang mit der Hunde Geklaff,
   Da brannt' ich ihn auf das Fell, piff paff!

Der dritte:
5. Und als ich den Hirsch an der Erde sah,
   Da stieß ich lustig ins Horn, trara!

6. So lagen sie da und sprachen, die drei:
   Da rannte der weiße Hirsch vorbei.

7. Und eh' die drei Jäger ihn recht gesehn,
   So war er davon über Tiefen und Höhn.
   Husch husch! Piff paff! Trara!

(M: Volksgut, T: Ludwig Uhland)

Ich ging durch einen grasgrünen Wald

(Abendgang)

1. Ich ging durch ei-nen gras-grü-nen Wald, da hört' ich die Vö-ge-lein sin-gen; sie san-gen so jung, sie san-gen so alt, die klei-nen Vö-ge-lein in dem Wald, die hört' ich so ger-ne wohl sin-gen.

2. Stimm an, stimm an, Frau Nachtigall,
   Sing mir von meinem Feinsliebchen!
   Sing mir es so hübsch, sing mir es so fein!
   Zu Abend da will ich bei ihr sein,
   Will küssen ihr rotes Mündchen.

3. Der Tag verging, die Nacht brach an,
   Feinsliebchen, das kam gegangen.
   Er klopfte so leise mit seinem Ring:
   „Mach auf, mach auf, herzliebstes Kind!
   Ich habe schon lange gestanden."

4. „So lange gestanden, das hast du nicht,
   Ich habe ja noch nicht geschlafen;
   Hab' immer gedacht in meinem Sinn:
   Wo ist mein allerliebst' Schätzchen hin?
   Wo bist du so lange geblieben?"

5. „Wo ich so lange geblieben bin,
   Das kann ich dir, Schätzchen, wohl sagen:
   Wohl bei dem Bier, wohl bei dem Wein,
   Allwo die schönen Jungfräulein sein,
   Da bin ich auch allzeit gerne."

6. Ihr Jungfern, nehmt euch wohl in acht
   Und traut keinem Junggesellen!
   Sie versprechen euch viel und halten's nicht,
   Sie führen euch alle nur hinters Licht
   Und tun sich nur immer verstellen.

(M und T: Volksgut, wohl aus Hessen)

In der Heimat ist es schön

1. In der Hei - mat ist es schön, auf der Ber - ge lich - ten Höhn, auf den schrof - fen Fel - sen - pfa - den, auf der Flu - ren grü - nen Saa - ten, wo die Her - den wei - dend gehn. In der Hei - mat ist es schön, in der Hei - mat ist es schön!

2. In der Heimat ist es schön,
   Wo die Lüfte lauer wehn,
   Wo ins Tal so silberhelle
   Sich ergießt die Felsenquelle,
   Wo der Eltern Häuser stehn:
   In der Heimat ist es schön!

3. In der Heimat ist es schön,
   Könnt' ich sie bald wiedersehn,
   Um im Kreise meiner Teuern
   Froh das Wiedersehn zu feiern;
   Bald werd' ich sie wiedersehn:
   In der Heimat ist es schön!

(M: Andreas Zöllner, T: K. Krebs)

Wer hat dich, du schöner Wald

(Der Jäger Abschied)

1. Wer hat dich, du schö-ner Wald, auf-ge-baut so hoch da dro-ben? Wohl, den Mei-ster will ich lo-ben, so-lang noch mein Stimm' erschallt, wohl, den Meister will ich lo-ben, so-lang noch mein Stimm' er-schallt. Le-be wohl, Le-be wohl, le-be wohl, le-be wohl, le-be wohl, le-be wohl du schö-ner Wald! Le-be wohl, le-be wohl, du schö-ner Wald!

2. Tief die Welt verworren schallt;
Oben einsam Rehe grasen,
Und wir ziehen fort und blasen,
Daß es tausendfach verhallt,
Und wir ziehen fort und blasen,
Daß es tausendfach verhallt.
Lebe wohl usw.

3. Was wir still gelobt im Wald,
Wollen's draußen ehrlich halten,
Ewig bleiben treu die Alten,
Bis das letzte Lied verhallt,
Ewig bleiben treu die Alten,
Bis das letzte Lied verhallt.
Lebe wohl usw.
Schirm dich Gott, schirm dich Gott,
Du schöner Wald!

(M: Felix Mendelssohn-Bartholdy, T: Joseph von Eichendorff)

Wie lieblich schallt durch Busch und Wald

1. Wie lieb - lich schallt durch Busch und Wald des Waldhorns süßer Klang, des Waldhorns süßer Klang. Der Wi - derhall im Ei - chen - tal hallt's noch so lang, so lang, hallt's noch so lang, so lang.

2.   Und jeder Baum im weiten Raum
Dünkt uns wohl noch so grün.
Es wallt der Quell wohl noch so hell
Durchs Tal dahin, dahin.

3.   Und jede Brust fühlt neue Lust.
Beim frohen Zwillingston.
Es flieht der Schmerz aus jedem Herz
Sogleich davon, davon.

(M: Friedrich Silcher, T: Christoph von Schmid)

Im grünen Wald, da wo die Drossel singt

(M und T: Volksgut)

1. Im grü-nen Wald, da wo die Dros-sel singt, *Dros-sel singt,* das mun-tre Reh-lein durch die Bü-sche springt, *Bü-sche springt,* wo Tann' und Fich-te stehn am Wal-des-saum, er-lebt' ich mei-ner Ju-gend schön-sten Traum.

2. Das Rehlein trank wohl aus dem klaren Bach, *klaren Bach,*
   Derweil im Wald der muntre Kuckuck lacht, *Kuckuck lacht.*
   Der Jäger zielt schon hinter einem Baum,
   Das war des Rehleins letzter Lebenstraum.

3. Getroffen war's, und sterbend lag es da, *lag es da,*
   Das man vorher noch munter hüpfen sah, *hüpfen sah,*
   Da trat der Jäger aus des Waldes Saum
   Und sprach: Das Leben ist ja nur ein Traum.

4. Schier achtzehn Jahre sind verflossen schon, *flossen schon,*
   Die er verbracht' als junger Waidmannssohn, *Waidmannssohn,*
   Er nahm die Büchse, schlug sie an ein' Baum
   Und sprach: Das Leben ist ja nur ein Traum.

191

Auf, auf zum fröhlichen Jagen

1. Auf, auf zum fröh-li-chen Ja-gen, auf in die grü-ne Heid'! Es fängt schon an zu ta-gen, es ist die höch-ste Zeit. Die Vö-gel in den Wäl-dern sind schon vom Schlaf er-wacht und ha-ben auf den Fel-dern das Mor-gen-lied voll-bracht.

2. Wir rüsten uns zum Streite
Und jagen Paar an Paar;
Die Hoffnung reicher Beute
Versüßet die Gefahr.
Wir weichen nicht zurücke,
Ob gleich ein wilder Bär,
Und noch ein großes Stücke
Nicht ferne von uns wär'.

3. Will gleich ein wilder Hauer
Mit seinen Waffen dräun,
Fängt man an ohne Schauer
„Hussa! Hussa!" zu schrein;
Damit das Ungeheuer,
Wenn es die Kugel brennt,
Schon nach empfangnem Feuer
In sein Verderben rennt.

4. Das edle Jägerleben
Vergnüget meine Brust,
Den kühnen Fang zu geben,
Ist meine größte Lust.
Wo Reh' und Hirsche springen,
Wo Rohr und Büchse knallt,
Wo Jägerhörner klingen,
Da ist mein Aufenthalt.

5. Frisch auf zum fröhlichen Hetzen,
Fort in das grüne Feld!
Wo man mit Garn und Netzen
Das Wild gefangen hält.
Auf, ladet eure Röhren
Mit Pulver und mit Blei
Und macht der Jagd zu Ehren
Ein fröhliches Geschrei!

6. Sind unsre matten Glieder
Vom Sonnenglanz erhitzt,
So legen wir uns nieder,
Wo frisches Wasser spritzt,
Wo Zephyrs sanftes Blasen
Der Sonne Glanz besiegt,
Da schläft man auf dem Rasen,
Mit Anmut eingewiegt.

7. Das Gras ist unser Bette,
Der Wald ist unser Haus,
Wir trinken um die Wette
Das klare Wasser aus.
Laßt drum die Faulen liegen,
Gönnt ihnen ihre Ruh':
Wir jagen mit Vergnügen
Dem schönen Walde zu.

8. Ein weibliches Gemüte
Hüllt sich in Federn ein,
Ein tapferes Jagdgeblüte
Muß nicht so träge sein.
Drum laßt die Faulen liegen,
Gönnt ihnen ihre Ruh';
Wir jagen mit Vergnügen
Dem dicken Walde zu.

9. Frisch auf, ihr lieben Brüder,
Ergreifet das Geschoß!
Auf, legt die Winde nieder
Und geht aufs Wildbret los!
Erfrischt die matten Hunde
Durch frohen Zuruf an,
Und ruft aus vollem Munde
So viel ein jeder kann!

10. Will gleich zu manchen Zeiten
Blitz, Wetter, Sturm und Wind
Einander widerstreiten,
Die uns zuwider sind,
So sind wir ohne Schrecken
Bei allem Ungemach,
Und jagen durch die Hecken
Den schnellen Hirschen nach.

(M: Volksgut
nach einem französischen Jagdlied,
T: Gottfried Benjamin Hancke)

(M und T: Volksgut)

Der Jäger längs dem Weiher ging

1. Der Jäger längs dem Weiher ging, lauf, Jäger, lauf! Die Dämmerung den Wald umfing, lauf, Jäger, lauf, Jäger, lauf, lauf, lauf, mein lieber Jäger, guter Jäger, lauf, lauf, lauf, mein lieber Jäger, lauf, mein lie - ber Jäger, lauf!

2. Was raschelt in dem Grase dort? Lauf, Jäger, lauf!
   Was flüstert leise fort und fort? Lauf, Jäger, lauf!

3. Was ist das für ein Untier doch? Lauf, Jäger, lauf!
   Hat Ohren wie ein Blocksberg hoch! Lauf, Jäger, lauf!

4. Das muß fürwahr ein Kobold sein! Lauf, Jäger, lauf!
   Hat Augen wie Karfunkelstein! Lauf, Jäger, lauf!

5. Der Jäger furchtsam um sich schaut. Lauf, Jäger, lauf!
   Jetzt will ich's wagen – o mir graut! Lauf, Jäger, lauf!

6. O Jäger, laß die Büchse ruhn. Lauf, Jäger, lauf!
   Das Tier könnt' dir ein Leides tun! Lauf, Jäger, lauf!

7. Der Jäger lief zum Wald hinaus. Lauf, Jäger, lauf!
   Verkroch sich flink im Jägerhaus. Lauf, Jäger, lauf!

8. Das Häschen spielt im Mondenschein. Lauf, Jäger, lauf!
   Ihm leuchten froh die Äugelein. Lauf, Jäger, lauf!

Nachtigall, ich hör' dich singen

(Frau Nachtigall)

(M und T: Volksgut)

1. Nach - ti - gall, ich hör' dich sin - gen, 's Herz im Leib möcht' mir zer - sprin - gen; her - zi - ge Frau Nach - ti - gall, sei ge - grüßt viel - tau - send - mal. sei ge - grüßt, sei ge - grüßt, sei ge - grüßt viel - tau - send - mal!

2. Nachtigall, ich seh' dich laufen,
   Aus dem Bächlein tust du saufen;
   Du tunkst dein klein Schnäblein ein,
   Meinst, es wär' der beste Wein.

3. Nachtigall, wo ist gut wohnen?
   In den Linden in den Kronen
   Oder auf dem grünen Ast,
   Wo du dein weich Bettlein hast?

4. Nachtigall, ich hör' dich wieder,
   Deine wunderschönen Lieder;
   Komm zu mir und sag mir's wohl,
   Wie ich mich verhalten soll!

5. „Tu dein Herz in zwei Stück teilen,
   Komm zu mir, ich will dir's heilen;
   Schlag die Grillen aus dem Sinn!
   Wo ist dein Herzliebster hin?"

6. Nachtigall, du tust ihn finden,
   Flieg umher auf Berg' und Gründen;
   Schwing dich auf, Frau Nachtigall,
   Grüß mein Schatz vieltausendmal!

Ein Schäfermädchen weidete

1. Ein Schä-fer-mäd-chen wei-de-te zwei Lämm-lein an der Hand auf grü-ner Flur, wo fet-ter Klee und Gän-se-blümchen stand; da hör-te sie im dunk-len Hain den Vo-gel Kuckuck lu-stig schrein: Kuckuck, Kuckuck, Kuckuck, Kuckuck, Kuckuck!

2. Sie setzte sich ins weiche Gras
   Und sprach gedankenvoll:
   Ich will doch einmal sehn zum Spaß,
   Wie lang ich leben soll!
   Wohl bis zu hundert zählte sie,
   Allein der Kuckuck immer schrie:
   Kuckuck! Kuckuck! Kuckuck! Kuckuck! Kuckuck!

3. Da ward das Schäfermädchen toll
   Sprang auf aus grünem Gras,
   Nahm ihren Stab und lief voll Groll
   Hin, wo der Kuckuck saß.
   Herr Kuckuck merkt's und zog zum Glück
   Sich schreiend in den Wald zurück.
   Kuckuck! Kuckuck! Kuckuck! Kuckuck! Kuckuck!

4. Sie jagt ihn immer vor sich her,
   Tief in den Wald hinein.
   Doch wenn sie rückwärts kehrt, kam er
   Mit Schreien hinterdrein.
   Sie jagt ihn und verfolgt ihn weit,
   Indes der Kuckuck immer schreit:
   Kuckuck! Kuckuck! Kuckuck! Kuckuck! Kuckuck!

5. Sie lief in tiefsten Wald hinein:
   Da ward sie müd und sprach:
   Nun, meinetwegen magst du schrein!
   Ich geh' nicht weiter nach.
   Sie will zurück, da springt hervor
   Ihr Schäfer und ruft ihr ins Ohr:
   Kuckuck! Kuckuck! Kuckuck! Kuckuck! Kuckuck!

(M und T: Volksgut)

Waldeslust

1. Wal - des - lust! ——————— Wal - des - lust! ———

— O wie ein - sam schlägt die Brust! ———

Ihr lie - ben Vö - ge - lein, ——— stimmt eu -

- re Lie - der ein ——— und singt — aus vol - ler

Brust die Wal - des - lust! ——— Brust die Wal - des - lust! ———

2. Waldeslust! Waldeslust!
   O wie einsam schlägt die Brust!
   Mein Vater kennt mich nicht,
   Die Mutter liebt mich nicht
   Und sterben mag ich nicht,
   Bin noch so jung!

3. Waldeslust! Waldeslust!
   O wie einsam schlägt die Brust!
   In einer Sommernacht
   Ist mir die Lieb' erwacht,
   Mein Schatz ist weit von hier,
   Was liegt daran!

4. Waldeslust! Waldeslust!
   O wie einsam schlägt die Brust!
   Kommt einst der Tod herbei,
   Ist mir das einerlei,
   Legt mich zur kühlen Ruh!
   Und singt dazu!

(M und T: Volksgut)

Von Räubern
und von armen Mädchen

Es wollt' ein Mägdlein
tanzen gehn

(M und T: Volksgut)

1. Es wollt' ein Mägd - lein tan - zen gehn, sucht Ro - sen auf der

Hei - de, sucht Ro - sen auf der Hei - de.

2. Was fand sie da am Wege stehn? Eine Hasel, die war grüne.

3. „Nun grüß dich Gott, Frau Haselin! Von was bist du so grüne?"

4. „Nun grüß dich Gott, fein's Mägdelein! Von was bist du so schöne?"

5. „Von was daß ich so schöne bin, das kann ich dir wohl sagen:

6. Ich ess' weiß's Brot, trink' kühlen Wein, davon bin ich so schöne."

7. „Ißt du weiß's Brot, trinkst kühlen Wein und bist davon so schöne,

8. Auf mich so fällt der kühle Tau, davon bin ich so grüne."

9. „Hüt dich, hüt dich, Frau Haselin, und tu dich wohl umschauen!

10. Ich hab' daheim zwei Brüder stolz, die wollen dich abhauen."

11. „Und haun sie mich im Winter ab, im Sommer grün' ich wieder;

12. Verliert ein Mägdlein ihren Kranz, den find't sie nie mehr wieder."

Es steht ein Baum im Odenwald

(Der Baum im Odenwald)

1. Es steht ein Baum im O - den - wald, der hat viel grü - ne Äst'; da bin ich schon viel - tausend - mal bei mei - nem Schatz ge - west.

2. Da sitzt ein schöner Vogel drauf,
   Der pfeift gar wunderschön;
   Ich und mein Schätzlein horchen auf,
   Wenn wir mit'nander gehn.

3. Der Vogel sitzt in seiner Ruh'
   Wohl auf dem höchsten Zweig;
   Und schauen wir dem Vogel zu,
   So pfeift er alsogleich.

4. Der Vogel sitzt in seinem Nest
   Wohl auf dem grünen Baum;
   Ach Schätzlein bin ich bei dir g'west,
   Oder ist es nur ein Traum?

5. Und als ich wiedrum kam zu dir,
   Gehauen war der Baum;
   Ein andrer Liebster steht bei ihr –
   Wollt' Gott, es wär' ein Traum!

6. Der Baum, der steht im Odenwald,
   Und ich bin in der Schweiz;
   Da liegt der Schnee und ist so kalt,
   Mein Herz es mir zerreißt.

(M: Johann Friedrich Reichardt, T: Volksgut)

Sabinchen

1. Sa-bin-chen war ein Frauenzimmer, da-bei so tu-gend-
haft, sie dien-te treu und red-lich immer bei ih-rer Dienstherrschaft. 2. Da kam aus Treu-en-brietzen ein jun-ger Mann da-her, der
woll-te gern Sa-bin-chen be-sit-zen und war ein Schuhma-cher.

3. Sein Geld hat er versoffen
   In Schnaps und auch in Bier,
   Da kam er zu Sabinchen geloffen
   Und wollte welches von ihr.

4. Sie konnte ihm keins nicht geben,
   Da stahl sie auf der Stell'
   Von ihrer guten Dienstherrschaft
   Sechs silberne Blechlöffel.

5. Doch bald nach achtzehn Wochen,
   Da kam der Diebstahl raus,
   Da jagte man mit Schimpf und Schande
   Sabinchen aus dem Haus.

6. Sie rief: „Verfluchter Schuster,
   Du rabenschwarzer Hund!"
   Da nahm er sein krummes Schustermesser
   Und schnitt ihr ab den Schlund.

7. Ihr Blut tat hoch aufspritzen,
   Sie fiel gleich um und um.
   Der falsche Schuster aus Treuenbrietzen,
   Der stand um ihr herum.

8. Sie tut die Glieder strecken
   Nebst einem Todesschrei.
   Den bösen Wicht tun jetzt einstecken
   Zwei Mann der Polizei.

9. In Ketten und in Banden,
   Bei Wasser und bei Brot,
   Da hat er endlich eingestanden
   Die schwarze Freveltot.

10. Und die Moral von der Geschicht'?
    Trau keinem Schuster nicht!
    Der Krug, der geht so lang zum Brunnen,
    Bis daß der Henkel bricht.

(Moritaten-Parodie, etwa 1840 in Berlin entstanden)

205

Es ging ein Mägdlein grasen
(Wär' ich ein Knab' geboren)

1. Es ging ein Mägd- lein gra - sen, wollt' ho - len grü - nes Gras, da ritt ihr al - le Mor - gen ein stol - zer Rei - ter nach, da ritt ihr al - le Mor - gen ein stol - zer Rei - ter nach.

2. Der Reiter breit't sein' Mantel
Wohl auf das grüne Gras,
Und bat das schwarzbraun' Mädchen,
Bis daß sie zu ihm saß.

3. „Was soll ich denn hier sitzen?
Ich hab' ja noch kein Gras;
Ich hab' eine schlimme Mutter,
Die schlägt mich alle Tag'."

4. „Hast du eine schlimme Mutter,
Die dich schlägt alle Tag',
So sag, du hätt'st dir geschnitten
Den halben Finger ab!"

5. „Ei, soll ich denn nun lügen?
Das steht mir gar nicht an;
Viel lieber will ich sagen:
Der Reiter will mich han."

6. „Ach Mutter, liebe Mutter,
Gebt ihr mir einen Rat:
Es geht mir alle Morgen
Ein stolzer Reiter nach."

7. „Ach Tochter, liebe Tochter,
Den Rat, den geb' ich dir:
Laß du den Reiter fahren
Bleib noch das Jahr bei mir!"

8. „Ach Mutter, liebe Mutter,
Der Rat, der ist nicht gut;
Der Reiter ist mir lieber
Als all eu'r Hab und Gut."

9. „Ist dir der Reiter lieber
Als all mein Hab und Gut,
So pack deine Kleider zusammen
Und lauf dem Reiter zu!"

10. „Ach Mutter, liebe Mutter,
Der Kleider sind nicht viel;
Gebt ihr mir tausend Taler,
So kauf' ich, was ich will."

11. „Ach Tochter, liebe Tochter,
     Der Taler sind nicht viel:
     Dein Vater hat's all verrauschet
     Im Würfel- und Kartenspiel."

12. „Hat sie mein Vater verrauschet
     Im Würfel- und Kartenspiel,
     So sei es Gott geklaget,
     Daß ich ein Mägdlein bin!

13. Wär' ich ein Knab' geboren,
     So zög ich mit ins Feld;
     Die Trommel wollt' ich schlagen
     Dem Kaiser für sein Geld."

(M und T: Volksgut)

Es trieb ein Schäfer die Lämmlein aus
(Der Edelmann und der Schäfer)

1. Es trieb ein Schä - fer die Lämm - lein aus, der
E - del - mann ritt zum To - re her - aus. Fal - te -
ri, fal - te - ra, fal - te - ri, fal - te - ra! Der
E - delmann ritt zum To - re her - aus.

2. Der Edelmann zog sein Hütlein herab
Und bot dem Schäfer einen guten Tag.

3. „Ach Edelmann, laß dein Hütlein stohn,
Ich bin ja ein armer Schäferssohn."

4. „Bist du ein armer Schäferssohn
Und gehst doch in Sammet und Seide herum?"

5. „Was geht es dich ruppigen Edelmann an,
Wenn mir's mein Vater bezahlen kann?"

6. Der Edelmann faßt' einen grimmigen Zorn
Und warf den Schäfer in'n tiefsten Turm.

7. Und als es dem Schäfer sein Vater erfuhr,
Sattelt' er sein Roß und ritt hinzu:

8. „Ach Edelmann, laßt mir meinen Sohn am Leb'n,
Dreihundert Dukaten, die will ich euch geb'n."

9. „Dreihundert Dukaten ist mir kein Wert,
Dein Sohn muß sterben wohl durch das Schwert."

10. Und als es dem Schäfer seine Mutter erfuhr,
Setzt' sie sich auf und fuhr hinzu:

11. „Ach Edelmann, laßt mir meinen Sohn am Leb'n,
Sechshundert Dukaten, die will ich euch geb'n."

12. „Sechshundert Dukaten ist mir kein Wert,
Euer Sohn muß sterben wohl durch das Schwert."

13. Und als es dem Schäfer seine Liebste erfuhr,
Schnürt' sie sich schlank und ging hinzu:

14. „Ach Edelmann, laßt mir meinen Schatz am Leb'n,
Das grüne Brautkränzlein, das will ich euch geb'n."

15. „Willst du mir das grüne Brautkränzlein geb'n,
So laß ich dir deinen Geliebten am Leb'n."

(M und T: Volksgut aus Brandenburg)

Ich ging emol spaziere

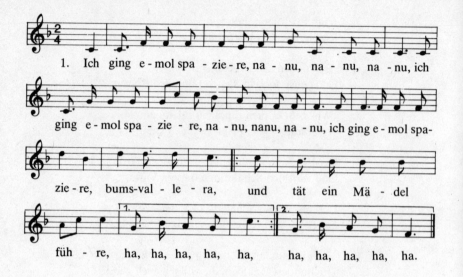

1. Ich ging e-mol spa-zie-re, na-nu, na-nu, na-nu, ich ging e-mol spa-zie-re, na-nu, nanu, na-nu, ich ging e-mol spa-zie-re, bums-val-le-ra, und tät ein Mä-del füh-re, ha, ha, ha, ha, ha, ha, ha, ha, ha, ha.

2. Sie sagt', sie tät' viel erbe,
   's war'n aber lauter Scherbe.

3. Sie sagt', sie hätt' viel Gulde,
   's war'n aber lauter Schulde.

4. Sie sagt', sie wär' von Adel,
   Ihr Vater führt die Nadel.

5. Sie sagt', ich sollt' sie küsse,
   Es braucht's niemand zu wisse.

6. Sie sagt', ich sollt' sie nehme,
   Sie macht' mir's recht bequeme.

7. Der Sommer ist gekomme,
   Ich hab' sie nicht genomme.

(M und T: Volksgut aus Hessen)

Gestern abend ging ich aus

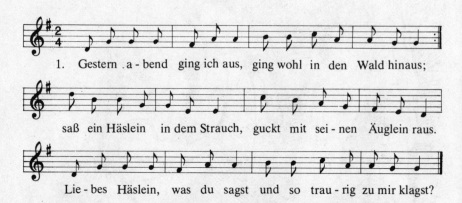

1. Gestern .a-bend ging ich aus, ging wohl in den Wald hinaus;

saß ein Häslein in dem Strauch, guckt mit sei-nen Äuglein raus.

Lie-bes Häslein, was du sagst und so trau-rig zu mir klagst?

2. „Bist du nicht der Weidemann,
Hetz'st auf mich die Hunde an,
Wenn das Windspiel mich erschnappt
Und der Jäger mich ertappt?
Wenn ich an mein Schicksal denk',
Tut es mich von Herzen kränk'.

3. Wenn ich dann geschossen bin,
Trägt man mich zur Küche hin,
Legt man mich aufs Küchenbrett,
Spickt den Buckel wohl mit Speck,
Steckt den Spieß von hinten ein:
Ei, wie mag so grob man sein?!

4. Wenn ich dann gebraten bin,
Trägt man mich zur Tafel hin;
Der eine bricht mir's Bein entzwei,
Der andre schneid't sich ab sein Teil,
Der dritte nimmt sich's Allerbest'.
Laßt's euch schmecken, ihr werten Gäst'.

5. Ich armer Has', wie bin ich blaß!
Geh' dem Bau'r nicht mehr ins Gras,
Geh' dem Bau'r nicht mehr ins Kraut,
Hab's bezahlt mit meiner Haut!
Wenn das aber so soll sein,
Mag ich gar kein Häslein sein."

(M und T: Volksgut,
wohl aus Schlesien)

Heinrich schlief bei seiner Neuvermählten
(Die Erscheinung in der Brautnacht)

(M: Volksgut, T: F. August Katzner)

1. Heinrich schlief bei sei - ner Neu - ver - mähl - ten, ei - ner rei - chen Gräfin an dem Rhein; Schlan-gen - bis - se, die den Fal - schen quäl - ten, lie - ßen ihn nicht ru - hig schla - fen ein.

2. Zwölfe schlug's, da drang durch die Gardine
   Plötzlich eine weiße, kalte Hand.
   Wen erblickt' er? Seine Wilhelmine,
   Die im Sterbekleide vor ihm stand.

3. „Bebe nicht!" – sprach sie mit leiser Stimme,
   „Ehmals mein Geliebter, bebe nicht!
   Ich erscheine nicht vor dir im Grimme,
   Deiner neuen Liebe fluch' ich nicht.

4. Zwar der Kummer hat mein junges Leben,
   Trauter Heinrich, schmerzlich abgekürzt;
   Doch der Himmel hat mir Kraft gegeben,
   Daß ich nicht zur Hölle bin gestürzt.

5. Warum traut' ich deinen falschen Schwüren,
   Baute fest auf Redlichkeit und Treu'?
   Warum ließ ich mich durch Worte rühren,
   Die du gabst aus lauter Heuchelei?

6. Weine nicht, denn eine Welt wie diese
   Ist der Tränen, die du weinst, nicht wert;
   Lebe froh und glücklich mit Elise,
   Welche du zur Gattin hast begehrt.

7. Lebe froh und glücklich hier auf Erden,
   Bis du einst vor Gottes Thron wirst stehn,
   Wo du strenger wirst gerichtet werden,
   Für die Liebe, die du konnt'st verschmähn!"

213

Es ging ein Jäger jagen

(Der Jäger und das Mädchen)

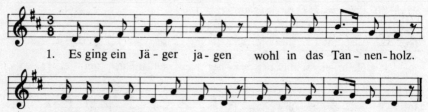

1. Es ging ein Jä-ger ja-gen wohl in das Tan-nen-holz.
Was begegn't ihm auf dem We-ge? Ein Mäd-chen, das war stolz.

2. „Wohin, du Hübsch' und Feine?
Wohin, du Mädchen stolz?"
„Ich geh' zu meinem Vater
Wohl in das Tannenholz."

3. „Gehst du zu deinem Vater
Wohl in das Tannenholz,
Dein' Ehr', die sollst du lassen
Bei einem Jäger stolz!"

4. „Eh' ich mein' Ehr' wollt' lassen
Bei einem Jäger stolz,
Viel lieber will ich meiden
Das grüne Tannenholz."

5. Was zog er von sei'm Finger?
Von Gold ein Ringelein:
„Sieh da, du Hübsch' und Feine,
Das soll dein Denkmal sein."

6. „Was soll ich mit dem Ringlein,
Wenn du mein nicht werden sollst?"
„Leg du's in deinen Kasten,
Wohl in das Tannenholz!"

7. „Der Kasten ist verschlossen,
Der Schlüssel ist verlor'n:
Ich hab' in meinem Herzen
Ein' andern auserkor'n."

8. „Hast du in deinem Herzen
Ein' andern auserkor'n,
Ei, so mag sich Gott erbarmen,
Da bin ich ganz verlor'n!

9. „Ich geh' nicht aus den Stegen,
Ich geh' nicht aus der Stadt,
Bis ich mein' Schatz gesehen
Und ihn geküsset hab'!"

(M und T: Volksgut)

214

In des Waldes tiefsten Gründen

(Rinaldo Rinaldini)

1. In des Wai-des tief-sten Grün – den, in den
Höh-len tief ver-steckt, in den Höh-len tief ver-
steckt, schläft der Räu-ber al-ler- kühn - ster,
bis ihn sei-ne Ro-sa weckt, bis ihn sei-ne Ro-sa weckt.

2. „Rinaldini!" ruft sie schmeichelnd,
„Rinaldini, wache auf!
Deine Leute sind schon munter,
Längst schon ging die Sonne auf!"

3. Und er öffnet seine Augen,
Lächelt ihr den Morgengruß.
Sie sinkt sanft in seine Arme
Und erwidert seinen Kuß.

4. Draußen bellen laut die Hunde,
Alles strömet hin und her;
Jeder rüstet sich zum Streite,
Ladet doppelt sein Gewehr.

5. Und der Hauptmann, schon gerüstet,
Tritt nun mitten unter sie:
„Guten Morgen, Kameraden!
Sagt, was gibt's denn schon so früh?"

6. „Unsre Feinde sind gerüstet,
Ziehen gegen uns heran." –
„Nun wohlan! Sie sollen sehen,
Daß der Waldsohn fechten kann!

216

7. Laßt uns fallen oder siegen!"
Alle rufen: „Wohl, es sei!"
Und es tönen Berg und Wälder
Ringsumher vom Feldgeschrei.

8. Seht sie fechten, seht sie streiten,
Jetzt verdoppelt sich ihr Mut;
Aber ach! Sie müssen weichen,
Nur vergebens strömt ihr Blut.

9. Rinaldini, eingeschlossen,
Haut sich, mutig kämpfend, durch
Und erreicht im finstern Walde
Eine alte Felsenburg.

10. Zwischen hohen düstern Mauern
Lächelt ihm der Liebe Glück;
Es erheitert seine Seele
Dianorens Zauberblick.

11. Rinaldini, lieber Räuber!
Raubst den Weibern Herz und Ruh';
Ach, wie schrecklich in dem Kampfe,
Wie verliebt im Schloß bist du!

(M: Volksgut, T: Christian August Vulpius)

 VLRICH · VND · ÆNNCHEN ·

Es ritt ein Ritter wohl durch das Ried

(Ulrich und Ännchen)

1. Es ritt ein Rit - ter wohl durch das Ried, er sang ein schö-nes Ta - ge - lied, ein Lied von drei - er - lei Stim - men, daß Berg und Tal er - klin - gen.

2. Das hört des Königs Töchterlein
   Auf ihres Vaters Schlafkämmerlein:
   „Wer ist, der so wunderschön singet?
   Mit dem will ich von hinnen."

3. „Schöne Jungfrau, wollt ihr mit mir in' Wald?
   Ich will euch lehren den Vogelsang,
   Ein Lied von dreierlei Stimmen,
   Der grüne Wald soll klingen!"

4. Sie ging auf ihre Schlafkammer
   Und sucht' ihre Kleinod' zusammen;
   Sie flocht ihr Härlein in Seiden,
   Mit dem Ritter wollte sie reiten.

5. Er nahm die Jungfrau bei'm Gürtelschloß
   Und schwang sie hinter sich auf sein Roß,
   Er ritt gar eilend und balde
   In einen stockfinsteren Walde.

6. Sie kamen zu einer Haselstaud',
   Darauf da saß eine Turteltaub',
   Die tät sich schmiegen und biegen:
   „Schöne Jungfrau, laß dich nicht verführen!"

7. Sie ritten ein Stückchen weiter hin,
Sie kamen auf eine Wiese grün,
Zu einem kühlen Waldbrunnen;
Mit Blut war er umronnen.

8. Er spreit' seinen Mantel ins grüne Gras
Und bat sie, daß sie zu ihm saß;
Er legte sein Haupt in ihren Schoß,
Mit heißen Tränen sie ihn begoß.

9. Er schaut' ihr wohl unter die Augen:
„Feinsliebchen, was bist du so traurig?
Weinst du um deines Vaters Gut,
Oder bin ich dir nicht gut genug?"

10. „Ich wein' nicht um meines Vaters Gut,
Ich weine, daß ich sterben muß:
Dort oben in jener Tannen
Seh' ich elf Jungfräulein hangen."

11. „Weinst du um die elf Jungfräulein,
So sollst du bald die zwölfte sein."
„Soll ich denn nun die zwölfte sein,
So wollt mir noch drei Schrei' verleihn!"

12. Den ersten Schrei und den sie tat,
Da rief sie Gott im Himmel an;
Den andern Schrei und den sie tat,
Da rief sie ihren Vater an.

13. Den dritten Schrei und den sie tat,
Da rief sie ihren jüngsten Bruder an:
„Ach liebster Bruder, komm balde,
Hilf mir aus diesem Walde."

14. Ihr Bruder saß beim kühlen Wein,
Der Schrei, der fuhr zum Fenster hinein:
„Ach hört, ihr Brüder alle,
Meine Schwester schreit im Walde!" –

15. „Herr Ulrich, liebster Ulrich mein,
Wo hast du mein jüngstes Schwesterlein?"
„Dort oben auf jener Linden,
Schwarzbraune Seiden tut sie spinnen."

16. „Warum sind deine Schuh' so rot?
    Sie sind gefärbt mit rotem Blut."
    „Was sollen meine Schuh' nicht blutig sein?
    Ich hab' geschossen ein Täubelein."

17. „Das Täublein, das du geschossen hast,
    Das hat meine Mutter zur Welt gebracht;
    Sie hat's erzogen mit Milch und Wein,
    Es war mein jüngstes Schwesterlein."

18. Der Bruder zog aus sein scharfes Schwert
    Und hieb seines Schwagers Haupt zur Erd':
    „Jetzt lieg du hier und faule!
    Kein Mensch wird um dich trauren."

19. Schön Ännchen kam ins kühle Grab,
    Herr Ulrich kam aufs hohe Rad;
    Um Ännchen klangen die Glocken fein,
    Um Ulrich schrien die Raben allein.

(M und T: Volksgut)

Es wollt' ein Mägdlein früh aufstehn

(Der verwundete Knabe)

1. Es wollt' ein Mägdlein früh auf - stehn und in den grü - nen Wald und in den grü - nen Wald spa - zie - ren - gehn.

2. Und als sie nun in den Wald 'nein kam,
   Da fand sie einen
   Verwund'ten Knab'n.

3. Der Knab', der war von Blut so rot,
   Und als sie sich verwandt',
   War er schon tot.

4. Wo krieg' ich nun zwei Leidfräulein,
   Die mir mein feines Lieb
   Zu Grabe wein'n?

5. Wo krieg' ich nun sechs Reuterknab'n,
   Die mir mein feines Lieb
   Zu Grabe trag'n?

6. Wie lang soll ich denn trauern gehn?
   Bis alle Wasser
   Zusammengehn.

7. Ja, alle Wasser gehn nicht zusamm',
   So wird mein Trauern
   Kein Ende hab'n.

(M und T: Volksgut)

Es hatt' ein Bauer ein schönes Weib

(Der Mann ins Heu)

1. Es hatt' ein Bau-er ein schö-nes Weib, die
   Sie bat oft ih - ren lie-ben Mann, er

blieb so ger-ne zu Haus, er soll-te doch
soll-te doch fah-ren hin-aus,

fah-ren ins Heu, er soll-te doch fah-ren ins

ha ha ha ha ha ha Heu, juch-hei, juch-

hei, juch-hei, er soll-te doch fah-ren ins Heu.

2. Der Mann, der dachte in seinem Sinn:
   Die Reden, die sind gut!
   Ich will mich hinter die Haustür stellen,
   Will sehn, was meine Frau tut.
   Will sagen, ich fahre ins Heu usw.

3. Da kommt geschlichen ein Reitersknecht
   Zum jungen Weibe herein,
   Und sie umfängt gar freundlich ihn,
   Gab stracks ihren Willen darein;
   „Mein Mann ist gefahren ins Heu" usw.

4. Er faßte sie um ihr Gürtelband
   Und schwang sie wohl hin und her;
   Der Mann, der hinter der Haustür stand,
   Ganz zornig da trat er herfür:
   „Ich bin noch nicht g'fahren ins Heu" usw.

5. „Ach trauter, herzallerliebster Mann,
   Vergib mir diesen Fehl!
   Ich will ja herzen und lieben dich,
   Will kochen dir Mus und Mehl.
   Ich dachte, du wärest ins Heu" usw.

6. „Und wenn ich gleich gefahren wär'
   Ins Heu und Haberstroh,
   So sollst du nun und nimmermehr
   Einen andern lieben also;
   Da fahre der Teufel ins Heu!" usw.

(M und T: Volksgut)

Ich stund auf hohen Bergen
(Die Nonne)

1. Ich stund auf ho-hen Ber-gen und sah ins tie-fe Tal, ein Schiff-lein sah ich schwe-ben, schwe-ben, da-rin drei Gra-fen warn.

(M und T: Volksgut)

2. Der jüngste von den Grafen,
   Der in dem Schifflein saß,
   Gab mir einmal zu trinken
   Den Wein aus seinem Glas.

3. Was zog er von dem Finger?
   Ein goldnes Ringelein:
   „Nimm hin, du Hübsch' und Feine,
   Das soll mein Denkmal sein!"

4. „Was soll ich mit dem Ringe?
   Bin gar ein junges Blut,
   Dazu ein armes Mädchen,
   Hab' weder Geld noch Gut."

5. „Bist du ein armes Mädchen,
   Hast weder Geld noch Gut,
   So denk an unsre Liebe,
   Die zwischen uns beiden ruht!"

6. „Ich weiß von keiner Liebe,
   Denk' auch an keinen Mann;
   Ins Kloster will ich ziehen,
   Will werden eine Nonn'."

7. „Willst du ins Kloster ziehen,
Willst werden eine Nonn',
So will ich die Welt durchreiten,
Bis daß ich zu dir komm'."

8. Es stund wohl an ein Vierteljahr,
Dem Grafen träumt's gar schwer,
Als ob sein herzallerliebster Schatz
Ins Kloster gangen wär'.

9. Der Herr sprach zu dem Knechte:
„Sattl' unser beider Pferd'!
Wir wollen reiten Berg und Tal,
Der Weg ist reitenswert."

10. Und als er kam vors Kloster,
Gar leise klopft er an:
„Wo ist die jüngste Nonne,
Die zuletzt ist kommen an?"

11. Es ist ja keine kommen,
Es kommt auch keine heraus.
„So will ich das Kloster anzünden,
Das schöne Gotteshaus."

12. Da kam sie hergeschritten,
Schneeweiß war sie bekleid't,
Ihr Haar war abgeschnitten,
Zur Nonn' war sie bereit.

13. Sie hieß den Herrn willkommen,
Willkommen im fremden Land:
„Wer hat euch heißen kommen?
Wer hat euch Boten gesandt?"

14. Der Graf wandt' sich voll Sehnen,
Die Red' ihn sehr verdroß,
Daß ihm die heiße Träne
Von seinen Wangen floß.

15. Was hat sie in den Händen?
Von Gold ein Becherlein;
Er hat kaum ausgetrunken,
Springt ihm sein Herz entzwei.

16. Mit ihren weißen Händen
Grub sie dem Grafen ein Grab,
Aus ihren schwarzbraun' Augen
Sie ihm das Weihwasser gab.

17. Mit ihrer schönen Stimme
Sang sie den Grabgesang,
Mit ihrer hellen Zunge
Schlug sie den Glockenklang.

Es stand eine Lind' im tiefen Tal

(Liebesprobe)

(M und T: Volksgut)

1. Es stand ei - ne Lind' im tie - fen Tal, war o - ben breit und un - ten schmal, war o - ben breit und un - ten schmal; dar - un - ter zwei Ver - lieb - te saß'n, und die vor Lieb' ihr Leid ver - gaß'n, und die vor Lieb' ihr Leid ver - gaß'n.

2. „Feinslieb, wir müssen voneinander,
   Ich muß noch sieben Jahr' wandern." –
   „Mußt du noch sieben Jahr' wandern,
   Heirat' ich doch kein' andern."

3. Und als die sieben Jahr' um war'n,
   Sie meint', ihr Liebster käme bald;
   Sie ging wohl in den Garten,
   Ihr Feinslieb zu erwarten.

4. Sie ging wohl unter die Linden,
   Ob s' ihr Feinslieb möcht' finden;
   Sie ging wohl in das grüne Holz,
   Da begegnet' ihr ein Reiter stolz:

5. „Gott grüß dich, du Hübsch' und Feine!
   Was machst du hier alleine?
   Ist dir dein Vater und Mutter gram,
   Oder hast du heimlich einen Mann?"

6. „Mein Vater und Mutter ist mir nicht gram,
   Ich hab' auch heimlich keinen Mann;
   Heut sind's drei Wochen über sieben Jahr',
   Daß mein Feinslieb gewandert war."

7. „Gestern bin ich geritten durch eine Stadt,
   Da hat dein Feinslieb Hochzeit gehabt.
   Was tust du ihm denn wünschen an,
   Daß er seine Treu' nicht gehalten hat?"

8. „Ich wünsch' ihm all das Beste,
   So viel der Baum hat Äste;
   Ich wünsch' ihm so viel gute Zeit,
   So viel als Stern' am Himmel sein.

9. Ich wünsch' ihm so viel Ehre,
   So viel als Sand am Meere;
   Ich wünsch' ihm so viel Glück und Seg'n,
   Als Tröpflein von dem Himmel regn'n."

10. Was zog er von dem Finger sein?
    Ein'n Ring von rotem Golde fein;
    Er warf den Ring in ihren Schoß,
    Sie weinte, daß das Ringlein floß.

11. Was zog er aus seiner Taschen?
    Ein Tuch, schneeweiß gewaschen:
    „Trockn' ab, trockn' ab dein Äugelein,
    Du sollst fürwahr mein eigen sein!

12. Ich tät' dich ja nur versuchen,
    Ob du würd'st schwören und fluchen;
    Hätt'st du ein' Fluch oder Schwur getan,
    Von Stund an wär' ich geritten davon."

Der Jäger in dem grünen Wald
(Der Jäger)

(M und T: Volksgut)

1. Der Jä-ger in dem grü-nen Wald muß su-chen sei-nen Auf-ent-halt. Er ging im Wald wohl hin und her, er ging im Wald wohl hin und her, ob auch nichts, ob auch nichts, ob auch nichts an-zu-tref-fen wär'.

2. Mein Hündelein ist stets bei mir
In diesem grünen Laubrevier;
Mein Hündlein wacht, mein Herz, das lacht,
Meine Augen leuchten hin und her.

3. Da ruft mir eine Stimme zu:
„Wo bist denn du, wo bist denn du?"
„Wie kommst du in den Wald hinein,
Du strahlenaugig Mägdelein?"

4. „Dich aufzuspüren, bin ich hier
In diesem grünen Laubrevier;
Ich ging im Wald wohl hin und her,
Ob auch kein Jäger drinnen wär'."

5. Ich küßte sie ganz herziglich
Und sprach: „Fürwahr, du bist für mich!
Bleib du bei mir als Jägerin
Solang als ich auf Erden bin!"

6. „Allein sollst du nicht wandeln hier
In diesem grünen Laubrevier;
Solang die Welt zusammenhält,
Sind wir zusammen in der Welt!"

Mariechen saß traurig im Garten

(Die Verlassenen)

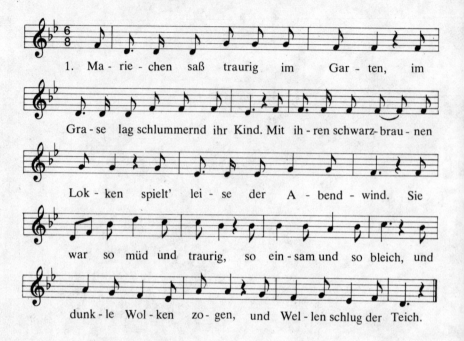

1. Ma - rie - chen saß traurig im Gar - ten, im
Gra - se lag schlummernd ihr Kind. Mit ih - ren schwarz-brau - nen
Lok - ken spielt' lei - se der A - bend - wind. Sie
war so müd und traurig, so ein - sam und so bleich, und
dunk - le Wol - ken zo - gen, und Wel - len schlug der Teich.

2. Der Geier steigt über die Berge,
Die Möwe zieht stolz einher.
Es weht ein Wind von ferne,
Schon fallen die Tropfen schwer.
Schwer von Mariechens Wangen
Eine heiße Träne rinnt:
Sie hält in ihren Armen
Ein kleines, schlummerndes Kind.

3. „Hier liegst du so ruhig von Sinnen,
Du armer, verlassener Wurm!
Du träumest von künftigen Sorgen,
Die Bäume bewegt der Sturm.
Dein Vater hat dich verlassen,
Dich und die Mutter dein;
Drum sind wir arme Waisen
Auf dieser Welt allein.

4. Dein Vater lebt herrlich, in Freuden,
   Gott lass' es ihm wohl ergehn!
   Er gedenkt nicht an uns beide,
   Will mich und dich nicht sehn.
   Drum wollen wir uns beide
   Hier stürzen in den See;
   Dann bleiben wir verborgen
   Vor Kummer, Ach und Weh!"

5. Da öffnet das Kind die Augen,
   Blickt freundlich sie an und lacht;
   Die Mutter, vor Freuden sie weinet,
   Drückt's an ihr Herz mit Macht.
   „Nein, nein, wir wollen leben,
   Wir beide, du und ich!
   Dem Vater sei's vergeben:
   Wie glücklich machst du mich!"

(M: Volksgut, T: Joseph Christian Freiherr von Zedwitz)

Morgenlob
und Abendlied

Abend wird es wieder

(M: J. Chr. H. Rinck, T: Hoffmann von Fallersleben)

1. A - bend wird es wie - der, ü - ber Wald und Feld
säu - selt Frie - den nie - der, und es ruht die Welt.

2. Nur der Bach ergießet
   Sich am Felsen dort,
   Und er braust und fließet
   Immer, immer fort.

3. Und kein Abend bringet
   Frieden ihm und Ruh',
   Keine Glocke klinget
   Ihm ein Rastlied zu.

4. So in deinem Streben
   Bist, mein Herz, auch du.
   Gott nur kann dir geben
   Wahre Abendruh'.

237

Kein schöner Land in dieser Zeit

1. Kein schö-ner Land in die-ser Zeit als hier das
uns-re weit und breit, wo wir uns fin-den wohl un-ter
Lin-den zur A-bend-zeit, wo wir uns fin-den wohl un-ter
Lin-den zur A-bend-zeit.

2. Da haben wir so manche Stund'
   Gesessen da in stiller Rund'
   Und taten singen;
   Die Lieder klingen im Eichengrund.

3. Daß wir uns hier in diesem Tal
   Noch treffen so viel hundertmal,
   Gott mag es schenken,
   Gott mag es lenken, er hat die Gnad'.

4. Nun, Brüder, eine gute Nacht!
   Der Herr im hohen Himmel wacht.
   In seiner Güten
   Uns zu behüten, ist er bedacht.

(M: nach alten Volksliedern, T: A. W. F. von Zuccalmaglio)

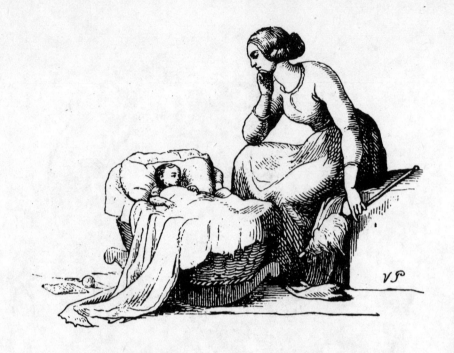

Haidl Bubaidl

1. Hai - dl Bu - bai - dl in gu - ter Ruh',

drück dei - ne schwarz - brau - nen Äu - gerl zu,

drück s' nur zu, machs' nimmer auf, bis daß ich

komm' und sag': Kinderl, steh auf! Haidl, Hai -

dl, Bu - bai - dl!

2. Im Himmel, im Himmel sind Freuden so viel,
   Da tanzen die Engel und halten ihr Spiel,
   Halten ihr Spiel und tanzen gar schön,
   Könnt's Kindel nur auf den Füßlein schon stehn.
   Haidl, Haidl, Bubaidl!

3. Hab' ich mein Kinderl ins Wiegerl gelegt,
   Hab' ich's mit schneeweiß'n Windeln zugedeckt;
   's Kinderl g'hört mein, und's Wiegerl g'hört dein,
   Und wenn d' eines hab'n willst, so schaff dir eins drein.
   Haidl, Haidl, Bubaidl!

(M: A. Kretzschmer, T: A. W. F. von Zuccalmaglio)

Es wird schon gleich dunkel

1. Es wird schon gleich dun - kel, es wird ja schon Nacht, Will drum komm ich zu dir her, mein Kindlein, auf d'Wacht. sin - gen ein Lied - lein dem Lieb - ling, dem klein'n: du magst ja nicht schla - fen, ich hör' dich nur wein'n. Hei, hei, hei, hei, schlaf süß, herz - lich Kind!

2. Vergiß jetzt, o Kindlein,
   Den Kummer, das Leid,
   Das du da mußt leiden
   Im Stall auf der Heid'.
   Es zier'n ja die Engel
   Dein' Lagerstatt aus,
   's möcht' schöner nicht sein
   Drin in König sein'm Haus.

3. Schließ zu deine Äuglein
   In Ruh' und in Fried'
   Und gib mir zum Abschied
   Dein'n Seg'n noch grad mit.
   Jetzt wird auch mein Schlafen
   So sorgenlos sein,
   Jetzt kann ich mich ruhig
   Aufs Niederleg'n freun.

(M und T: Volksgut aus Tirol)

Schlaf, Kindlein, schlaf!

1. Schlaf, Kindlein, schlaf! Der Va-ter hüt't die Schaf', die Mut-ter schüt-telt's Bäu-me-lein, da fällt her-ab ein Träu-me-lein. Schlaf, Kindlein, schlaf!

2.   Schlaf, Kindlein, schlaf!
     Am Himmel ziehn die Schaf':
     Die Sternlein sind die Lämmerlein,
     Der Mond der ist das Schäferlein.
     Schlaf, Kindlein, schlaf!

3.   Schlaf, Kindlein, schlaf!
     So schenk' ich dir ein Schaf
     Mit einer goldnen Schelle fein,
     Das soll dein Spielgeselle sein.
     Schlaf, Kindlein, schlaf!

4.   Schlaf, Kindlein, schlaf,
     Und blök nicht wie ein Schaf:
     Sonst kommt des Schäfers Hündelein
     Und beißt mein böses Kindelein.
     Schlaf, Kindlein schlaf!

5.   Schlaf, Kindlein, schlaf!
     Geh fort und hüt die Schaf',
     Geh fort, du schwarzes Hündelein
     Und weck mir nicht mein Kindelein!
     Schlaf, Kindlein, schlaf!

(M und T: Volksgut)

Der Mond ist aufgegangen

(Abendlied)

1. Der Mond ist auf-ge-gan-gen, die goldnen Sternlein pran-gen am Him-mel hell und klar; der Wald steht schwarz und schwei-get, und aus den Wie-sen stei-get der wei-ße Ne-bel wun-der-bar.

2. Wie ist die Welt so stille
   Und in der Dämmrung Hülle
   So traulich und so hold!
   Als eine stille Kammer,
   Wo ihr des Tages Jammer
   Verschlafen und vergessen sollt!

3. Seht ihr den Mond dort stehen?
   Er ist nur halb zu sehen
   Und ist doch rund und schön.
   So sind wohl manche Sachen,
   Die wir getrost belachen,
   Weil unsre Augen sie nicht sehn.

4. Gott, laß dein Heil uns schauen,
   Auf nichts Vergänglichs trauen,
   Nicht Eitelkeit uns freun!
   Laß uns einfältig werden
   Und vor dir hier auf Erden
   Wie Kinder fromm und fröhlich sein!

(M: J. A. P. Schulz, T: Matthias Claudius)

Hört, ihr Herrn, und laßt euch sagen

1. Hört, ihr Herrn, und laßt euch sa - gen, uns - re Glock' hat

zehn ge - schla - gen: Zehn Ge - bo - te setzt' Gott ein:

Gib, daß wir ge - hor - sam sein. 1.–3. Menschen - wa - chen

kann nichts nüt - zen, Gott muß wachen, Gott muß schützen.

Herr, durch dei - ne Güt' und Macht schenk uns ei - ne gu - te Nacht!

2. Hört, ihr Herrn, und laßt euch sagen,
   Unsre Glock' hat elf geschlagen:
   Elf der Jünger blieben treu;
   Hilf, daß wir im Tod ohn' Reu'!

3. Hört, ihr Herrn, und laßt euch sagen,
   Unsre Glock' hat zwölf geschlagen:
   Zwölf, das ist das Ziel der Zeit;
   Mensch, bedenk die Ewigkeit!

4. Hört, ihr Herrn, und laßt euch sagen,
   Unsre Glock' hat eins geschlagen:
   Eins ist allein der ein'ge Gott,
   Der uns trägt aus aller Not.

   Chor:
   Alle Sternlein müssen schwinden,
   Und der Tag wird sich einfinden,
   Danket Gott, der uns die Nacht
   Hat so väterlich bewacht!

   (M und T: Volksgut)

Schlaf, Herzenssöhnchen
(Wiegenlied)

1. Schlaf, Her - zenssöhn - chen, mein Lieb - ling bist du.

Tu - e die blau - en Guck - äu - ge - lein zu! Al - les ist ruh - ig und

still wie ein Grab; schlaf nur, ich weh - re die Flie - gen dir ab.

2. Jetzt noch, mein Söhnchen, ist goldene Zeit;
   Später, ach später ist's nimmer wie heut:
   Stellen erst Sorgen ums Lager sich her,
   Söhnchen, dann schläft sich's so ruhig nicht mehr.

3. Engel vom Himmel, so lieblich wie du,
   Schweben ums Bettchen und lächeln dir zu;
   Später zwar steigen sie auch noch herab,
   Aber sie trocknen nur Tränen dir ab.

4. Schlaf, Herzenssöhnchen, und kommt gleich die Nacht,
   Sitzt doch die Mutter am Bettchen und wacht;
   Sei es so spät auch, und sei es so früh:
   Mutterlieb', Herzchen, entschlummert doch nie!

(M: Carl Maria von Weber, T: F. K. Hiemer)

Guten Abend, gut' Nacht

(M: Johannes Brahms, T: 1. Strophe nach einem alten Volkslied aus „Des Knaben Wunderhorn", 2. Strophe von Georg Scherer, 1849)

1. Gu - ten A - bend, gut' Nacht, mit Ro - sen be - dacht, mit Näg - lein be - steckt schlupf un - ter die Deck': Mor - gen früh, wenn Gott will, wirst du wie - der ge - weckt. wie - der ge - weckt.

2. Guten Abend, gut' Nacht,
   Von Englein bewacht,
   Die zeigen im Traum
   Dir Christkindleins Baum.
   Schlaf nun selig und süß,
   Schau im Traum's Paradies.

Schlafe, mein Prinzchen!

(Wiegenlied)

1. Schla-fe, mein Prinzchen! Es ruhn Schäf-chen und Vö-gel-chen nun, Gar-ten und Wie-se ver- stummt, auch nicht ein Bien-chen mehr summt. Lu-na mit sil-ber-nem Schein guk-ket zum Fen-ster her-ein. Schla-fe beim sil-ber-nen Schein, schla-fe, mein Prinzchen schlaf ein!

2. Alles im Schlosse schon liegt
Tief in den Schlummer gewiegt,
Küche und Keller sind leer,
Es reget kein Mäuschen sich mehr.
Nur in der Zofe Gemach
Tönet ein schmachtendes „Ach!"
Was für ein „Ach" mag das sein?
Schlafe, mein Prinzchen, schlaf ein!

3. Wer ist beglückter als du?
Nichts als Vergnügen und Ruh';
Zucker und Spielwerk vollauf
Und noch Karossen im Lauf:
Alles benutzt und bereit,
Daß nur mein Prinzchen nicht schreit.
Was wird da künftig erst sein?
Schlafe, mein Prinzchen, schlaf ein!

(M: angeblich von Mozart, jedoch vermutlich von Dr. Erich Fliess, T: Volksgut)

So scheiden wir mit Sang und Klang

1. So schei - den wir mit Sang und Klang: Leb wohl, du schöner Wald!

Mit dei - nem küh - len Schat - ten, mit dei - nen grü - nen

Mat - ten, du sü - ßer Aufent - halt, du sü - ßer Aufent - halt!

2. Wir singen auf dem Heimweg noch
   Ein Lied der Dankbarkeit:
   Lad ein, wie heut, uns wieder
   Auf Laubesduft und Lieder
   Zur schönen Maienzeit,
   Zur schönen Maienzeit!

3. Schaut hin, von fern noch hört's der Wald
   In seiner Abendruh!
   Die Wipfel möcht' er neigen,
   Er rauschet in den Zweigen,
   Lebt wohl, ruft er uns zu,
   Lebt wohl, ruft er uns zu!

(M: Volksweise, T: Hoffmann von Fallersleben)

Nun wollen wir singen das Abendlied

1. Nun wol-len wir sin-gen das A - bend - lied und be - ten, daß Gott uns be - hüt'.

2. Es weinen viel Augen wohl jegliche Nacht,
   Bis morgens die Sonne erwacht.

3. Es wandern viel Sternlein am Himmelsrund,
   Wer sagt ihnen Fahrweg und Stund'?

(M und T: Volksgut)

257

Seht,
wie die Sonne
dort sinket

1. Seht, wie die Son-ne dort sin-ket hin-ter dem
nächt-li-chen Wald! Glöck-chen zur Ru-he uns win-ket,
hört nur, wie lieb-lich es schallt! Trau-li-ches Glöck-chen, du
läu-test so schön, trau-li-ches Glöck-chen, du läu-test so schön!
Läu-te, mein Glöck-chen, nur zu, läu-te zur sü-ßen Ruh!

2. Hört ihr das Blöken der Lämmer?
Seht, wie die Lüfte schon wehn!
Mählich beginnt es zu dämmern,
Lasset zur Hütte uns gehn! ·

3. Dörfchen, o sei uns willkommen!
Heut ist die Arbeit vollbracht;
Bald von den Sternen umschwommen,
Nahet die feiernde Nacht.

(M und T: Volksgut)

Still ruht der See

1. Still ruht der See, die Vög-lein schla-fen, ein Flü-stern nur, du

hörst es kaum. Der A-bend naht, nun senkt sich nie-der auf die Na-

tur ein sü-ßer Traum, auf die Na-tur ein sü-ßer Traum.

2. Still ruht der See, durch das Gezweige
   Der heil'ge Odem Gottes weht.
   Die Blümlein an dem Seegestade,
   Sie sprechen fromm ihr Nachtgebet.

3. Still ruht der See, vom Himmelsdome
   Die Sterne friedsam niedersehn.
   O Menschenherz, gib dich zufrieden,
   Auch du, auch du wirst schlafen gehn.

(M und T: H. Pfeil)

Bona nox! Bist a rechter Ochs

(Bona nox)

(M und T: Wolfgang Amadeus Mozart)

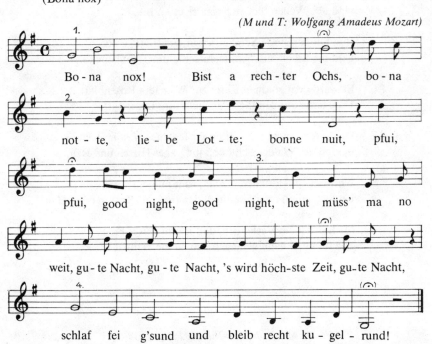

1. Bo - na nox! Bist a rech - ter Ochs, bo - na

2. not - te, lie - be Lot - te; bonne nuit, pfui,

pfui, good night, good night, heut müss' ma no

weit, gu - te Nacht, gu - te Nacht, 's wird höch - ste Zeit, gu - te Nacht,

3. schlaf fei g'sund und bleib recht ku - gel - rund!

Ich stand auf Berges Halde
(Abendlied)

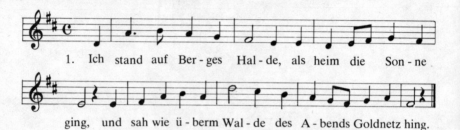

1. Ich stand auf Ber-ges Hal-de, als heim die Son-ne ging, und sah wie ü-berm Wal-de des A-bends Goldnetz hing.

2. Des Himmels Wolken tauten der Erde Frieden zu;
   Beim Abendglockenläuten ging die Natur zur Ruh'.

3. Ich sprach: „O Herz, empfinde der Schöpfung Stille nun
   Und schick mit jedem Kinde der Flur dich auch, zu ruhn.

4. Die Blumen alle schließen die Augen allgemach,
   Und alle Wellen fließen besänftiget im Bach.

5. Nun hat der müde Sylphe sich unters Blatt gesetzt,
   Und die Libell' am Schilfe entschlummert taubenetzt.

6. Es ward dem goldnen Käfer zur Wieg' ein Rosenblatt;
   Die Herde mit dem Schäfer sucht ihre Lagerstatt.

7. Die Lerche sucht aus Lüften ihr feuchtes Nest im Klee,
   Und in des Waldes Schlüften ihr Lager Hirsch und Reh.

8. Wer sein ein Hüttchen nennet, ruht nun darin sich aus;
   Und wen die Fremde trennet, den trägt ein Traum nach Haus.

9. Mich fasset ein Verlangen, daß ich zu dieser Frist
   Hinauf nicht kann gelangen, wo meine Heimat ist.

(M: Friedrich Silcher, T: F. Rückert)

Jetzt schwingen wir den Hut

(Abendlied)

1. Jetzt schwingen wir den Hut; der Wein, der Wein war gut; der Kai-ser trinkt Bur - gun-der-wein, sein schön - ster Jun - ker schenkt ihm ein und schmeckt ihm doch nicht bes - - ser, nicht bes - - - - - - ser.

2. Der Wirt, der ist bezahlt,
   Und keine Kreide malt
   Den Namen an die Kammertür
   Und hintendran die Schuldgebühr;
   Der Gast darf wiederkommen, ja kommen.

3. Und wer sein Gläslein trinkt,
   Ein lustig Liedlein singt
   In Frieden und in Sittsamkeit
   Und geht nach Haus zu rechter Zeit:
   Der Gast darf wiederkehren mit Ehren.

4. Jetzt, Brüder, gute Nacht!
   Der Mond am Himmel wacht;
   Und wacht er nicht, so schläft er noch,
   Wir finden Weg und Haustür doch
   Und schlafen aus in Frieden, ja Frieden.

(M: Albert Methfessel, T: Johann Peter Hebel)

Müde bin ich, geh' zur Ruh'

1. Mü-de bin ich, geh' zur Ruh', schlie-ße mei-ne Au-gen zu;

Va-ter, laß die Au-gen Dein ü-ber mei-nem Bet-te sein!

2. Hab' ich Unrecht heut getan,
   Sieh es, lieber Gott, nicht an!
   Deine Gnad' und Christi Blut,
   Sind für allen Schaden gut.

3. Alle, die mir sind verwandt,
   Gott, laß ruhn in deiner Hand!
   Alle Menschen, groß und klein,
   Sollen dir befohlen sein.

4. Kranken Herzen sende Ruh',
   Nasse Augen schließe zu;
   Laß den Mond am Himmel stehn
   Und die stille Welt besehn.

(M: Volksgut, T: Louise Hensel)

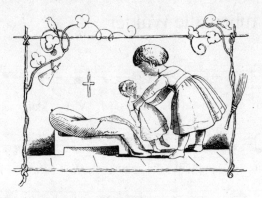

Schlaf Kindchen balde

(M und T: Volksgut)

1. Schlaf Kind-chen bal-de; Vö-ge-lein flie-gen im
Wal-de, sie flieg'n wohl ü-ber Laub und Gras und
brin-gen mei-nem Kind-chen was; was soll'n sie ihm denn
brin-gen? Zuk-ker-plätz-chen und Rin-ge, schöne Ro-sin' und
Man-del-kern, die ißt die klei-ne So-phie gern.

2. Schlaf Kindchen balde;
   Vögelein fliegen im Walde,
   Sie flieg'n wohl über Laub und Gras
   Und bringen meinem Kindchen was;
   Was soll'n sie ihm denn bringen?
   Zuckerplätzchen und Ringe,
   Schöne Rosin'n und Mandelkern,
   Die ißt die kleine Sophie gern.

267

Nun ruhen alle Wälder

1. Nun ru - hen al - le Wäl - der, Vieh, Men - schen, Städt' und
Fel - der, es schläft die gan - ze Welt. Ihr a - ber, mei - ne
Sin - nen, auf, auf, ihr sollt be - gin - nen, was
eu - rem Schöp - fer wohl - ge - fällt.

2. Der Tag ist nun vergangen,
   Die güldnen Sternlein prangen
   Am blauen Himmelssaal;
   Also werd' ich auch stehen,
   Wann mich wird heißen gehen
   Mein Gott aus diesem Jammertal.

3. Breit aus die Flügel beide,
   O Jesu, meine Freude,
   Und nimm dein Küchlein ein!
   Will Satan mich verschlingen,
   So laß die Englein singen:
   „Dies Kind soll unverletzt sein."

4. Auch euch, ihr meine Lieben,
   Soll heute nicht betrüben
   Kein Unfall noch Gefahr.
   Gott laß euch selig schlafen,
   Stell' euch die güldnen Waffen
   Ums Bett und seiner Engel Schar.

(M: Heinrich Isaac, T: Paul Gerhardt)

Bald prangt, den Morgen zu verkünden

1. Bald prangt, den Mor-gen zu ver-kün-den, die
Sonn' auf gold-ner Bahn; bald muß die Nacht, die dun-kle,
schwinden, der Tag der Weis-heit nahn. O
hol-der Frie-de, steig her-nie-der, kehr in der
Men-schen Her-zen wie-der, dann ist die Erd' ein Him-mel-
reich, und Sterb-li-che sind Göt-tern gleich, und
Sterb-li-che sind Göt-tern gleich.

2. Dir strahlt aus tausend Augen wider
   Dein Bild, o Lichtesquell.
   In Perlen fiel der Tau hernieder
   Und grüßt dich rein und hell.
   Dir dankt, o hehre Lebenssonne,
   Die stille Blume Lichteswonne;
   Dir dankt in frohbewegter Brust
   Die neu erwachte Lebenslust!

270

3. Schwing frei dich von dem Rand der Erde
   Empor in Ätherblau!
   Beglückt im Reich des Lichtes werde
   Die ärmste, tiefste Au.
   Wir werfen ab der Nächte Sorgen;
   Des besten Tages schöner Morgen,
   Er bricht in jeder Seele an,
   Er führt sie froh auf lichter Bahn.

(Aus der „Zauberflöte"; M: Wolfgang Amadeus Mozart, T: Emanuel Schikaneder)

Weißt du, wieviel Sternlein stehen

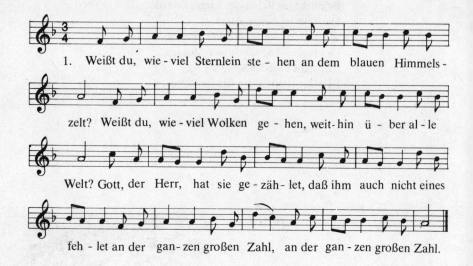

1. Weißt du, wie-viel Sternlein ste-hen an dem blauen Himmelszelt? Weißt du, wie-viel Wolken ge-hen, weit-hin ü-ber al-le
Welt? Gott, der Herr, hat sie ge-zäh-let, daß ihm auch nicht eines
feh-let an der gan-zen großen Zahl, an der gan-zen großen Zahl.

2. Weißt du, wieviel Mücklein spielen
   In der heißen Sonnenglut?
   Wieviel Fischlein auch sich kühlen
   In der hellen Wasserflut?
   Gott, der Herr, rief sie mit Namen,
   Daß sie all' ins Leben kamen,
   Daß sie nun so fröhlich sind.

3. Weißt du, wieviel Kinder frühe
   Steh'n aus ihrem Bettlein auf,
   Daß sie ohne Sorg' und Mühe
   Fröhlich sind im Tageslauf?
   Gott im Himmel hat an allen
   Seine Lust, sein Wohlgefallen,
   Kennt auch dich und hat dich lieb.

(M: Volksgut, T: Wilhelm Hey)

Schlafe, schlafe, holder, süßer Knabe

(Schlafe, holder, süßer Knabe)

*(M: Franz Schubert,
T: Verfasser unbekannt)*

1. Schla - fe, schla - fe, hol - der, sü - ßer Kna - be, lei - se wiegt dich dei - ner Mut - ter Hand; sanf - te Ru - he, mil - de La - be bringt dir schwebend die - ses Wie - gen - band.

2. Schlafe, schlafe in dem süßen Grabe,
   Noch beschützt dich deiner Mutter Arm;
   Alle Wünsche, alle Habe
   Faßt sie liebend, alle liebewarm.

3. Schlafe, schlafe in der Flaumen Schoße,
   Noch umtönt dich lauter Liebeston,
   Eine Lilie, eine Rose,
   Nach dem Schlafe werd' sie dir zum Lohn.

Kindlein mein, schlaf doch ein

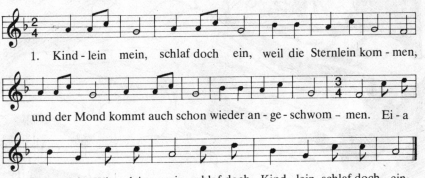

1. Kind-lein mein, schlaf doch ein, weil die Sternlein kom-men,
und der Mond kommt auch schon wieder an-ge-schwom-men. Ei-a
Wieg-lein, Wieg-lein mein, schlaf doch Kind-lein, schlaf doch ein.

2. Kindlein mein, schlaf doch ein,
   Denn die Nacht kommt nieder,
   Und der Wind
   Summt dem Kind
   Seine Wiegenlieder,
   Eia Wieglein . . .

(M und T: Volksgut aus Mähren)

275

Soll man sonder Anstoß ruhen

(Sanfter Schlaf)

1. Soll man son - der An - stoß ru - hen, wann der Blick des
Ta - ges flieht, muß der Kum - mer in den Schu - hen,
die man von den Fü - ßen zieht, vor dem Bet - te
ste - hen blei - ben, und so hält es auch mein Sinn:
Gril - len, die den Schlaf ver - trei - ben, werf' ich mit den
Klei - dern hin.

2. Überflüss'ge Nahrungssorgen
   Hab' ich niemals zu verleihn;
   Wer dergleichen denkt zu borgen,
   Spreche ja bei mir nicht ein.
   Tage, die noch kommen sollen,
   Kränken mich nicht vor der Zeit;
   Will der Beutel mit mir schmollen,
   Die Geduld hebt unsern Streit.

(M: Georg Philipp Telemann, T: Daniel Stoppe)

277

Die Blümelein, sie schlafen

(Sandmännchen)

1. Die Blü - me - lein, sie schla - fen schon längst im Mon - den - schein, sie

nik - ken mit den Köp - fen auf ih - ren Sten - ge - lein. Es

rüt - telt sich der Blü - ten - baum, er säu - selt wie im Traum.

Schla - fe, schlaf du, mein Kind - lein, schla - fe ein!

2. Die Vögelein, sie sangen
   So süß im Sonnenschein,
   Sie sind zur Ruh' gegangen
   In ihre Nestchen klein.
   Das Heimchen in dem Ährengrund,
   Es tut allein sich kund.

3. Sandmännchen kommt geschlichen
   Und guckt durchs Fensterlein,
   Ob irgend noch ein Liebchen
   Nicht mag zu Bette sein.
   Und wo er nur ein Kindchen fand,
   Streut er ins Aug' ihm Sand.

4. Sandmännchen aus dem Zimmer,
   Es schläft mein Herzchen fein,
   Es ist gar fest verschlossen
   Schon sein Guckäugelein;
   Es leuchtet morgen mir Willkomm'
   Das Äugelein so fromm.

(M und T: A. W. F. von Zuccalmaglio, um 1840)

279

Im Sommer.

Von Frühling, Sommer, Herbst und Winter

Winter ade

(M: Volksweise, T: Hoffmann von Fallersleben)

1. Win ter, a - de! Schei-den tut weh; a-ber dein Schei-den macht,

daß mir das Her - ze lacht. Win - ter, a - de! Schei - den tut weh.

2. Winter ade! Scheiden tut weh.
   Gerne vergess' ich dein,
   Kannst immer ferne sein.
   Winter ade! Scheiden tut weh.

3. Winter ade! Scheiden tut weh.
   Gehst du nicht bald nach Haus,
   Lacht dich der Kuckuck aus.
   Winter ade! Scheiden tut weh.

Der Winter ist ein rechter Mann

1. Der Win - ter ist ein rech - ter Mann, kern-
fest und auf die Dau - er; sein Fleisch fühlt sich wie
Ei - sen an und scheut nicht süß noch sau - er.

2. Aus Blumen und aus Vogelsang
   Weiß er sich nichts zu machen,
   Haßt warmen Trank und warmen Klang
   Und alle warmen Sachen.

3. Wenn Stein und Bein vor Frost zerbricht
   Und Teich und Seen krachen:
   Das klingt ihm gut, das haßt er nicht,
   Dann will er tot sich lachen.

4. Sein Schloß von Eis liegt ganz hinaus
   Beim Nordpol an dem Strande,
   Doch hat er auch ein Sommerhaus
   Im lieben Schweizerlande.

5. Da ist er denn bald dort, bald hier,
   Gut Regiment zu führen,
   Und wenn er durchzieht, stehen wir
   Und sehn ihn an und frieren.

(M: J. F. Reichardt, T: M. Claudius)

(M und T: aus J. F. Thysius' Lautenbuch,
um 1600, nach einem alten niederländischen Mailied)

Der Winter ist vergangen

1. Der Win-ter ist ver - gan - gen, ich seh' des Maien Schein,
ich seh' die Blümlein pran - gen, des ist mein Herz erfreut.

So fern in je - nem Ta - le, da ist gar lu - stig sein, da

singt die Nach - ti - gal - le und manch Wald - vö - ge - lein.

2. Ich geh' ein'n Mai'n zu hauen
Hin durch das grüne Gras,
Schenk' meinem Buhl'n die Treue,
Die mir die Liebste was,
Und bitt', daß sie mag kommen,
All vor dem Fenster stahn,
Empfangen den Mai mit Blumen,
Er ist gar wohl getan.

3. Und als die Säuberliche
Sein' Rede hat gehört,
Da stand sie traurigliche,
Indes sprach sie die Wort':
„Ich hab' den Mai empfangen
Mit großer Würdigkeit!"
Er küßt' sie an die Wangen,
War das nicht Ehrbarkeit?

4. Er nahm sie sonder Trauern
In seine Arme blank,
Der Wächter auf den Mauern
Hub an ein Lied und sang:
„Ist jemand noch darinnen,
Der mag bald heimwärts gahn.
Ich seh' den Tag her dringen
Schon durch die Wolken klar."

5. „Ach, Wächter auf der Mauern,
Wie quälst du mich so hart!
Ich lieg' in schweren Trauern,
Mein Herze leidet Schmerz.
Das macht die Allerliebste,
Von der ich scheiden muß;
Das klag' ich Gott, dem Herren,
Daß ich sie lassen muß."

6. Ade, mein' Allerliebste,
Ade, schön's Blümlein fein,
Ade, schön' Rosenblume,
Es muß geschieden sein!
Bis daß ich wiederkomme,
Bleibst du die Liebste mein;
Das Herz in meinem Leibe
Gehört ja allzeit dein."

Der Frühling hat sich eingestellt

1. Der Früh - ling hat sich ein - ge - stellt! Wohl -
an, wer will ihn sehn? Der muß mit mir ins
frei - e Feld, ins grü - ne Feld nun gehn.

2. Er hielt im Walde sich versteckt,
   Daß niemand ihn mehr sah;
   Ein Vöglein hat ihn aufgeweckt,
   Jetzt ist er wieder da.

3. Jetzt ist der Frühling wieder da;
   Ihm folgt, wohin er zieht,
   Nur lauter Freude fern und nah
   Und lauter Spiel und Lied.

4. Und allen hat er, groß und klein,
   Was Schönes mitgebracht,
   Und sollt's auch nur ein Sträußchen sein,
   Er hat an uns gedacht.

5. Drum frisch hinaus ins freie Feld,
   Ins grüne Feld hinaus!
   Der Frühling hat sich eingestellt;
   Wer bliebe da zu Haus?

(M: nach Johann Friedrich Reichardt, T: Hoffmann v. Fallersleben)

Der Mai ist gekommen

1. Der Mai ist ge - kommen, die Bäume schlagen aus,
da blei - be, wer Lust hat, mit Sor - gen zu Haus.
Wie die Wol - ken dort wan - dern am himm - li - schen
Zelt, so steht auch mir der Sinn in die wei - te, wei - te Welt.

2. Herr Vater, Frau Mutter, daß Gott euch behüt'!
   Wer weiß, wo in der Ferne mein Glück mir noch blüht!
   Es gibt so manche Straße, da nimmer ich marschiert,
   Es gibt so manchen Wein, den ich nimmer noch probiert.

3. Frisch auf drum, frisch auf drum im hellen Sonnenstrahl
   Wohl über die Berge, wohl durch das tiefe Tal!
   Die Quellen erklingen, die Bäume rauschen all;
   Mein Herz ist wie 'ne Lerche und stimmet ein mit Schall.

4. Und abends im Städtlein, da kehr' ich durstig ein:
   „Herr Wirt, eine Kanne, eine Kanne blanken Wein!
   Ergreife die Fiedel, du lust'ger Spielmann du,
   Von meinem Schatz das Liedel, das sing' ich dazu."

5. Und find' ich keine Herberg', so lieg' ich zu Nacht
   Wohl unter blauem Himmel, die Sterne halten Wacht;
   Im Winde die Linde, die rauscht mich ein gemach,
   Es küsset in der Frühe das Morgenrot mich wach.

6. O Wandern, o Wandern, du freie Burschenlust!
   Da wehet Gottes Odem so frisch in die Brust;
   Da singet und jauchzet das Herz zum Himmelszelt:
   Wie bist du doch so schön, o du weite, weite Welt!

(M: Justus W. Lyra, T: E. Geibel)

Komm, lieber Mai

1. Komm, lie - ber Mai und ma - che die Bäu - me wie - der
und laß mir an dem Ba - che die

grün, klei - nen Veil - chen blühn! Wie möcht' ich doch so

ger - ne ein Veil - chen wie - der sehn, ach,

lie - ber Mai, wie ger - ne ein - mal spa - zie - ren - gehn!

2. Zwar Wintertage haben
Wohl auch der Freuden viel,
Man kann im Schnee eins traben
Und treibt manch Abendspiel,
Baut Häuserchen von Karten,
Spielt Blindekuh und Pfand;
Auch gibt's wohl Schlittenfahrten
Aufs liebe freie Land.

3. Ach, wenn's doch erst gelinder
Und grüner draußen wär'!
Komm, lieber Mai, wir Kinder,
Wir bitten gar zu sehr!
O komm und bring vor allem
Uns viele Veilchen mit,
Bring auch viel Nachtigallen
Und schöne Kuckucks mit.

(M: nach W. A. Mozart, T: Christian Adolf Overbeck)

Komm lieber Mai

Wenn's Mailüfterl weht

1. Wenn's Mai-lüf-terl weht, z'rgeht im Wald drauß der Schnee, da heb'n d' blau-en Vei-gerln ih-re Köp-ferln in d' Höh'. Und d' Vö-gerln, die g'schla-f'n hab'n durch d' Win-ters-zeit, die wer'n wie-der mun-ter, die wer'n wie-der mun-ter, die wer'n wie-der mun-ter und sin-gen voll Freud', die wer'n wie-der mun-ter und sin-gen voll Freud'.

2. Und blühen die Rosen,
Wird's Herz nimmer trüb,
Denn d'Rosenzeit ist ja
Die Zeit für die Lieb'.
Die Rosen, die blühen
So frisch alle Jahr,
Doch d' Lieb blüht nur einmal
Und nachher ist's gar.

3.   Jed's Jahr kommt der Frühling,
     Ist d'r Winter vorbei,
     Der Mensch aber hat nur
     Ein' einzigen Mai.
     Die Schwalben flieg'n fort, doch
     Sie ziehn wieder her,
     Nur der Mensch, wenn er fortgeht,
     Der kommt nimmermehr.

(M: J. Kreipl, T: A. von Klesheim)

Alles neu macht der Mai

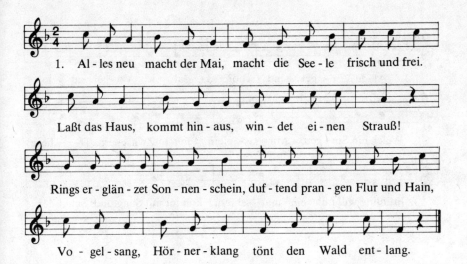

1. Al - les neu macht der Mai, macht die See - le frisch und frei.

Laßt das Haus, kommt hin - aus, win - det ei - nen Strauß!

Rings er - glän - zet Son - nen - schein, duf - tend pran - gen Flur und Hain,

Vo - gel - sang, Hör - ner - klang tönt den Wald ent - lang.

2. Wir durchziehn Saatengrün,
   Haine, die ergötzend blühn,
   Waldespracht, neu gemacht,
   Nach des Winters Nacht.
   Dort im Schatten an dem Quell,
   Rieselnd munter silberhell,
   Klein und groß, ruht im Moos
   Wie im weichen Schoß.

3. Hier und dort, fort und fort,
   Wo wir ziehen Ort für Ort,
   Alles freut sich der Zeit,
   Die verjüngt, erneut.
   Widerschein der Schöpfung blüht,
   Uns erneuend im Gemüt.
   Alles neu, frisch und frei
   Macht der holde Mai.

(M: Volksweise, T: A. von Kamp)

Alle Vögel sind schon da

1. Al - le Vö - gel sind schon da, al - le Vö - gel, al - le!

Welch ein Sin - gen, Mu - si - ziern, Pfeifen, Zwitschern, Ti - ri - liern;

Frühling will nun ein - mar - schiern, kommt mit Sang und Schal - le.

2. Wie sie alle lustig sind,
   Flink und froh sich regen!
   Amsel, Drossel, Fink und Star
   Und die ganze Vogelschar
   Wünschen dir ein frohes Jahr,
   Lauter Heil und Segen.

3. Was sie uns verkündet nun,
   Nehmen wir zu Herzen.
   Wir auch wollen lustig sein,
   Lustig wie die Vögelein,
   Hier und dort, feldaus, feldein,
   Singen, springen, scherzen.

(M: Volksweise, T: Hoffmann von Fallersleben)

Nun will der Lenz
uns grüßen

1. Nun will der Lenz uns grü-ßen, von Mit-tag weht es lau; aus al-len Wie-sen sprie-ßen die Blu-men rot und blau. Draus wob die brau-ne Hei-de sich ein Ge-wand gar fein und lädt im Fest-tags-klei-de zum Mai-en-tan-ze ein.

2. Waldvöglein Lieder singen,
Wie ihr sie nur begehrt;
Drum auf zum frohen Springen,
Die Reis' ist Goldes wert!
Hei, unter grünen Linden,
Da leuchten weiße Kleid'!
Heija, nun hat uns Kindern
Ein End' all Wintersleid!

(M und T: Volksgut)

Kuckuck, Kuckuck

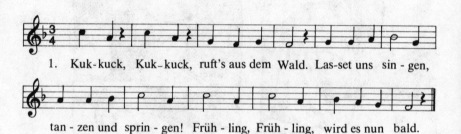

1. Kuk-kuck, Kuk-kuck, ruft's aus dem Wald. Las-set uns sin-gen,
tan-zen und sprin-gen! Früh-ling, Früh-ling, wird es nun bald.

2. Kuckuck, Kuckuck läßt nicht sein Schrein:
„Kommt in die Felder, Wiesen und Wälder!
Frühling, Frühling, stelle dich ein!"

3. Kuckuck, Kuckuck, trefflicher Held!
Was du gesungen, ist dir gelungen:
Winter, Winter räumet das Feld.

(M und T: Hoffmann von Fallersleben)

Trarira, der Sommer, der ist da

(M und T: Volksgut)

1. Tra - ri - ra, der Som - mer, der ist da, wir wol - len in den Garten und woll'n des Sommers war - ten. Tra - ri - ra, der Som - mer, der ist da.

2. Tra - ri - ra!
Der Sommer, der ist da!
Wir wollen hinter die Hecken
Und woll'n den Sommer wecken.
Tra-ri-ra!
Der Sommer, der ist da!

3. Tra-ri-ra!
Der Sommer, der ist da!
Der Sommer hat's gewonnen,
Der Winter hat's verloren.
Tra-ri-ra!
Der Sommer, der ist da!

4. Tra-ri-ra!
Der Sommer, der ist da!
Der Winter liegt gefangen,
Den schlagen wir mit Stangen.
Tra-ri-ra!
Der Sommer, der ist da!

Bunt sind schon die Wälder

1. Bunt sind schon die Wäl-der, gelb die Stop-pel-fel-der,
und der Herbst be-ginnt. Ro-te Blät-ter fal-len,
grau-e Ne-bel wal-len, küh-ler weht der Wind.

2. Wie die volle Traube
   Aus der Rebenlaube
   Purpurfarbig strahlt!
   Am Geländer reifen
   Pfirsiche, mit Streifen
   Rot und weiß bemalt.

3. Flinke Träger springen,
   Und die Mädchen singen,
   Alles jubelt froh!
   Bunte Bänder schweben
   Zwischen hohen Reben
   Auf dem Hut von Stroh.

4. Geige tönt und Flöte
   Bei der Abendröte
   Und im Mondesglanz;
   Junge Winzerinnen
   Winken und beginnen
   Frohen Ringeltanz.

(M: J. F. Reichardt, T: J. G. von Salis-Seewis)

Es ist für uns eine Zeit angekommen

1. Es ist für uns ei-ne Zeit an-ge-kom-men, die bringt uns ei-ne gro-ße Freud'. Ü-bers schnee-be-glänz-te Feld wan-dern wir, wan-dern wir durch die weite, wei-ße Welt.

2. Es schlafen Bächlein und See unterm Eise, es träumt
Der Wald einen tiefen Traum:
Durch den Schnee, der leise fällt, wandern wir, wandern
Wir durch die weite, weiße Welt.

3. Vom hohen Himmel ein leuchtendes Schweigen erfüllt
Die Herzen mit Seligkeit:
Unterm sternbeglänzten Zelt wandern wir, wandern wir
Durch die weite, weiße Welt.

(M: Volksweise, T: P. Hermann)

304

Ihr Kinderlein, kommet

1. Ihr Kin - der - lein, kom - met, o kom - met doch all'! Zur Krip - pe her kom - met in Beth - le - hems Stall. Und seht, was in die - ser hoch - hei - li - gen Nacht der Va - ter im Him - mel für Freu - de uns macht.

2. Da liegt es, das Kindlein, auf Heu und auf Stroh,
   Maria und Joseph betrachten es froh.
   Die redlichen Hirten knien betend davor;
   Hoch oben schwebt jubelnd der Engelein Chor.

3. O beugt wie die Hirten anbetend die Knie,
   Erhebet die Hände und danket wie sie!
   Stimmt freudig, ihr Kinder, wer wollt sich nicht freun?
   Stimmt freudig zum Jubel der Engel mit ein!

(M: Johann Abraham Peter Schulz, T: Christoph von Schmid)

Morgen, Kinder, wird's was geben

1. Morgen, Kinder, wird's was ge-ben, mor-gen wer-den wir uns freun!
Welch ein Ju-bel, welch ein Le-ben wird in un-serm Hau-se sein!

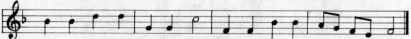

Ein-mal wer-den wir noch wach, hei-ßa, dann ist Weih-nachts-tag!

2. Wie wird dann die Stube glänzen
Von der großen Lichterzahl!
Schöner als bei frohen Tänzen
Ein geputzter Kronensaal.
Wißt ihr noch, wie vor'ges Jahr
Es am Heil'gen Abend war?

3. Wißt ihr noch die Spiele, Bücher
Und das schöne Hottepferd,
Schöne Kleider, wollne Tücher,
Puppenstube, Puppenherd?
Morgen strahlt der Kerzen Schein,
Morgen werden wir uns freun!

(M: C. G. Hering, T: Hoffmann von Fallersleben)

Auf dem Berge, da geht der Wind

(M und T: Volksgut)

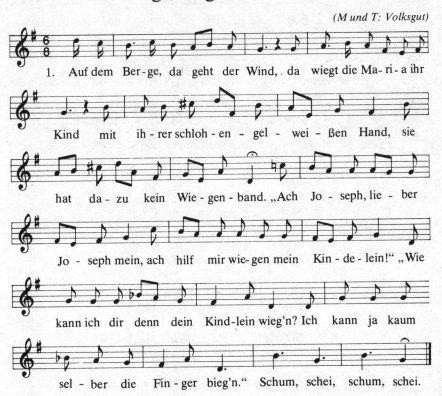

1. Auf dem Ber-ge, da geht der Wind, da wiegt die Ma-ri-a ihr Kind mit ih-rer schloh-en-gel-wei-ßen Hand, sie hat da-zu kein Wie-gen-band. „Ach Jo-seph, lie-ber Jo-seph mein, ach hilf mir wie-gen mein Kin-de-lein!" „Wie kann ich dir denn dein Kind-lein wieg'n? Ich kann ja kaum sel-ber die Fin-ger bieg'n." Schum, schei, schum, schei.

Laßt uns froh und munter sein

1. Laßt uns froh und mun-ter sein und uns in dem Herrn er-freun. Lu-stig, lu-stig, tra - le - ra - le - ra, bald ist Ni-ko-laus - abend da, bald ist Ni-ko-laus - abend da.

2. Dann stell' ich den Teller auf,
   Niklaus legt gewiß was drauf.

3. Wenn ich schlaf', dann träume ich:
   Jetzt bringt Niklaus was für mich.

4. Wenn ich aufgestanden bin,
   Lauf' ich schnell zum Teller hin.

5. Niklaus ist ein guter Mann,
   Dem man nicht g'nug danken kann.

(M und T: Volksgut, schon vor 1870 bekannt)

Kommet, ihr Hirten

1. Kom - met, ihr Hir - ten, ihr Män - ner und Fraun!
   Kom - met, das lieb - li - che Kind - lein zu schaun!

Christus, der Herr ist heu - te ge - bo - ren, Fürch - tet euch nicht!
den Gott zum Heiland euch hat er - ko - ren.

2. Lasset uns sehen in Bethlehems Stall,
   Was uns verheißen der himmlische Schall!
   Was wir dort finden, lasset uns künden,
   Lasset uns preisen in frommen Weisen!
   Halleluja!

3. Wahrlich, die Engel verkündigen heut
   Bethlehems Hirtenvolk gar große Freud'.
   Nun soll es werden Friede auf Erden,
   Den Menschen allen ein Wohlgefallen.
   Ehre sei Gott!

(M und T: Volksgut aus Böhmen)

311

O du fröhliche, o du selige

1.–3. O du fröh-li-che, o du se-li-ge, gna-den-
brin-gen-de Weihnachts – zeit!
1. Welt ging ver-
2. Christ ist er-
3. Himm-li-sche

lo – ren, Christ ist ge – bo – ren.
schie – nen, uns zu ver – süh – nen.
Hee – re jauch – zen dir Eh – re.

1.–3. Freu – e, freu-e dich, o Chri – sten – heit!

(M: Volksgut – nach einem alten sizilianischen Volkslied, T: Johannes Daniel Falk)

312

Stille Nacht, heilige Nacht

1. Stil - le Nacht, hei - li - ge Nacht! Al - les schläft, ein - sam wacht
nur das trau - te, hoch - hei - li - ge Paar. Hol - der Kna - be im
lo - cki - gen Haar, schlaf in himm - li - scher Ruh'!
Schlaf in himm - li - scher Ruh'!

2. Stille Nacht, heilige Nacht,
   Hirten erst kundgemacht!
   Durch der Engel Halleluja
   Tönt es laut von fern und nah:
   Christ, der Retter ist da!

3. Stille Nacht, heilige Nacht!
   Gottes Sohn, o wie lacht
   Lieb' aus deinem göttlichen Mund,
   Da uns schlägt die rettende Stund',
   Christ, in deiner Geburt!

(M: Franz Gruber, T: Joseph Mohr)

314

Wach Nachtigall,
wach auf

(M und T: Volksgut aus Franken)

1. Wach Nach-ti-gall, wach auf! Wach auf, du schönes Vö-ge-lein auf je-nem grü-nen Zwei-ge-lein, wach hur-tig auf, wach auf! Dem Kin-de-lein aus-er-ko-ren, heut ge-bo-ren, fast er-fro-ren, sing, sing, sing dem zar-ten Je-su-lein!

2.   Flieg her zum Krippelein,
     Flieg her, gefiedert Schwesterlein,
     Blas an den feinen Psalterlein,
     Sing, Nachtigall, gar fein!
     Dem Kindelein
     Musiziere, koloriere, jubiliere,
     Sing, sing, sing dem süßen Jesulein!

3.   Stimm, Nachtigall, stimm an!
     Den Takt gib mit dem Federlein,
     Auch freudig schwing die Flügelein,
     Erstreck dein Hälselein!
     Der Schöpfer dein
     Mensch will werden mit Gebärden heut auf Erden:
     Sing, sing, sing dem werten Jesulein!

Alle Jahre wieder

1. Al - le Jah - re wie - der kommt das Chri - stus - kind
auf die Er - de nie - der, wo wir Menschen sind.

2. Kehrt mit seinem Segen
   Ein in jedes Haus,
   Geht auf allen Wegen
   Mit uns ein und aus.

3. Ist auch mir zur Seite
   Still und unerkannt,
   Daß es treu mich leite
   An der lieben Hand.

(M: E. Anschütz, T: W. Hey)

317

Süßer die Glocken nie klingen

1. Sü-ßer die Glocken nie klin-gen, als zu der Weihnachts-zeit. 's ist als ob En-ge-lein sin-gen wie-der von Frie-den und Freud', wie sie ge-sun-gen in se-li-ger Nacht, wie sie ge-sun-gen in se-li-ger Nacht. Glok-ken mit hei-li-gem Klang, klin-get die Er-de ent-lang.

2. Und wenn die Glocken dann klingen,
Gleich sie das Christkindlein hört,
Tut sich vom Himmel dann schwingen,
Eilet hernieder zur Erd',
Segnet den Vater, die Mutter, das Kind!
Glocken mit heiligem Klang,
Klinget die Erde entlang!

3. Klinget mit lieblichem Schalle
Über die Meere noch weit,
Daß sich erfreuen doch alle
Seliger Weihnachtszeit!
Alle dann jauchzen mit frohem Gesang:
Glocken mit heiligem Klang,
Klinget die Erde entlang!

(M: Volksweise aus Thüringen, T: Friedrich Wilhelm Kritzinger)

Am Weihnachtsbaum

1. Am Weihnachts - baum die Lich - ter bren - nen, wie glänzt er
fest - lich, lieb und mild, als spräch' er: „Wollt in mir er -
ken - nen ge - treu - er Hoff - nung stil - les Bild!"

2. Die Kinder stehn mit hellen Blicken,
Das Auge lacht, es lacht das Herz;
O fröhlich seliges Entzücken!
Die Alten schauen himmelwärts.

3. Zwei Engel sind hereingetreten,
Kein Auge hat sie kommen sehn;
Sie gehn zum Weihnachtstisch und beten
Und wenden wieder sich und gehn.

4. „Gesegnet seid, ihr alten Leute,
Gesegnet sei, du kleine Schar!
Wir bringen Gottes Segen heute
Dem braunen wie dem weißen Haar.

5. Zu guten Menschen, die sich lieben,
Schickt uns der Herr als Boten aus,
Und seid ihr treu und fromm geblieben,
Wir treten wieder in dies Haus."

6. Kein Ohr hat ihren Spruch vernommen;
Unsichtbar jedes Menschen Blick
Sind sie gegangen wie gekommen;
Doch Gottes Segen blieb zurück!

(M: Volksweise, T: Hermann Kletke)

Kling Glöckchen,
klingelingeling

1. Kling, Glöckchen, klin - ge - lin - ge - ling, kling, Glöckchen, kling!

Laßt mich ein, ihr Kin - der, ist so kalt der Win - ter,

öff - net mir die Tü - ren, laßt mich nicht er - frie - ren.

Kling, Glöckchen, klin - ge - lin - ge - ling, kling, Glöckchen, kling!

2. Kling, Glöckchen, klingelingeling,
Kling, Glöckchen, kling!
Mädchen, hört, und Bübchen,
Macht mir auf das Stübchen,
Bring' euch viele Gaben,
Sollt euch dran erlaben.
Kling, Glöckchen, klingelingeling,
Kling, Glöckchen, kling!

3. Kling, Glöckchen, klingelingeling,
Kling, Glöckchen, kling!
Hell erglühn die Kerzen,
Öffnet mir die Herzen,
Will drin wohnen fröhlich,
Frommes Kind, wie selig.
Kling, Glöckchen, klingelingeling,
Kling, Glöckchen, kling!

(M: Volksweise, T: Theodor Enslin)

322

Leise rieselt der Schnee

1. Lei - se rie - selt der Schnee, still und starr ruht der See, weihnacht - lich glän - zet der Wald, freu - e dich, Christkind kommt bald!

2. In den Herzen wird's warm,
Still schweigt Kummer und Harm,
Sorge des Lebens verhallt,
Freue dich, Christkind kommt bald!

3. Bald ist Heilige Nacht,
Chor der Engel erwacht,
Hört nur, wie lieblich es schallt:
Freue dich, Christkind kommt bald.

(M: Volksweise, T: Eduard Ebel)

Joseph,
lieber Joseph mein

1. Jo - seph, lie - ber Jo - seph mein, hilf mir wieg'n mein Kin - de - lein, Gott, der wird dein Loh - ner sein im Him - mel - reich, der Jung - frau Kind Ma - ri - a.

2. Gerne, liebe Maria mein,
   Helf' ich wieg'n dein Kindelein,
   Gott, der wird mein Lohner sein
   Im Himmelreich, der Jungfrau Sohn Maria.

3. Heut soll alle Welt fürwahr
   Voller Freude kommen dar
   Zu dem, der vor Abrah'm war,
   Den uns gebar die reine Magd Maria.

(M und T: Volksgut,
schon im 14. Jahrhundert bekannt)

In dulci jubilo

1. In dul-ci ju-bi-lo, nun sin-get und seid froh! Unsers Herzens Won-ne liegt in prae-se-pi-o, leucht't heller als die Son-ne, ma-tris in gre-mi-o. Al-pha est et O, Alpha est et O.

2. O Jesu parvule,
   Nach dir ist mir so weh.
   Tröst mir mein Gemüte,
   O puer optime,
   Durch alle deine Güte,
   O princeps gloriae.
   Trahe me post te.

3. Ubi sunt gaudia?
   Nirgend mehr denn da,
   Da die Engel singen
   Nova cantica,
   Und die Schellen klingen
   In regis curia.
   Eia, wär'n wir da!

(M und T: Volksgut, schon im 14. Jahrhundert bekannt)

Maria durch ein' Dornwald ging

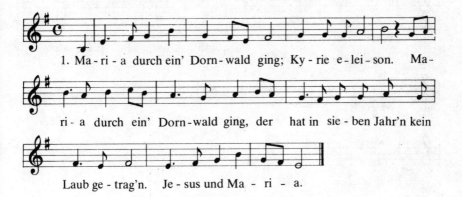

1. Ma - ri - a durch ein' Dorn - wald ging; Ky - rie e - lei - son. Ma -
ri - a durch ein' Dorn - wald ging, der hat in sie - ben Jahr'n kein
Laub ge - trag'n. Je - sus und Ma - ri - a.

2. Was trug Maria unterm Herzen?
   Kyrie eleison.
   Ein kleines Kindlein ohne Schmerzen,
   Das trug Maria unter ihrem Herzen.
   Jesus und Maria.

3. Da haben die Dornen Rosen getrag'n;
   Kyrie eleison.
   Als das Kindlein durch den Wald getragen,
   Da haben die Dornen Rosen getrag'n;
   Jesus und Maria.

(M und T: aufgezeichnet von A. von Haxthausen, Paderborn 1856)

Es ist ein Ros entsprungen

(Das Reis aus der Wurzel Jesse)

1. Es ist ein Ros ent - sprun - gen aus ei - ner
   wie uns die Al - ten sun - gen, von Jes - se

Wur - zel zart,
kam die Art
und hat ein Blüm - lein

bracht mit - ten im kal - ten Win - ter wohl zu der

hal - ben Nacht.

2. Das Röslein, das ich meine,
   Davon Jesaja sagt,
   Hat uns gebracht alleine
   Marie, die reine Magd;
   Aus Gottes ew'gem Rat
   Hat sie ein Kind geboren
   Wohl zu der halben Nacht.

3. Das Blümelein so kleine,
   Das duftet uns so süß;
   Mit seinem hellen Scheine
   Vertreibt's die Finsternis.
   Wahr'r Mensch und wahrer Gott,
   Hilft uns aus allem Leide,
   Rettet von Sünd' und Tod.

4. O Jesu, bis zum Scheiden
   Aus diesem Jammertal
   Laß dein Hilf' uns geleiten
   Hin in den Freudensaal,
   In deines Vaters Reich,
   Da wir dich ewig loben;
   O Gott, uns das verleih'!

(M: nach Michael Praetorius, T: Volksgut aus dem 15. Jahrhundert, 3. Strophe 1853)

Still, still, still, weil's Kindlein schlafen will

1. Still, still, still, weil's Kind-lein schla-fen will. Die Eng-lein tun schön ju-bi-lie-ren, bei dem Kripplein mu-si-zie-ren. Still, still, still, weil's Kindlein schla-fen will.

2. Schlaf, schlaf, schlaf,
   Mein liebes Kindlein, schlaf!
   Maria will dich niedersingen,
   Ihre keusche Brust darbringen.
   Schlaf, schlaf, schlaf,
   Mein liebes Kindlein, schlaf!

3. Groß, groß, groß, die Lieb' ist übergroß.
   Gott hat den Himmelsthron verlassen
   Und muß reisen auf der Straßen.
   Groß, groß, groß,
   Die Lieb' ist übergroß.

(M und T: Volksgut, wohl aus Salzburg)

Vom Himmel hoch, da komm' ich her

1. Vom Him-mel hoch, da komm' ich her, ich bring' euch gu-te, neu-e Mär; der gu-ten Mär bring' ich so viel, da-von ich sing'n und sa-gen will.

2. Euch ist ein Kindlein heut geborn
   Von einer Jungfrau auserkorn,
   Ein Kindelein so zart und fein,
   Das soll euer Freud' und Wonne sein.

3. Es ist der Herr Christ, unser Gott,
   Der will euch führn aus aller Not,
   Er will euer Heiland selber sein,
   Von allen Sünden machen rein.

4. Er bringt euch alle Seligkeit,
   Die Gott der Vater hat bereit',
   Daß ihr mit uns im Himmelreich
   Sollt leben nun und ewiglich.

5. So merket nun das Zeichen recht:
   Die Krippe, Windelein so schlecht,
   Da findet ihr das Kind gelegt,
   Das alle Welt erhält und trägt.

6. Des laßt uns alle fröhlich sein
   Und mit den Hirten gehn hinein,
   Zu sehn, was Gott uns hat beschert,
   Mit seinem lieben Sohn verehrt.

7. Lob, Ehr' sei Gott im höchsten Thron,
   Der uns schenkt seinen ein'gen Sohn.
   Des freuen sich der Engel Schar
   Und singen uns solch neues Jahr.

(M: nach einem alten Volkslied, von Martin Luther übernommen; T: Martin Luther)

Weihnachtslied.

Vom Himmel hoch da komm ich her,
Ich bring euch gute, neue Mähr,
Der guten Mähr bring ich so viel,
Davon ich singn und sagen will.

Euch ist ein Kindlein heut geboren,
Von einer Jungfrau auserkoren,
Ein Kindelein so zart und fein,
Das soll eur Freud und Wonne sein.

Der Christbaum ist der schönste Baum

1. Der Christ - baum ist der schön - ste Baum, den wir auf Er - den
ken - nen. Im Gar - ten klein, im eng - sten Raum, wie
lieb - lich blüht der Wun - der - baum, wenn sei - ne Lich - ter
bren - nen, wenn sei - ne Lich - ter bren - nen, ja bren - nen.

2. Denn sieh, in dieser Wundernacht
   Ist einst der Herr geboren,
   Der Heiland, der uns selig macht.
   Hätt' er den Himmel nicht gebracht,
   Wär' alle Welt verloren.

3. Doch nun ist Freud' und Seligkeit,
   Ist jede Nacht voll Kerzen,
   Auch dir, mein Kind, ist das bereit't,
   Dein Jesus schenkt dir alles heut,
   Gern wohnt er dir im Herzen.

4. O laß ihn ein! Es ist kein Traum.
   Er wählt dein Herz zum Garten,
   Will pflanzen in den engen Raum
   Den allerschönsten Wunderbaum
   Und seiner treulich warten.

(M: Georg Eisenbach, 1812, T: Joh. Karl)

Die Heiligen Drei Könige

(Sternsingen)

1. Die Heil'-gen Drei Kö-nig' mit ih-ri-gem
Stern, die kom-men ge-gangen, ihr Frauen und Herrn! Der
Stern gab ih-nen den Schein. Ein neu-es Reich geht uns her-ein.

2. Die Heil'gen Drei König' mit ihrigem Stern,
   Sie bringen dem Kindlein das Opfer so gern.
   Sie reisen in schneller Eil',
   In dreizehn Tag vierhundert Meil'.

3. Die Heil'gen Drei König' mit ihrigem Stern
   Knien nieder und ehren das Kindlein, den Herrn.
   Ein selige, fröhliche Zeit
   Verleih uns Gott im Himmelreich!

(M und T: Volksgut aus Oberbayern)

336

Die heiligen drei Könige mit ihrem Stern,
sie essen, sie trinken und zahlen nicht gern.

O Tannenbaum, o Tannenbaum

1. O Tan-nen-baum, o Tan-nen-baum, wie treu sind dei-ne Blät-ter! Du grünst nicht nur zur Som-mers-zeit, nein, auch im Win-ter, wenn es schneit. O Tan-nen-baum, o Tan-nen-baum, wie treu sind dei-ne Blät-ter!

2. O Mägdelein, o Mägdelein,
   Wie falsch ist dein Gemüte!
   Du schwurst mir Treu' in meinem Glück,
   Nun arm ich bin, gehst du zurück.
   O Mägdelein, o Mägdelein,
   Wie falsch ist dein Gemüte!

3. Die Nachtigall, die Nachtigall
   Nahmst du dir zum Exempel!
   Sie bleibt, so lang der Sommer lacht,
   Im Herbst sie sich von dannen macht:
   Die Nachtigall, die Nachtigall
   Nahmst du dir zum Exempel!

4. Der Bach im Tal, der Bach im Tal
   Ist deiner Falschheit Spiegel!
   Er strömt allein, wenn Regen fließt,
   Bei Dürr' er bald den Quell verschließt;
   Der Bach im Tal, der Bach im Tal
   Ist deiner Falschheit Spiegel!

(M: Ernst Anschütz, T: J. August Chr. Zarnack)

Von Helden, Holden, großen Taten

Es war ein König in Thule

(M: C. F. Zelter, T: J. W. von Goethe)

1. Es war ein Kö-nig in Thu-le, gar treu bis an das Grab, dem

sterbend sei-ne Buh-le ei-nen gold-nen Be-cher gab.

2. Es ging ihm nichts darüber, er leert' ihn jeden Schmaus:
   Die Augen gingen ihm über, sooft er trank daraus.

3. Und als er kam zu sterben, zählt' er seine Städt' und Reich',
   Gönnt' alles seinen Erben, den Becher nicht zugleich.

4. Er saß beim Königsmahle, die Ritter um ihn her,
   Auf hohem Vätersaale, dort auf dem Schloß am Meer.

5. Dort stand der alte Zecher, trank letzte Lebensglut,
   Und warf den heil'gen Becher hinunter in die Flut.

6. Er sah ihn stürzen, trinken und sinken tief ins Meer.
   Die Augen täten ihm sinken: trank nie einen Tropfen mehr.

Es freit' ein wilder Wassermann

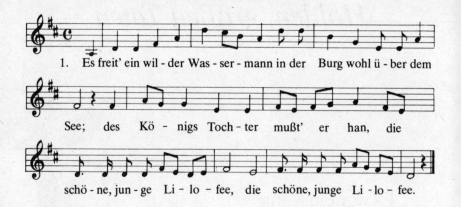

1. Es freit' ein wil-der Was-ser-mann in der Burg wohl ü-ber dem See; des Kö-nigs Toch-ter mußt' er han, die schö-ne, jun-ge Li-lo-fee, die schöne, junge Li-lo-fee.

2. Sie hörte drunten die Glocken gehn
   Im tiefen, tiefen See,
   Wollt' Vater und Mutter wiedersehn,
   Die schöne, junge Lilofee.

3. Und als sie vor dem Tore stand
   Auf der Burg wohl über dem See,
   Da neigt' sich Laub und grünes Gras
   Vor der schönen, jungen Lilofee.

4. Und als sie aus der Kirche kam
   Von der Burg wohl über dem See,
   Da stand der wilde Wassermann
   Vor der schönen, jungen Lilofee.

5. „Sprich, willst du hinuntergehn mit mir
   Von der Burg wohl über dem See?
   Deine Kindlein drunten weinen nach dir,
   Du schöne, junge Lilofee."

6. „Und eh' ich die Kindlein weinen lass'
   Im tiefen, tiefen See,
   Scheid' ich von Laub und grünem Gras,
   Ich arme, junge Lilofee."

(M und T: Volksgut)

Der alte Barbarossa (Barbarossa)

1. Der al - te Bar - ba - ros - sa, der Kai - ser Frie - de -
rich, im un - ter - ird' - schen Schlos - se hält
er ver - zau - bert sich.

2. Er ist niemals gestorben,
Er lebt darin noch jetzt;
Er hat im Schloß verborgen
Zum Schlaf sich hingesetzt.

3. Er hat hinabgenommen
Des Reiches Herrlichkeit
Und wird einst wiederkommen
Mit ihr zu seiner Zeit.

4. Der Stuhl ist elfenbeinern,
Darauf der Kaiser sitzt;
Der Tisch ist marmelsteinern,
Worauf sein Haupt er stützt.

5. Sein Bart ist nicht von Flachse,
Er ist von Feuersglut,
Ist durch den Tisch gewachsen,
Worauf sein Kinn ausruht.

6. Er nickt als wie im Traume,
Sein Aug' halb offen zwinkt;
Und je nach langem Raume
Er einem Knaben winkt.

7. Er spricht im Schlaf zum Knaben:
„Geh hin vors Schloß, o Zwerg,
Und sieh, ob noch die Raben
Herfliegen um den Berg!

8. Und wenn die alten Raben
Noch fliegen immerdar,
So muß ich auch noch schlafen,
Verzaubert hundert Jahr'."

(M: Joseph Gersbach, T: Friedrich Rückert)

Üb immer Treu und Redlichkeit

1. Üb im - mer Treu und Red - lich - keit bis an dein küh - les
Grab und wei - che kei - nen Fin - ger breit von Got - tes We - gen ab.

2. Dann wirst du wie auf grünen Au'n
Durchs Pilgerleben gehn,
Dann kannst du sonder Furcht und Graun
Dem Tod ins Antlitz sehn.

3. Dann wird die Sichel und der Pflug
In deiner Hand so leicht,
Dann singest du beim Wasserkrug,
Als wär' dir Wein gereicht.

4. Dem Bösewicht wird alles schwer;
Er tue, was er tu';
Ihm gönnt der Tag nicht Freude mehr,
Die Nacht ihm keine Ruh'.

5. Der schöne Frühling lacht ihm nicht,
Ihm lacht kein Ährenfeld,
Er ist auf Lug und Trug erpicht
Und wünscht sich nichts als Geld.

6. Der Wind im Hain, das Laub am Baum
Saust ihm Entsetzen zu,
Er findet nach des Lebens Traum
Im Grabe keine Ruh'.

7. Üb immer Treu und Redlichkeit
Bis an dein kühles Grab
Und weiche keinen Finger breit
Von Gottes Wegen ab!

(M: W. A. Mozart, T: L. Ch. H. Hölty)

Es waren zwei Königskinder

1. Es wa-ren zwei Kö-nigs - kin - der, die hat - ten ein - an - der so

lieb; sie konn - ten zu - sammen nicht kom - men, das

Was - ser war viel zu tief, das Was - ser war viel zu tief.

2. „Ach Liebster, könntest du schwimmen,
So schwimm doch herüber zu mir!
Drei Kerzen will ich anzünden,
Die sollen leuchten zu dir."

3. Das hört' ein falsches Nönnchen,
Die tat, als wenn sie schlief';
Sie tat die Kerzlein auslöschen,
Der Jüngling ertrank so tief.

4. „Ach Fischer, lieber Fischer,
Willst dir verdienen Lohn,
So senk deine Netze ins Wasser,
Fisch mir den Königssohn!"

5. Sie faßt ihn in ihre Arme
Und küßt seinen roten Mund:
„Ach Mündlein, könntest du sprechen,
So wär' mein jung Herze gesund."

6. Sie schwang sich um ihren Mantel
    Und sprang wohl in die See:
    „Gut' Nacht, mein Vater und Mutter,
    Ihr seht mich nimmermeh!"

7. Da hört man Glockenläuten,
    Da hört man Jammer und Not:
    Hier liegen zwei Königskinder,
    Die sind alle beide tot.

(M und T: Volksgut)

Ich weiß nicht, was soll es bedeuten

(Die Lorelei)

1. Ich weiß nicht, was soll es be-deu-ten, daß ich so trau-rig bin; ein Märchen aus al-ten Zei-ten, das kommt mir nicht aus dem Sinn. Die Luft ist kühl und es dun-kelt, und ru-hig fließt der Rhein; der Gip-fel des Ber-ges fun-kelt im A-bend-son-nen-schein.

2. Die schönste Jungfrau sitzet
Dort oben wunderbar,
Ihr goldnes Geschmeide blitzet,
Sie kämmt ihr goldenes Haar.
Sie kämmt es mit goldenem Kamme
Und singt ein Lied dabei;
Das hat eine wundersame,
Gewaltige Melodei.

3. Den Schiffer im kleinen Schiffe
Ergreift es mit wildem Weh;
Er schaut nicht die Felsenriffe,
Er schaut nur hinauf in die Höh'.
Ich glaube, die Wellen verschlingen
Am Ende noch Schiffer und Kahn;
Und das hat mit ihrem Singen
Die Lorelei getan.

(M: Friedrich Silcher, T: Heinrich Heine)

Als wir jüngst in Regensburg waren
(Donaustrudel)

1. Als wir jüngst in Re - gens-burg wa - ren, sind wir

ü - ber den Stru - del ge - fah - ren. Da warn vie - le

Hol - den, die mit - fah - ren woll - ten.

Schwä - bi - sche, bay - ri - sche Dirn - del, juch - hei - ras - sas - sa!

muß der, muß der Schiffs - mann fah - - - - - ren.

2. Und ein Mädel von zwölf Jahren
Ist mit über den Strudel gefahren;
Weil sie noch nicht lieben kunnt,
Fuhr sie sicher über Strudels Grund.
Schwäbische, bayrische Dirndel, juchheirassassa!
Muß der, muß der Schiffsmann fahren.

3. Und vom hohen Bergesschlosse
Kam auf stolzem schwarzem Rosse
Adlig Fräulein Kunigund,
Wollt' mitfahrn übers Strudels Grund.
Schwäbische, bayrische Dirndel, juchheirassassa!
Muß der, muß der Schiffsmann fahren.

4. „Schiffsmann, lieber Schiffsmann mein,
Sollt's denn so gefährlich sein?
Schiffsmann, sag's mir ehrlich,
Ist's denn so gefährlich?"
Schwäbische, bayrische Dirndel, juchheirassassa!
Muß der, muß der Schiffsmann fahren.

5. „Wem der Myrtenkranz geblieben,
Landet froh und sicher drüben;
Wer ihn hat verloren,
Ist dem Tod erkoren."
Schwäbische, bayrische Dirndel, juchheirassassa!
Muß der, muß der Schiffsmann fahren.

6. Als sie auf die Mitt' gekommen,
Kam ein großer Nix geschwommen,
Nahm das Fräulein Kunigund,
Fuhr mit ihr in des Strudels Grund.
Schwäbische, bayrische Dirndel, juchheirassassa!
Muß der, muß der Schiffsmann fahren.

(M und T: Volksgut aus Bayern)

Es war einmal ein feiner Knab'
(Der treue Knabe)

1. Es war ein - mal ein fei - ner Knab', der liebt' sein Schätz- lein sie - ben Jahr', ja sie - ben Jahr' und noch viel mehr, die Lieb', die nahm kein En - de mehr.

2. Der Knab', der fuhr ins Niederland,
   Derweil ward ihm sein Herzlieb krank,
   Sie ward so krank bis auf den Tod,
   Drei Tag', drei Nächt' sprach sie kein Wort.

3. Und als der Knab' die Botschaft kriegt,
   Daß sein Herzlieb am Sterben liegt,
   Verließ er gleich sein Hab und Gut,
   Wollt' sehen, was sein Herzliebchen tut.

4. „Guten Tag, guten Tag, Herzliebste mein!
   Was machst du hier im Bettelein?"
   „Hab' Dank, hab' Dank, mein feiner Knab'!
   Mit mir wird's heißen bald: ins Grab!"

5. „Ach nein, ach nein, nicht so geschwind,
   Dieweil wir zwei Verliebte sind;
   Ach nein, ach nein, Herzliebste mein,
   Die Lieb' und Treu muß länger sein."

6. Er nahm sie gleich in seinen Arm,
   Da war sie kalt und nicht mehr warm:
   „Geschwind, geschwind, bringt mir ein Licht,
   Sonst stirbt mein Schatz, daß niemand sicht!"

7. Er rief und schrie aus heller Stimm':
   „Ach Gott, laß mir mein Engelskind!"
   Er rief und schrie aus heller Stimm':
   „Nun ist mein Freud und Alles hin!"

8. Und als das Mägdlein gestorben war,
   Da legt' er's auf die Totenbahr':
   „Wo krieg' ich nun sechs junge Knab'n,
   Die mein Herzlieb zu Grabe trag'n?"

9. „Sechs junge Knaben sind schon bereit,
   In Samt und Seide sind sie gekleid't."
   Sie trugen's hinaus und nimmer herein,
   Sie trugen's zu dem Kirchhof ein.

10. Er ließ sich machen ein schwarzes Kleid,
    Darunter trug er groß Herzeleid
    Wohl sieben Jahr' und noch viel mehr,
    Sein Trauern nahm kein Ende mehr.

(M und T: Volksgut)

Es liegt ein Schloß in Österreich

(Das Schloß in Österreich)

1. Es liegt ein Schloß in Ö-ster-reich, das ist gar wohl er-bau-et von Sil-ber und von ro-tem Gold, mit Mar-mor-stein ge-mau-ert.

2. Darinnen liegt ein junger Knab'
Auf seinen Hals gefangen,
Wohl vierzig Klafter tief unter der Erd'
Bei Ottern und bei Schlangen.

3. Sein Vater zu den Herren ging,
Bat um des Sohnes Leben:
„Dreihundert Gulden will ich euch
Wohl für den Knaben geben."

4. „Dreihundert Gulden helfen euch nicht,
    Der Knabe, der muß sterben:
    Er trägt von Gold eine Kett' am Hals,
    Die bringt ihn um sein Leben."

5. „Trägt er von Gold eine Kett' am Hals,
    Die hat er nicht gestohlen,
    Hat ihm ein zart Jungfräulein verehrt,
    Sich mit ihm zu verloben."

6. Man bracht' den Knaben wohl aus dem Turm,
    Gab ihm die Sakramente:
    „Hilf, reicher Christ vom Himmel hoch!
    Es geht mir an mein Ende.

7. Ach, meine Augen verbindet mir nicht,
    Ich muß die Welt anschauen,
    Ich seh' sie heut und nimmermehr
    Mit meinen schwarzbraunen Augen."

8. Sein Vater beim Gerichte stund,
    Sein Herz wollt' ihm zerbrechen:
    „Ach Sohne, liebster Sohne mein!
    Dein Tod will ich schon rächen."

9. „Ach Vater, liebster Vater mein,
    Mein Tod sollt ihr nicht rächen!
    Brächt' meiner Seelen schwere Pein,
    Um Unschuld will ich sterben."

10. Es stund kaum an ein halbes Jahr,
    Sein Tod der ward gerochen,
    Es wurden wohl dreihundert Mann
    Um des Knaben willen erstochen.

11. Wer ist, der uns dies Lied erdacht,
    Gesungen auch zugleiche?
    Das haben getan drei Jungfräulein
    Zu Wien im Österreiche.

(M und T: Volksgut)

Prinz Eugen, der edle Ritter
(Prinz Eugen)

1. Prinz Eu - gen, der ed - le Rit - ter, wollt' dem Kai -
ser wied - rum krie - gen Stadt und Fe - stung Bel - ge - rad.
Er ließ schla - gen ei - ne Bruk - ken, daß man kunnt
hin - ü - ber - ruk - ken mit d'r Ar - mee wohl vor die Stadt.

2. Als die Brucken nun war geschlagen,
Daß man kunnt mit Stuck und Wagen
Frei passiern den Donaufluß,
Bei Semmalin schlug man das Lager,
Alle Türken zu verjagen
Ihn'n zum Spott und zum Verdruß.

3. Am einundzwanzigsten August soeben
Kam ein Spion bei Sturm und Regen,
Schwor's dem Prinzen und zeigt's ihm an,
Daß die Türken futragieren,
So viel als man kunnt verspüren
An die dreimalhunderttausend Mann.

4. Als Prinz Eugenius dies vernommen,
Ließ er gleich zusammenkommen
Seine General und Feldmarschall.
Er tät sie recht instruieren,
Wie man sollt' die Truppen führen
Und den Feind recht greifen an.

5. Bei der Parole tät er befehlen,
   Daß man sollt' die zwölfe zählen
   Bei der Uhr um Mitternacht;
   Da sollt' all's zu Pferd aufsitzen,
   Mit dem Feinde zu scharmützen,
   Was zum Streit nur hätte Kraft.

6. Alles saß auch gleich zu Pferde,
   Jeder griff nach seinem Schwerte,
   Ganz still ruckt man aus der Schanz.
   Die Musketier' wie auch die Reiter
   Täten alle tapfer streiten;
   Es war fürwahr ein schöner Tanz!

7. Ihr Konstabler auf der Schanze,
   Spielet auf zu diesem Tanze
   Mit Kartaunen groß und klein
   Mit den großen, mit den kleinen
   Auf die Türken, auf die Heiden,
   Daß sie laufen all' davon!

8. Prinz Eugen wohl auf der Rechten
   Tät als wie ein Löwe fechten
   Als General und Feldmarschall.
   Prinz Ludwig, ritt auf und nieder:
   „Halt't euch brav, ihr deutschen Brüder,
   Greift den Feind nur herzhaft an!"

9. Prinz Ludwig, der mußt' aufgeben
   Seinen Geist und junges Leben
   Ward getroffen von dem Blei.
   Prinz Eugen ward sehr betrübet,
   Weil er ihn so sehr geliebet,
   Ließ ihn bringen nach Peterwardein.

(M und T: Volksgut)

357

Es war eine stolze Jüdin

(Die Jüdin)

1. Es war ei - ne stol - ze Jü - din, ein wun - der - schö - nes Weib, die hatt' ei - ne schö - ne Toch - ter, ihr Haar war fein ge - floch - ten, zum Tanz war sie be - reit.

2. „Ach Mutter, liebe Mutter,
Mein Kopf tut mir so weh;
Laß mich eine kleine Weile
Spazieren auf grüner Heide,
Bis daß mir besser wird."

3. „Ach Tochter, Herzenstochter,
Das kann und darf nicht sein;
Was sagten da die Leute,
Wollt'st du auf grüner Heide
Allein spazierengehn!"

4. Die Mutter kehrt' den Rücken,
Die Tochter nahm ein'n Sprung;
Sie sprang wohl in die Straßen,
Wo Herrn und Schreiber saßen,
Dem Schreiber sprang sie zu.

5. „Ach Schreiber, liebster Schreiber,
Mein Herz tut mir so weh;
Laß mich eine kleine Weile
Nur ruhn an deiner Seite,
Bis daß mir besser wird."

6. „Ach Jüdin, liebste Jüdin,
Das kann und darf nicht sein;
Willst du dich lassen täufen,
Marianne sollst du heißen,
Mein Weibchen sollst du sein."

7. „Ach Schreiber, liebster Schreiber,
Das kann und darf nicht sein;
Eh' ich mich lasse täufen,
Viel lieber will ich mich ersäufen
Wohl in dem tiefsten See."

8. Sie schwang sich um ihren Mantel
Und wandt' sich nach dem See:
„Ade, mein Vater und Mutter,
Ade, du stolzer Bruder!
Ich seh' euch nimmermeh."

(M und T: Volksgut)

Es war ein Markgraf übem Rhein
(Liebesdienst)

1. Es war ein Mark-graf ü-berm Rhein, der hatt' drei schö-ne
Töch-ter-lein, der hatt' drei schö - ne Töch-ter-lein. 2. Die
ei-ne freit ins Nie-der-land, die an-dre freit nicht
weit da - von, die an-dre freit nicht weit da-von.

3. Die dritte, die blieb ganz allein,
   Bis Vater und Mutter gestorben sein.

4. Dann zog sie weit im Land umher,
   Wußt' nicht, wo ihre Schwestern wärn.

5. Sie kam vor eines Kaufmanns Tür
   Und klopfet da so leise für.

6. „Wer ist denn drauß, wer klopfet an,
   Der mich so leis aufwecken kann?"

7. „Es ist ein armes Mägdelein,
   Die wollt' gern eine Dienstmagd sein."

8. „Ach Mägdlein, du bist viel zu fein;
   Du gehst gern mit den Herrelein!"

9. „Ach nein, ach nein, das tu ich nicht,
   Mein Ehre mir viel lieber ist."

10. Sie dingt das Mägdlein ein halbes Jahr,
    Das Mägdlein dient ihr sieben gar.

11. Und als die sieben Jahr' um warn,
    Das Mägdlein fing zu kränkeln an.

12. „Ach Mägdlein, wenn du krank willst sein,
    Sag an, wer sind die Eltern dein!"

13. „Mein Vater war Markgraf an dem Rhein,
    Mein Mutter Königs Töchterlein."

14. „Ach nein, ach nein, das kann nicht sein!
    Sonst wärst du mein jüngstes Schwesterlein."

15. „Und wenn du mir's nicht glauben willst,
    So tritt vor meine Lade hin!

16. Daran wird es geschrieben stehn,
    Du kannst's mit eignen Augen sehn."

17. Und als sie vor die Lade trat,
    Schossen ihr die Tränen die Wangen 'rab.

18. „Ach hätt'st du's nicht eher können sag'n!
    Hätt'st Samt und Seide sollen trag'n."

19. „Kein Samt und Seide trag' ich nicht,
    Zum Sterben bin ich hergericht'."

20. „Ach, bringt mir Weck, ach, bringt mir Wein!
    Sonst stirbt mein jüngstes Schwesterlein."

21. „Ich will kein' Weck, ich will kein' Wein,
    Will nur ein kleines Särgelein."

22. Und als das Mägdlein gestorben war,
    Da wuchsen drei Lilien auf ihrem Grab.

23. Und unter der mittelsten stund geschrieb'n:
    Das Mägdlein wär' bei Gott geblieb'n.

(M und T: Volksgut)

War einst ein Riese Goliath
(Die Geschichte von Goliath und David)

1. War einst ein Rie - se Go - li - ath, gar ein ge - fähr - lich
Mann, der hat - te Tres - sen auf dem Hut und
ei - nen Klun - ker dran und ei - nen Rock von
Seide schwer: Wer zählt die Dinge al - le her?

2. An seinen Schnurrbart sah man nur
   Mit Gräsen und mit Graus,
   Und dabei sah er von Natur
   Pur wie der Teufel aus.
   Sein Sarraß war, man glaubt es kaum,
   So groß schier als ein Weberbaum.

3. Er hatte Knochen wie ein Gaul
   Und eine freche Stirn
   Und ein entsetzlich großes Maul
   Und nur ein kleines Hirn;
   Gab jedem einen Rippenstoß
   Und flunkerte und prahlte groß.

4. So kam er alle Tage her
   Und sprach Israel Hohn.
   „Wer ist der Mann? Wer wagt's mit mir?
   Sei Vater oder Sohn,
   Er komme her, der Lumpenhund,
   Ich box 'n nieder auf den Grund."

5. Da kam in seinem Schäferrock
   Ein Jüngling zart und fein;
   Er hatte nichts als seinen Stock,
   Als Schleuder und den Stein
   Und sprach: „Du hast viel Stolz und Wehr,
   Ich komm' im Namen Gottes her."

6. Und damit schleudert' er auf ihn
   Und traf die Stirne gar;
   Da fiel der große Esel hin,
   So lang und dick er war.
   Und David haut' in guter Ruh'
   Ihm nun den Kopf noch ab dazu.

7. Trau nicht auf deinen Tressenhut,
   Noch auf den Klunker dran!
   Ein großes Maul es auch nicht tut,
   Das lern vom langen Mann!
   Und von dem kleinen lerne wohl,
   Wie man mit Ehren fechten soll!

(M: Gottfried W. Fink, T: Matthias Claudius)

Von fröhlichen Zechern

O du lieber Augustin

(M und T: Volksgut, schon vor 1800 bekannt)

1. O du lieber Augustin, 's Geld is' hin, 's Madl is' hin; o du lieber Augustin, al - les is' hin! Wollt' noch vom Geld nix sag'n, hätt' i nur 's Madl beim Krag'n! O du lieber Au - gu - stin, al - les is' hin!

2. O du lieber Augustin,
   's Geld is' hin, 's Madl is' hin;
   O du lieber Augustin, alles is' hin!
   's Geld is' weg, 's Madl is' weg,
   Augustin liegt im Dreck!
   O du lieber Augustin, alles is' hin!

Ich bin der Doktor Eisenbart

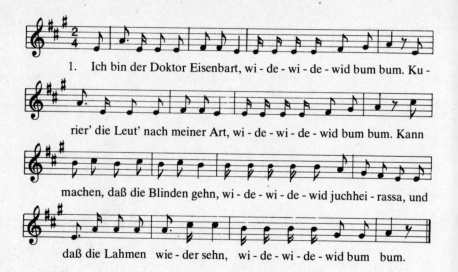

1. Ich bin der Doktor Eisenbart, wi - de - wi - de - wid bum bum. Ku - rier' die Leut' nach meiner Art, wi - de - wi - de - wid bum bum. Kann machen, daß die Blinden gehn, wi - de - wi - de - wid juchhei - rassa, und daß die Lahmen wie - der sehn, wi - de - wi - de - wid bum bum.

2.   Zu Potsdam trepanierte ich
Den Koch des Großen Friederich.
Ich schlug ihn mit dem Beil vorn Kopf,
Gestorben ist der arme Tropf.

3.   Zu Ulm kuriert' ich einen Mann.
Daß ihm das Blut vom Beine rann.
Er wollte gern gekuhpokt sein,
Ich impft's ihm mit dem Bratspieß ein.

4.   Des Küsters Sohn zu Dideldum,
Dem gab ich zehn Pfund Opium.
Drauf schlief er Jahre, Tag und Nacht,
Und ist bis heut noch nicht erwacht.

5.   Zu Wien kuriert' ich einen Mann,
Der hatte einen hohlen Zahn.
Ich schoß ihn raus mit der Pistol',
Ach Gott, wie ist dem Mann so wohl.

6.   Zu Prag, da nahm ich einem Weib
     Zehn Fuder Steine aus dem Leib.
     Der letzte war ihr Leichenstein,
     Sie wird jetzt wohl kurieret sein.

7.   Das ist die Art, wie ich kurier',
     Sie ist probat, ich bürg' dafür.
     Daß jedes Mittel Wirkung tut,
     Schwör' ich bei meinem Doktorhut.

(M und T: Volksgut)

Am Sonntag, da ißt der Meister Bohne

(M und T: Volksgut)

1. Am Sonn - tag, am Sonn - tag, da ißt der Mei - ster Boh - ne, und
was ein je - der hat ge - tan, das will der Meister loh - ne.
Heid - li - dum, was soll das sein? Und lu - stig müss'n wir
Bur - schen sein! Kü – ratsch - jo, Plü – matsch - jo!

2. Am Montag, am Montag,
   Da schlaf' ich bis um viere,
   Da kommt ein lust'ger Spießgesell,
   Da gehen wir zum Biere.

3. Am Dienstag, am Dienstag,
   Da schlaf' ich bis um zehne,
   Und wenn mich dann der Meister weckt,
   Dreh' ich mich um und gähne.

4. Am Mittwoch, am Mittwoch,
   Da ist die Mitt der Wochen,
   Da hat der Meister 's Fleisch verzehrt,
   Behalt' er auch die Knochen!

5. Am Donnerstag, am Donnerstag,
   Da ist es gut zu spaßen,
   Da nehm' ich's schwarzbraun Mägdelein,
   Und geh' mit auf der Gassen.

6. Am Freitag, am Freitag,
   Da kommt's Gewerb zusammen,
   Da ess' ich drin zum Abendbrot
   Die schönste Butterbemmen.

7. Am Sonnabend, am Sonnabend,
   Da ist die Woch' zu Ende,
   Da geh' ich zur Frau Meisterin
   Und hol' mir'n reines Hemde.

Hab' mein'n Wage vollgelade

1. Hab' mein'n Wa-ge voll-ge-la-de, voll mit al-ten Weib-sen. Als wir in die Stadt 'nein-ka-men, hub'n sie an zu kei-fen. Drum lad' ich all mein Le-be-ta-ge nie al-te Weibsen auf mein'n Wa-ge. Hü, Schimmel, hü!

2. Hab' mein'n Wage vollgelade,
   Voll mit Männern alten.
   Als wir in die Stadt 'neinkamen
   Murrten sie und schalten.
   Drum lad' ich all mein Lebetage
   Nie alte Männer auf mein'n Wage.
   Hü, Schimmel, hü!

3. Hab' mein'n Wage vollgelade,
   Voll mit jungen Mädchen.
   Als wir zu dem Tor 'neinkamen,
   Sangen sie durchs Städtchen.
   Drum lad' ich all mein Lebetage
   Nur junge Mädchen auf mein'n Wage.
   Hü, Schimmel, hü!

(M und T: Volkslied aus dem 17. Jahrhundert, ursprünglich aus den Niederlanden, als Fuhrmannslied viel gesungen)

Schwarzbraun ist die Haselnuß

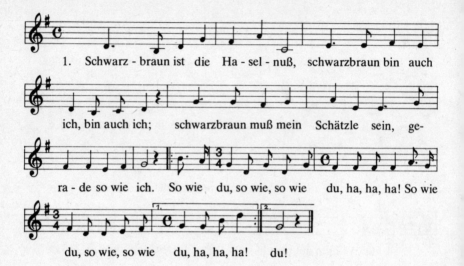

1. Schwarz - braun ist die Ha - sel - nuß, schwarzbraun bin auch
ich, bin auch ich; schwarzbraun muß mein Schätzle sein, ge-
ra - de so wie ich. So wie du, so wie, so wie du, ha, ha, ha! So wie
du, so wie, so wie du, ha, ha, ha! du!

2. 's Madl hat mir a Busserl geben,
   Hat mich schwer gekränkt,
   Hab' ihr's aber wiedergeben,
   Mag ja nichts geschenkt.

3. 's Madl hat nicht Hof noch Haus,
   's Madl hat kein Geld.
   Doch ich geb' es nicht heraus
   Für alles in der Welt.

4. Schwarzbraun ist die Haselnuß,
   Schwarzbraun bin auch ich.
   Wenn ich eine heiraten tu,
   So muß sie sein wie ich.

(M und T: Volksgut)

Wo mag denn nur mein Christian sein

1. Wo mag denn nur mein Christian sein, in Hamburg o - der Bre - men? Bre - men? Schau' ich nur sei - ne Stu - be an, so denk' ich an mein' Chri - sti - an, schau' ich nur sei - ne Stu - be an, so denk' ich an mein' Chri - sti - an.

2. In seiner Stub', da hängt ein Holz,
Damit hat er gedroschen,
Schau' ich mir diesen Flegel an,
So denk' ich an mein' Christian.

3. Auf unserm Hof, da steht ein Klotz,
Darauf hat er gesessen.
Schau' ich nur diesen Holzklotz an,
So denk' ich an mein' Christian.

4. Der Esel, der den Milchkarr'n zog,
Den hat er selbst geführet.
Hör' ich nur diesen Esel schrein,
So fällt mir gleich mein Christian ein.

5. In unserm Stall, da steht 'ne Kuh,
Die hat er oft gemolken.
Schau' ich mir dieses Rindvieh an,
So denk' ich an mein' Christian.

(M und T: Volksgut aus Schleswig-Holstein)

Jetzt fahrn wir übern See

(M und T: Volksgut aus Böhmen)

1. Jetzt fahrn wir übern See, übern See, jetzt fahrn wir übern See, mit ei - ner hölzern' Wur - zel, Wur - zel, Wur - zel, Wur - zel, mit ei - ner hölzern' Wurzel, kein Ruder war nicht dran.

2. Und als wir drüber war'n, drüber war'n,
Und als wir drüber war'n,
Da sangen alle Vöglein,
Vöglein, Vöglein, Vöglein,
Da sangen alle Vöglein,
Der helle Tag brach an.

3. Der Jäger blies ins Horn, ins Horn,
Der Jäger blies ins Horn,
Da bliesen alle Jäger,
Jäger, Jäger, Jäger,
Da bliesen alle Jäger,
Ein jeder in sein Horn.

4. Das Liedlein, das ist aus, ist aus,
Das Liedlein, das ist aus.
Und wer das Lied nicht singen kann,
Singen, singen, singen kann,
Und wer das Lied nicht singen kann,
Der fang's von vorne an!

Was macht der Fuhrmann?

1. Was macht der Fuhr - mann? Der Fuhr - mann spannt den
Wa - gen an, die Pferde ziehn, die Peitsche knallt, daß laut es durch die
Stra - ßen hallt. He, Fuhrmann, he, he, he, hol - la he!

2. Was macht der Fährmann?
   Der Fährmann legt ans Ufer an
   Und denkt: „Ich halt nicht lange still,
   Es komme, wer da kommen will."

3. Da kam der Fuhrmann
   Mit seinem großen Wagen an,
   Der war mit Kisten vollgespickt,
   Daß sich der Fährmann sehr erschrickt.

4. Da sprach der Fährmann:
   „Ich fahr' euch nicht, Gevattersmann,
   Gebt ihr mir nicht aus jeder Kist'
   Ein Stück von dem, was drinnen ist."

5. „Ja", sprach der Fuhrmann.
   Und als sie kamen drüben an,
   Da öffnet er die Kisten geschwind,
   Da war nichts drin als lauter Wind.

6. Schalt da der Fährmann?
   O nein, o nein! Er lachte nur:
   „Aus jeder Kist' ein bißchen Wind,
   Dann fährt mein Schifflein auch geschwind."

(M und T: Volkslied aus Westfalen)

Es geht ein Rundgesang

(M und T: Volksgut)

Es geht ein Rund-ge-sang an un-serm Tisch her-um, vi-di-bum, es geht ein Rund-ge-sang an un-serm Tisch her-um

Drei-mal drei ist neu-ne, ihr wißt ja, wie ich's mei-ne,

drei-mal drei und eins ist zehn, wir wol-len jetzt spa-zie-ren-gehn.

Wenn wir marschieren (Ausmarsch)

1. Wenn wir marschie-ren, ziehn wir zum deutschen Tor hin-aus; schwarzbrau-nes Mä-del, du bleibst zu Haus. Dar-um, mein Mä-del, Mä-del, wink, wink, wink. Un-ter ei-ner grü-nen Lind', Lind', Lind', sitzt ein klei-ner Fink, Fink, Fink, singt nur im-mer: Mä-del, wink!

2. Der Wirt muß borgen,
   Er soll nicht rappelköpfisch sein,
   Sonst kehrn wir morgen
   Beim andern ein.
   Darum, mein Mädel usw.

3. Des Wirtes Töchterlein,
   Die trägt ein blaukariertes Kleid;
   Sie trägt das blaue
   Zum Zeitvertreib.
   Darum, mein Mädel usw.

4. Weg mit den Sorgen,
   Weg mit der Widerwärtigkeit!
   Schwarzbraunes Mädel,
   Du wirst mein Weib.
   Darum, mein Mädel usw.

(M und T: Volksgut)

377

Wie sind mir meine Stiefel geschwoll'n

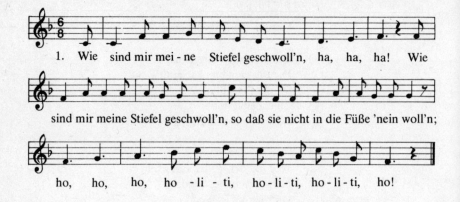

1. Wie sind mir mei - ne Stiefel geschwoll'n, ha, ha, ha! Wie sind mir meine Stiefel geschwoll'n, so daß sie nicht in die Füße 'nein woll'n; ho, ho, ho, ho - li - ti, ho - li - ti, ho - li - ti, ho!

2. Ich nahm die Stiefel und schmierte den Speck
   Und schlug die Eier wohl über den Dreck.

3. Ich macht' den Ofen wohl in das Feuer
   Und schlug die Suppen wohl über die Eier.

4. Ich nahm die Stube und kehrte den Besen,
   Die Mäuse, die haben die Katze gefressen.

5. Es reiten drei Tore zum Reiter hinaus,
   Das Wirtshaus, das schaute zum Fenster heraus.

6. Der Haber, der hat das Pferd verzehrt,
   Drum ist das Lied ganz umgekehrt.

(M und T: Volksgut)

Freut euch des Lebens

(Rundgesang)

1. Freut euch des Le - bens, weil noch das Lämp - chen glüht,
pflük - ket die Ro - se, eh' sie verblüht! Man schafft so gern sich
Sorg' und Müh', sucht Dor - nen auf und fin - det sie und
läßt das Veil - chen un - be - merkt, das uns am We - ge blüht.

2. Freut euch des Lebens,
Wenn scheu die Schöpfung sich verhüllt
Und laut der Donner ob uns brüllt,
So scheint am Abend nach dem Sturm
Die Sonne doch so schön.

3. Freut euch des Lebens,
Wer Redlichkeit und Treue liebt
Und gern dem ärmern Bruder gibt,
Bei dem baut sich Zufriedenheit
So fest ihr Hüttchen auf.

4. Freut euch des Lebens,
Und wenn der Pfad sich furchtbar engt
Und Mißgeschick uns plagt und drängt,
So reicht die Freundschaft schwesterlich
Dem Redlichen die Hand.

5. Freut euch des Lebens,
    Sie trocknet ihm die Tränen ab
    Und streut ihm Blumen in das Grab;
    Sie wandelt Nacht in Dämmerung
    Und Dämmerung in Licht.

6. Freut euch des Lebens,
    Sie ist des Lebens schönstes Band;
    Schlagt, Brüder, traulich Hand in Hand!
    So wallt man froh, so wallt man leicht
    Ins bess're Vaterland.

(M: Hans Georg Nägeli, T: Martin Usteri)

Im Krug zum grünen Kranze

(Brüderschaft)

1. Im Krug zum grü - nen Kran-ze da kehrt' ich dur-stig
ein; da saß ein Wan - drer drin - nen, drin - nen am
Tisch bei küh - lem Wein, da saß ein Wan - drer drin - nen,
drin - nen am Tisch bei kühlem Wein.

2. Ein Glas war eingegossen,
   Das wurde nimmer leer;
   Sein Haupt ruht auf dem Bündel,
   Als wär's ihm viel zu schwer.

3. Ich tät' mich zu ihm setzen,
   Ich sah ihm ins Gesicht;
   Das schien mir gar befreundet,
   Und dennoch kannt' ich's nicht.

4. Da sah auch mir ins Auge
   Der fremde Wandersmann,
   Und füllte meinen Becher
   Und sah mich wieder an.

5. Hei, wie die Becher klangen,
   Wie brannte Hand in Hand!
   „Es lebe die Liebste deine,
   Herzbruder, im Vaterland!"

(M: Volksweise, T: Wilhelm Müller)

ZVM · GRVNEN · KRANZ

Als ich ein Junggeselle war

(Der Tod von Basel)

1. Als ich ein Jung-ge-sel-le war, nahm ich ein stein-alt Weib. Ich hatt' sie kaum drei Ta-ge, Ti - Ta – Ta - ge, da hat's mich schon ge - reut, da hat's mich schon ge - reut.

2. Da ging ich auf den Kirchhof hin
   Und bat den lieben Tod:
   „Ach, lieber Tod von Basel,
   Hol mir meine Alte fort!"

3. Und als ich wieder nach Hause kam,
   Mein' Alte war schon tot.
   Ich spannt' die Ross' vor 'n Wagen
   Und fuhr mein' Alte fort.

4. Und als ich auf den Kirchhof kam,
   Das Grab war schon gemacht.
   „Ihr Träger, tragt fein sachte,
   Daß die Alte nicht erwacht!

5. Scharrt zu, scharrt zu, scharrt immer zu
   Das alte böse Weib!
   Sie hat ihre Lebetage
   Geplagt mein'n jungen Leib."

6. Und als ich wieder nach Hause kam,
   War'n Tisch und Bett zu weit.
   Ich wartete kaum drei Tage
   Und nahm ein junges Weib.

7. Das junge Weiberl, das ich nahm,
   Das schlug mich alle Tag'.
   Ach, lieber Tod von Basel,
   Hätt' ich mein' alte Plag'!

(M und T: Volksgut, seit dem 16. Jahrhundert bekannt)

Mein Hut, der hat drei Ecken

(M: nach einem neapolitanischen Volkslied, T: Volksgut)

Mein Hut, der hat drei Ek-ken, drei Ek-ken hat mein
Hut und hat er nicht drei Ek-ken, dann ist es nicht mein
Hut. Mein Hut, der hat drei Ek-ken, drei
Ek-ken hat mein Hut und hat er nicht drei
Ek-ken, dann ist es auch nicht mein Hut.

Es steht ein Wirtshaus an der Lahn

(Rheinisches Studentenlied)

1. Es steht ein Wirts-haus an der Lahn, da hal-ten al-le Fuhr-leut an. Frau Wir-tin sitzt am O-fen, die Fuhrleut um den Tisch her-um, die Gä-ste sind be-sof-fen.

2. Frau Wirtin hat auch einen Knecht,
   Und was er tut, das ist ihr recht,
   Er tut sie karessieren.
   Des Morgens, wenn er früh aufsteht,
   Kann er kein Glied mehr rühren.

3. Frau Wirtin hat auch eine Magd,
   Die sitzt im Garten und rupft Salat,
   Sie kann es kaum erwarten,
   Bis daß das Glöcklein zwölfe schlägt,
   Da kommen die Soldaten.

4. Und als das Glöcklein zwölfe schlug,
   Da hatte sie noch nicht genug;
   Da fing sie an zu weinen
   Mit Ei, ei, ei und Ach, ach, ach:
   Nun hab' ich wieder keinen!

Im kühlen Keller sitz' ich hier

(Der Trinker)

(M: L. Fischer, T: Karl Müchler)

1. Im küh-len Kel-ler sitz' ich hier auf ei-nem Faß voll Re-ben, bin gu-ten Muts und las-se mir vom Al-ler-be-sten ge-ben. Der Kü-fer holt den He-ber vor, gehorsam meinem Winke, füllt mir das Glas, ich halt's em-por und trin-ke, trin-ke, trin-ke.

2. Mich plagt der Dämon, Durst genannt,
   Und um ihn zu verscheuchen,
   Nehm' ich ein Deckelglas zur Hand
   Und lass' mir Rheinwein reichen.
   Die ganze Welt erscheint mir nun
   In rosenroter Schminke:
   Ich könnte keinem Leides tun –
   Ich trinke, trinke, trinke.

3. Allein mein Durst vermehrt sich nur
   Bei jedem frischen Becher:
   Das ist die leidige Natur
   Der rechten Rheinweinzecher.
   Doch tröst' ich mich, wenn ich zuletzt
   Vom Faß zu Boden sinke:
   Ich habe keine Pflicht verletzt –
   Denn ich, ich trinke, trinke.

Hier sitz' ich auf Rasen (Neuer Vorsatz)

1. Hier sitz' ich auf Ra-sen mit Veil-chen be-kränzt, mit Veil-chen be-kränzt; hier will ich auch trin-ken, hier will ich auch trin-ken, bis lä-chelnd am Him-mel der A-bend-stern glänzt.

(M: aus „Schneiders Commersliedern", Halle, 1801, T: Klamer Schmidt, 1781)

2. Das menschliche Leben eilt schneller dahin
Als Räder am Wagen;
Wer weiß, ob ich morgen am Leben noch bin!

3. Drum will ich mich laben am Wein und am Kuß,
Bis daß ich hinunter
Ins traurige Dunkel der Schattenwelt muß.

4. Drum will ich auch lieben, solang es noch geht.
Bekränzt mich mit Rosen
Und gebt mir ein Mädchen, die 's Küssen versteht!

5. Und wenn uns im Herbste der Sensenmann ruft,
So steigen wir freudig,
So steigen wir freudig vereint in die Gruft.

's ist nichts mit den alten Weibern
(Alte Weiber)

1. 's ist nichts mit den al - ten Wei - bern, bin froh, daß ich kei - ne hab'; lie - ber frei' ich mir'n jun - ges Mä - del, lie - ber frei' ich mir'n junges Mä - del, da ich Freud' dar - an hab'.

2. Miff, Muff, geht es in dem Hause,
   Den ganzen Tag herum;
   Junge Mädel gehn halt grade,
   Alte Weiber gehn krumm.

3. Drum, liebe Junggesellen,
   Freit ja keine Alte nicht!
   Denn ihr müßt sie fein behalten,
   Bis der Tod ihr's Herze bricht.

(M und T: Volksgut)

Bier her!

1. Bier her! Bier her! O - der ich fall' um, juch - he!

Bier her! Bier her! O - der ich fall' um!

Soll das Bier im Kel - ler lie - gen, und ich hier die

Ohnmacht kriegen?

Bier her! Bier her! O - der ich fall' um!

2. Bier her! Bier her! Oder ich fall' um, juchhe!
Bier her! Bier her! Oder ich fall' um!
Wenn ich nicht gleich Bier bekumm,
Schmeiss' ich die ganze Kneipe um! Drum:
Bier her! Bier her! Oder ich fall' um!

(M und T: Volksgut)

Bekränzt mit Laub

(Am Rhein, am Rhein)

1. Bekränzt mit Laub den lieben vol-len Be-cher, und
trinkt ihn fröh-lich leer, und trinkt ihn fröh-lich leer! In ganz Eu-
ro-pi-a, ihr Her-ren Ze-cher, ist solch ein Wein nicht
mehr, ist solch ein Wein nicht mehr, ist solch ein Wein nicht
mehr, ist solch ein Wein nicht mehr.

2. Er kommt nicht her aus Ungarn, noch aus Polen,
Noch wo man franzmänn'sch spricht.
Da mag Sankt Veit, der Ritter, Wein sich holen,
Wir holen ihn da nicht.

3. Ihn bringt das Vaterland aus seiner Fülle;
Wie wär' er sonst so gut!
Wie wär' er sonst so edel, wäre stille,
Und doch voll Kraft und Mut!

4. Er wächst nicht überall im deutschen Reiche,
Und viele Berge, hört,
Sind, wie die weiland Kreter, faule Bäuche,
Und nicht der Stelle wert.

5. Thüringens Berge zum Exempel bringen
Gewächs, sieht aus wie Wein,
Ist's aber nicht, man kann dabei nicht singen,
Dabei nicht fröhlich sein.

6. Im Erzgebirge dürft ihr auch nicht suchen,
   Wenn Wein ihr finden wollt;
   Das bringt nur Silbererz und Kobaltkuchen
   Und etwas Lausegold.

7. Der Blocksberg ist der lange Herr Philister,
   Er macht nur Wind, wie der;
   Drum tanzen auch der Kuckuck und sein Küster
   Auf ihm die Kreuz und Quer.

8. Am Rhein, am Rhein, da wachsen unsre Reben,
   Gesegnet sei der Rhein!
   Da wachsen sie am Ufer hin, und geben
   Uns diesen Labewein.

9. So trinkt, so trinkt, und laßt uns allewege
   Uns freu'n und fröhlich sein!
   Und wüßten wir, wo jemand traurig läge,
   Wir gäben ihm den Wein.

(M: Johann André, T: M. Claudius)

Am Brunnen vor dem Tore

(Der Lindenbaum)

1. Am Brun-nen vor dem To-re, da steht ein Lin-den-
baum; ich träumt' in sei-nem Schat-ten so man-chen sü-ßen
Traum. Ich schnitt in sei-ne Rin-de so man-ches lie-be
Wort; es zog in Freud' und Lei-de zu ihm mich im-mer
fort, zu ihm mich im-mer fort.

2. Ich mußt' auch heute wandern vorbei in tiefer Nacht,
   Da hab' ich noch im Dunkel die Augen zugemacht.
   Und seine Zweige rauschten, als riefen sie mir zu:
   „Komm her zu mir, Geselle! Hier findst du deine Ruh'."

3. Die kalten Winde bliesen mir grad ins Angesicht;
   Der Hut flog mir vom Kopfe — ich wendete mich nicht.
   Nun bin ich manche Stunde entfernt von jenem Ort,
   Und immer hör' ich's rauschen: „Du fändest Ruhe dort!"

(M: Franz Schubert, T: Wilhelm Müller)

Ein Schlosser hat ein'n G'sellen g'habt

(Der Schlosser und sein Gesell)

1. Ein Schlos-ser hat ein'n G'sel-len g'habt, der hat gar lang-sam g'feilt, doch wenn's zum Es-sen gan-gen ist, da hat er grausam g'eilt. Der er-ste in der Schüs-sel drin, der letz-te wie-der drauß; da ist kein Mensch so flei-ßig g'west bei Tisch im gan-zen Haus, da ist kein Mensch so flei-ßig g'west bei Tisch im ganzen Haus.

2. „G'sell", hat einmal der Meister g'sagt,
   „Hör, das versteh' ich net;
   Es ist doch all mein Lebtag g'west,
   So lang ich denk', die Red':
   So wie man arbeit't, ißt man auch.
   Bei dir geht's nimmer so;
   So langsam hat noch keiner g'feilt
   Und ißt so g'schwind wie du."

3. „Ja", sagt der G'sell, „das weiß ich schon,
   Hat alls sein'n guten Grund;
   Das Essen währt halt gar nit lang,
   Die Arbeit vierzehn Stund'.
   Wenn einer müßt' den ganzen Tag
   In ein'm Stück essen fort,
   Würd's auch gar bald so langsam gehn
   Als wie beim Feilen dort."

(M: Volksgut, T: Konrad Grübel)

398

Ich hab' den ganzen Vormittag

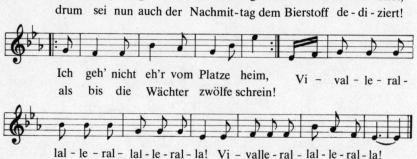

1. Ich hab' den gan - zen Vor - mit-tag in ei - nem fort stu - diert,
drum sei nun auch der Nachmit-tag dem Bierstoff de - di - ziert!

Ich geh' nicht eh'r vom Platze heim, Vi - val - le - ral -
als bis die Wächter zwölfe schrein!

lal - le - ral - lal - le - ral - la! Vi - valle - ral - lal - le - ral - la!

2. Heda, Herr Wirt, so schlepp' er denn mir einen Stiefel bei!
   Es kommt mir vor in meinem Sinn, als ob ich durstig sei.
   Auch dir, mein lieber Freund, sei jetzt
   Ein frischer Schoppen vorgesetzt!

3. Was ist des Lebens höchste Lust? Die Liebe und der Wein.
   Wenn's Liebchen ruht an meiner Brust, dünk' ich mir Fürst zu sein;
   Und bei dem edlen Gerstensaft
   Träum' ich von Kron' und Kaiserschaft.

4. Wer nie der Schönheit Reiz empfand, wer sich nicht freut beim Wein,
   Dem reich' ich nicht als Freund die Hand, mag nicht sein Bruder sein;
   Sein Leben gleicht, wie mir es dünkt, dem Felde,
   Das nur Dornen bringt!

5. Schon oft hab' ich, bei meiner Seel', darüber nachgedacht,
   Wie gut's der Schöpfer dem Kamel und wie bequem gemacht;
   Es trägt ein Faß im Leib daher;
   Wenn nur Champagner drinnen wär'!

6. Herr Wirt, nehm' er das Glas zur Hand und schenk' er wieder ein!
   Schreib' er's nur dort an jene Wand, gepumpet muß es sein!
   Sei er fidel, ich lass' ihm ja
   Mein Cerevis zum Pfande da.

7. Ihr lieben Brüder, sagt mir doch, wo der Verstand mir weilt,
Es kommt mir vor in meinem Sinn, als wär' ich fast bekeilt;
Das Auge lallt, die Nas' ist schwer
Und meine Zunge sieht nicht mehr.

8. O wär's nur alle Tag' wie heut, da wär' mir alles Wurst,
Bleibt mir die Leber nur gescheit; denn die hat immer Durst.
Mein Glas und ich sind immer voll,
Drum guten Morgen! Schlafet wohl!

(M und T: Volksgut/Studentenlied)

Zu Regensburg auf der Kirchturmspitz'

1. Zu Re-gens-burg auf der Kirch-turmspitz', da ka-men die Schneider z'samm, da rit-ten ih-rer neun-zig, ja neun-mal neun-und-neun-zig auf ei-nem Go-ckel-hahn. Wi-de-wi-de-witt dem Zie-gen-bock, meck, meck, meck dem Schnei-der! Wi-de-wi-de-witt dem Zie-gen-bock, meck, meck, meck dem Schnei-der! Juch-hei-ras-sa, juch-hei-sas-sa! Zwirrrrrrrrrn raus! Wer da? Schnei-der meck, meck, meck, Schnei-der meck, meck, meck, Schnei-der meck, meck, meck, juch-hei-ras-sa! Laß die Na-del sau-sen!

2. Und als die Schneider Jahrestag hattn,
   Da waren sie alle froh.
   Da aßen ihrer neunzig,
   Ja neunmal neunundneunzig
   An ein'm gebrat'nen Floh.

3. Und als sie nun gegessen hattn,
   Da waren sie voller Mut.
   Da tranken ihrer neunzig,
   Ja neunmal neunundneunzig
   Aus einem Fingerhut.

4. Und als sie nun getrunken hattn,
   Da kamen sie in die Hitz'.
   Da tanzten ihrer neunzig,
   Ja neunmal neunundneunzig
   Auf einer Nadelspitz'.

5. Und als sie nun getanzet hattn,
   Da gingen sie zur Ruh'.
   Da schliefen ihrer neunzig,
   Ja neunmal neunundneunzig
   Auf einem Halmen Stroh.

6. Und als sie nun im Schlafe warn,
   Da raschelt' eine Maus.
   Da schlüpften ihrer neunzig,
   Ja neunmal neunundneunzig
   Zum Schlüsselloch hinaus.

(M und T: Volksgut)

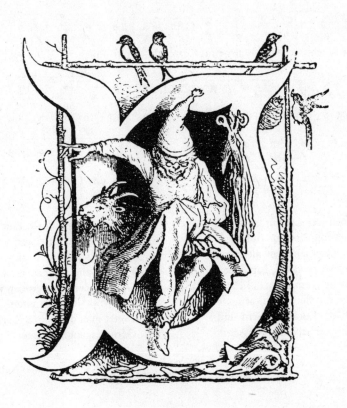

403

Gold und Silber

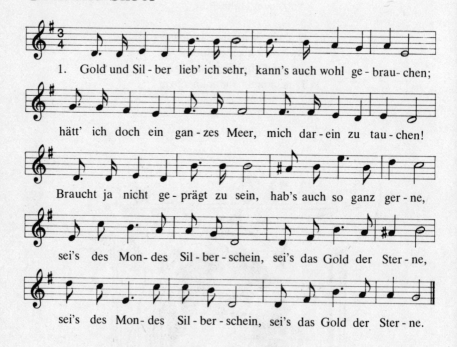

1. Gold und Sil - ber lieb' ich sehr, kann's auch wohl ge - brau - chen;

hätt' ich doch ein gan - zes Meer, mich dar - ein zu tau - chen!

Braucht ja nicht ge - prägt zu sein, hab's auch so ganz ger - ne,

sei's des Mon - des Sil - ber - schein, sei's das Gold der Ster - ne,

sei's des Mon - des Sil - ber - schein, sei's das Gold der Ster - ne.

2. Doch viel schöner ist das Gold,
Das vom Lockenköpfchen
Meines Liebchens niederrollt
In zwei blonden Zöpfchen.
Darum komm, mein liebes Kind,
Laß uns herzen, küssen,
Eh' die Locken silbern sind,
Und wir scheiden müssen.

3. Seht, wie blinkt der goldne Wein
Hier in meinem Becher,
Horcht, wie klingt so silberrein
Froher Sang der Zecher!
Daß die Zeit einst golden war,
Wer wollt' das bestreiten,
Denkt man doch im Silberhaar,
Gern vergangner Zeiten.

(M: F. H. Truhn, T: A. Schnezler)

Rundgesang und Gerstensaft

1. Rund-ge-sang und Ger-sten-saft lie-ben wir ja al-le,
dar-um trinkt mit Ju-gendkraft schäu-men-de Po-ka-le!

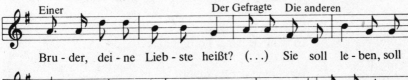

Einer   Der Gefragte   Die anderen

Bru-der, dei-ne Lieb-ste heißt? (...) Sie soll le-ben, soll

le-ben, soll le-ben! Tau-send Küsse soll sie dir dut-zend-wei-se

ge-ben, ge-ben, ja ge-ben! (...) le-be hoch!

2. Lichtenhain und Ammerbach
Und die Rasenmühle
Sind die Orte, wo man mag
Sich gemütlich fühle!

3. Nürnberg, Augsburg, München
Liefern braune Brühe,
Diesen Stoff zu tilgen
Kost' uns nicht viel Mühe.

4. Auch in Leipzig an der Pleiß'
Gibt es gute Gose,
Ist sie auch so gelblich-weiß,
Schmeckt wie Wein mit Soße.

(Studentenlied)

Was kommt dort von der Höh'?

(Beim Fuchsritt zu singen)

1. Was kommt dort von der Höh', was kommt dort von der Höh', was kommt dort von der le - der - nen Höh', ça ça le - der - nen Höh', was kommt dort von der Höh'?

2. Es ist ein Postillion,
   Es ist ein lederner Postillion, . . .

3. Was bringt der Postillion,
   Was bringt der lederne Postillion? . . .

4. Er bringt 'nen Fuchsen mit,
   Er bringt 'nen ledernen Fuchsen mit, . . .

5. „Ihr Diener, meine Herrn!
   Ihr Diener, meine hochzuverehrenden Herrn, . . .“

6. Was macht der Herr Papa?
   Was macht der lederne Herr Papa? . . .

7. „Er liest im Kikero,
   Er liest im ledernen Kikero, . . .“

8. Was macht die Frau Mama?
   Was macht die lederne Frau Mama? . . .

9. „Sie fängt dem Papa Flöh'
   Sie fängt dem ledernen Papa Flöh'! . . .“

10. Was macht die Mamsell Sœur?
    Was macht die lederne Mamsell Sœur? . . .

11. „Sie strickt dem Papa Strümpf',
    Sie strickt dem Papa lederne Strümpf'! . . .“

12. Was macht der Herr Rektor?
    Was macht der lederne Herr Rektor? . . .

13. „Er prügelt seine Bub'n!
    Er prügelt seine ledernen Bub'n! . . .

14. Raucht auch der Fuchs Tabak?
    Raucht auch der lederne Fuchs Tabak? . . .

15. „Ein wenig, meine Herrn,
    Ein wenig, meine hochzuverehrenden Herrn! . . .“

16. So steck' er sich eins an,
    So steck' er sich ein ledernes an, . . .

17. „Ach, ach, es wird mir weh,
    Ach, ach, es wird mir ledern weh, . . .“

18. So brech' er sich mal aus,
    So brech' er sich mal ledern aus, . . .

19. „Jetzt ist mir wieder wohl,
    Jetzt ist mir wieder ledern wohl, . . .“

20. So wird der Fuchs ein Bursch,
    So wird der lederne Fuchs ein Bursch, . . .

(Studentenlied)

O alte Burschenherrlichkeit

1. O al-te Bur-schen-herr-lich-keit, wo-hin bist du ent-

schwun-den? Nie kehrst du wie-der, gold-ne Zeit, so

froh und un — ge-bun-den! Ver-ge-bens spä-he

ich um-her, ich fin-de dei-ne Spur nicht mehr. O

je-rum, je-rum, je-rum o quæ mu-ta-tio re-rum!

2. Den Burschenhut bedeckt der Staub,
   Es sank der Flaus in Trümmer,
   Der Schläger ward des Rostes Raub,
   Erblichen ist sein Schimmer.
   Verklungen der Kommersgesang,
   Verhallt Rapier- und Sporenklang.

3. Wo sind die, die vom breiten Stein
   Nicht wankten und nicht wichen,
   Die ohne Moos bei Scherz und Wein
   Den Herrn der Erde glichen?
   Sie zogen mit gesenktem Blick
   In das Philisterland zurück.

4. Da schreibt mit finsterm Amtsgesicht
   Der eine Relationen,
   Der andre seufzt beim Unterricht,
   Und der macht Rezensionen;
   Der schilt die sünd'ge Seele aus,
   Und der flickt ihr verfall'nes Haus.

5. Allein das rechte Burschenherz
   Kann nimmermehr erkalten,
   Im Ernste wird, wie hier im Scherz,
   Der rechte Sinn stets walten;
   Die alte Schale nur ist fern,
   Geblieben ist uns doch der Kern,
   Und den laßt fest uns halten,
   Und den laßt fest uns halten!

6. Drum, Freunde, reichet euch die Hand,
   Damit es sich erneue,
   Der alten Freundschaft heil'ges Band,
   Das alte Band der Treue.
   Stoßt an und hebt die Gläser hoch,
   Die alten Burschen leben noch,
   Noch lebt die alte Treue,
   Noch lebt die alte Treue!

(Studentenlied)

409

Ihren Schäfer zu erwarten

(Phyllis und die Mutter)

1. Ih - ren Schä - fer zu er - war - ten, tral - le - ra - li, ti - ral - le - ra - la, schlich sich Phyl - lis in den Gar - ten, tral - le - ral - li, ti - ral - le - ra - la! In dem dun - keln Myr - ten - hain schlief das lo - se Mäd - chen ein. Tral - le - ra - li, ti - ral - le - ra - la, ti - ral - le - ra - li, ti - ral - le - ra - la!

2. Ihre Mutter kam ganz leise,
Nach der alten Mütterweise,
Nachgeschlichen, o wie fein,
Fand das Mädchen ganz allein.

3. Ihrem Schlummer halb entrissen,
Von den zarten Mutterküssen,
Rief das Mädchen: „Ach, Damöt,
Warum kommst du heut so spät?"

4. „Ei, so hast du mich belogen?
Deine Unschuld ist betrogen,
Ihm zur Schmach und dir zur Pein
Sperr' ich dich ins Kloster ein!"

5. „Kloster ist nicht mein Verlangen,
Bist ja selbst nicht 'neingegangen,
Und wenn's allen so sollt' gehn,
Möcht' ich mal die Klöster sehn!"

(M und T: Volksgut)

Draußen auf grüniger Heide

(M und T: Volksgut)

1. Drau-ßen auf grü - ni - ger Hei - de, da steht ein schöner Birnbaum, schöner Birnbaum trägt Laub. Was ist denn an sel - bi - gem Baum? Ein wunder - schö - ner Ast. Ast an dem Baum, Baum in der Erd'; draußen auf grü - ni - ger Hei - de, da steht ein schöner Birn - baum, schö - ner Birn - baum trägt Laub!

2. Draußen auf grüniger Heide, da steht ein schöner Birnbaum,
   Schöner Birnbaum trägt Laub.
   Was ist denn an selbigem Ast?
   Ein wunderschöner Zweig.
   Zweig an dem Ast, Ast an dem Baum, Baum in der Erd';
   Draußen auf . . .

3. Draußen auf grüniger Heide, da steht ein schöner Birnbaum,
   Schöner Birnbaum trägt Laub.
   Was ist denn an selbigem Zweig?
   Ein wunderschönes Nest.
   Nest an dem Zweig, Zweig an dem Ast, Ast an dem Baum, Baum in der Erd';
   Draußen auf . . .

4. Draußen auf grüniger Heide, da steht ein schöner Birnbaum,
   Schöner Birnbaum trägt Laub.
   Was ist denn in selbigem Nest?
   Ein wunderschöner Vogel.
   Vogel in dem Nest, Nest an dem Zweig, Zweig an dem Ast, Ast an dem Baum,
   Baum in der Erd';
   Draußen auf . . .

5. Draußen auf grüniger Heide, da steht ein schöner Birnbaum,
   Schöner Birnbaum trägt Laub.
   Was ist denn an selbigem Vogel?
   Eine wunderschöne Feder.
   Feder an dem Vogel, Vogel in dem Nest, Nest an dem Zweig, Zweig an dem Ast,
   Ast an dem Baum, Baum in der Erd';
   Draußen auf . . .

6. Draußen auf grüniger Heide, da steht ein schöner Birnbaum,
   Schöner Birnbaum trägt Laub.
   Was wird denn aus selbiger Feder?
   Ein wunderschönes Bett.
   Bett von der Feder, Feder von dem Vogel, Vogel in dem Nest, Nest an dem
   Zweig, Zweig an dem Ast, Ast an dem Baum, Baum in der Erd';
   Draußen auf . . .

7. Draußen auf grüniger Heide, da steht ein schöner Birnbaum,
   Schöner Birnbaum trägt Laub.
   Was ist denn in selbigem Bett?
   Ein wunderschönes Kind!
   Kind in dem Bett, Bett von der Feder, Feder von dem Vogel, Vogel in dem
   Nest, Nest an dem Zweig, Zweig an dem Ast, Ast an dem Baum, Baum in
   der Erd'!
   Draußen auf grüniger Heide, da steht ein schöner Birnbaum,
   Schöner Birnbaum trägt Laub!

Es zogen drei Burschen wohl über den Rhein
(Der Wirtin Töchterlein)

1. Es zo - gen drei Bur - schen wohl ü - ber den Rhein, bei
ei - ner Frau Wir - tin, da kehr - ten sie ein, bei
ei - ner Frau Wir - tin, da kehr - ten sie ein.

2. „Frau Wirtin, hat sie gut Bier und Wein?
   Wo hat sie ihr schönes Töcherlein?"

3. „Mein Bier und Wein ist frisch und klar;
   Mein Töchterlein liegt auf der Totenbahr'!"

4. Und als sie traten zur Kammer hinein,
   Da lag sie in einem schwarzen Schrein.

5. Der erste, der schlug den Schleier zurück
   Und schaute sie an mit traurigem Blick:

6. „Ach, lebtest du noch, du schöne Maid!
   Ich würde dich lieben von dieser Zeit!"

7. Der zweite deckte den Schleier zu
   Und kehrte sich ab und weinte dazu:

8. „Ach, daß du liegst auf der Totenbahr'!
   Ich hab' dich geliebet so manches Jahr!"

9. Der dritte hub ihn wieder sogleich
   Und küßte sie auf den Mund so bleich:

10. „Dich lieb' ich immer, dich lieb' ich noch heut'
    Und werde dich lieben in Ewigkeit!"

(M: Volksweise, T: Ludwig Uhland)

Hier sind wir versammelt

1. Hier sind wir ver-sam-melt zu löb-li-chem Tun, drum Brü-der-chen: Er-go bi-ba-mus! Die Glä-ser, sie klin-gen, Ge-sprä-che, sie ruhn, be-her-zi-get: Er-go bi-ba-mus! Das heißt noch ein al-tes, ein tüch-ti-ges Wort: es pas-set zum er-sten und pas-set so fort und schal-let, ein E-cho, vom fest-li-chen Ort, ein herr-li-ches Er-go bi-ba-mus, ein herr-li-ches Er-go bi-ba-mus!

2. Ich hatte mein freundliches Liebchen gesehn,
Da dacht' ich mir: Ergo bibamus,
Und nahte mich freundlich; da ließ sie mich stehn.
Ich half mir und dachte: Bibamus.
Und wenn sie versöhnet euch herzet und küßt,
Und wenn ihr das Herzen und Küssen vermißt,
So bleibet nur, bis ihr was Besseres wißt,
Beim tröstlichen: Ergo bibamus!

3. Mich ruft mein Geschick von den Freunden hinweg;
   Ihr Redlichen: Ergo bibamus!
   Ich scheide von hinnen mit leichtem Gepäck;
   Drum doppeltes: Ergo bibamus!
   Und was auch der Filz von dem Leibe sich schmorgt,
   So bleibt für den Heitern doch immer gesorgt,
   Weil immer dem Frohen der Fröhliche borgt;
   Drum Brüderchen: Ergo bibamus!

4. Was sollen wir sagen zum heutigen Tag!
   Ich dächte nur: Ergo bibamus!
   Er ist nun einmal von besonderem Schlag,
   Drum immer aufs neue: Bibamus!
   Er führet die Freude durchs offene Tor,
   Es glänzen die Wolken, es teilt sich der Flor,
   Da scheint uns ein Bildchen, ein göttliches, vor;
   Wir klingen und singen: Bibamus!

(M: K. Eberwein, T: J. W. von Goethe)

417

Wenn ich einmal der Herrgott wär'

1. Wenn ich ein-mal der Herr-gott wär', mein er-stes wä-re das: ich näh-me mei-ne Allmacht her und schüf' ein gro-ßes Faß, ein Faß so groß als wie die Welt, ein Meer göss' ich hin-ein, von ei-nem bis zum an-dern Belt voll Rü-des-hei-mer Wein, von ei-nem bis zum an-dern Belt voll Rü-des-hei-mer Wein.

2. Wenn ich einmal der Herrgott wär',
    Mein zweites wäre das:
    Ich nähme meine Allmacht her
    Und schüf' ein großes Glas,
    Ein Glas so hoch bis an den Mond
    Und wie die Erde rund,
    Daß auch des Trinken sich's verlohnt,
    Nähm' ich es an den Mund.

3. Und hätt' ich nach so manchem Tag
    Das Faß so rein gefegt,
    Daß sich bei noch so starkem Schlag
    Kein Tröpfchen mehr drin regt,
    Dann würf' ich auf die Knie mich
    Und fing' laut an zu schrein:
    „Laß mich, o Gott, ich bitte dich,
    Noch einmal Herrgott sein!"

(M: Karl Binder, T: Eduard Amthor)

Im schwarzen Walfisch zu Askalon

1. Im schwar-zen Wal-fisch zu As-ka-lon, da trank ein. Mann drei Tag', bis daß er steif wie'n Be-sen-stiel am Mar-mor-ti-sche lag, bis daß er steif wie'n Be-sen-stiel am Marmor-ti-sche lag.

2. Im schwarzen Walfisch zu Askalon
Da sprach der Wirt: „Halt an!
Der trinkt von meinem Dattelsaft
Mehr, als er zahlen kann."

3. Im schwarzen Walfisch zu Askalon
Da bracht' der Kellner Schar
In Keilschrift auf sechs Ziegelstein'
Dem Gast die Rechnung dar.

4. Im schwarzen Walfisch zu Askalon
Da sprach der Gast: „O weh!
Mein bares Geld ging alles drauf
Im Lamm zu Ninive!"

5. Im schwarzen Walfisch zu Askalon
Da schlug die Uhr halb vier,
Da warf der Hausknecht aus Nubierland
Den Fremden vor die Tür.

6. Im schwarzen Walfisch zu Askalon
Wird kein Prophet geehrt,
Und wer vergnügt dort leben will,
Zahlt bar, was er verzehrt.

7. Im schwarzen Walfisch zu Askalon
Da schlug die Uhr halb neun,
Da warf der Hausknecht aus Nubierland
Den Fremden wieder rein.

(M: Volksweise, T: Jos. V. von Scheffel)

419

Von der Alpe ragt ein Haus

(Auf der Alm, da gibt's koa Sünd')

1. Von der Al-pe ragt ein Haus nied-lich ü-bers Tal hin-aus, drin-nen wohnt mit fro-hem Sinn ei-ne schö-ne Sen-ne-rin. Senn-rin singt so man-ches Lied, wenn durchs Tal der Ne-bel zieht. Horch, es klingt durch Luft und Wind: Auf der Alm, auf der Alm, auf der Alm, da gibt's koa Sünd', auf der Alm, auf der Alm, auf der Alm, da gibt's koa Sünd'!

2. Als ich jüngst auf steilem Pfad
Ihrem Paradies genaht,
Trat sie flink zu mir heraus,
Bot zur Herberg' mir ihr Haus.
Fragt' nit lang: „Was tust allhier?"
Sondern setzte sich zu mir,
Sang ein Liedchen weich und lind:
Auf der Alm, da gibt's koa Sünd'!

3. Und als ich dann von ihr schied,
Klang von fern mir noch ihr Lied,
Und zugleich mit Schmerz und Lust
Trug ich's bei mir unbewußt.
Und seitdem, wo ich nur bin,
Schwebt mir vor die Sennerin,
Hör' sie rufen: Komm geschwind,
Auf der Alm, da gibt's koa Sünd'!

(M: Volksweise, T: J. N. Vogl)

Wo man singet, laß dich ruhig nieder
(Der Gesang)

1. Wo man sin - get, laß dich ru - hig nie - der, oh - ne Furcht was man im Lan - de glaubt; wo man sin - get, wird kein Mensch be - raubt, bö - se Men - schen ha - ben kei - ne Lie - der.

2. Mit Gesange weiht dem schönen Leben
   Jede Mutter ihren Liebling ein,
   Trägt ihn lächelnd in den Maienhain,
   Ihm das erste Wiegenlied zu geben.

3. Mit Gesange eilet in dem Lenze
   Rasch der Knabe von des Meisters Hand,
   Und die Schwester flicht am Wiesenrand
   Mit Gesang dem Gaukler Blumenkränze.

4. Mit Gesange spricht des Jünglings Lieb',
   Was in Worten unaussprechlich war,
   Und der Freundin Herz wird offenbar
   Im Gesange, den kein Dichter schrieb.

5. Männer hangen an der Jungfrau Blicken;
   Aber wenn ein himmlischer Gesang
   Seelenvoll der Zauberin gelang,
   Strömt aus ihrem Strahlenkreis Entzücken.

6. Mit dem Liede, das die Weisen sangen,
   Sitzen Greise froh vor ihrer Tür,
   Fürchten weder Lanzen noch Visier;
   Vor dem Liede beben die Tyrannen.

7. Mit dem Liede greift der Mann zum Schwerte,
   Wenn es Freiheit gilt und Fug und Recht,
   Steht und trotzt dem eisernen Geschlecht
   Und begräbt sich dann im eignen Werte.

8. Wenn der Becher mit dem Traubenblute
   Unter Rosen unsre Stunden kürzt,
   Und die Weisheit unsre Freude würzt,
   Macht ein Lied den Wein zum Göttergute.

9. Des Gesanges Seelenleitung bringet
   Jede Last der Arbeit schneller heim,
   Mächtig vorwärts geht der Tugend Keim;
   Weh dem Lande, wo man nicht mehr singet!

(M: Volksgut, T: Johann Gottfried Seume)

Vetter Michel

1. Ge-stern a-bend war Vet-ter Mi – chel hier, ge-stern a-bend war Vet-ter Mi – chel da, Vet-ter Mi-chel war ge-stern a-bend hier, ge-stern a-bend war er da! Der ein' sprach nein, der an-dre ja, Vet-ter Mi-chel sprach wohl nein und ja! Vet-ter Mi-chel war ge-stern a-bend hier, gestern a-bend war er da.

2. Gestern abend war Vetter Michel hier,
   Gestern abend war er da;
   Der Vater saß am Herd und brummt',
   Vetter Michel aber kummt;
   Vetter Michel mit dem Beutel klingt,
   Vetter Michel lacht, Vetter Michel singt,
   Vetter Michel war gestern abend hier,
   Gestern abend war er da.

3. Die Mutter saß an ihrem Rad,
   Vetter Michel in die Stube trat;
   Er schwatzte her, er schwatzte hin,
   Das war der Frau nach ihrem Sinn.

4. Die Brüder kamen all' herbei,
   Vetter Michel sprach da mancherlei;
   Dem war's das Pferd, dem war's der Hund:
   Vetter Michel es mit allem kunnt'.

5. Vetter Michel war wohl gestern hie,
   Er stieß das Mädel an das Knie;
   Das Mädel lacht, das Mädel schreit,
   Vetter Michel ist es, der da freit.

(M und T: Volksgut aus Mecklenburg)

Wer niemals einen Rausch gehabt

1. Wer nie - mals ei - nen Rausch ge - habt, der
Wer sei - nen Durst mit Ach - teln labt, fang'

ist kein bra - ver Mann, der ist kein bra - ver Mann.
lie - ber gar nicht an, fang' lie - ber gar nicht an!

Da dreht sich al - les um und um in un - serm Ka - pi -

to - li - um, in un - serm Ka - pi - to - - - li - - - um. ——

2. Ein jeder Trinker lebe hoch,
   Der bei dem vollen Glas
   Schon oft der Arbeit hartes Joch,
   Des Lebens Müh' vergaß!
   Wer dich verschmäht, du edler Wein,
   Der ist nicht wert, ein Mensch zu sein!

3. Wenn rein wie Gold das Rebenblut
   In unsern Gläsern blinkt,
   Sich jeder Zecher wohlgemut
   Ein kleines Räuschchen trinkt:
   Dann scheint die Welt mit ihrer Pracht
   Für muntre Trinker nur gemacht.

4. Drum trink' ich, weil ich trinken kann
   Und mir das Weinchen schmeckt,
   So lange, bis der Sensenmann
   Ins kühle Grab mich streckt.
   Denn endet sich mein Lebenslauf,
   So hört von selbst das Trinken auf.

(M: Wenzel Müller, T: Joachim Perinet)

Mein Lebenslauf ist Lieb' und Lust

1. Mein Le-bens-lauf ist Lieb' und Lust und lau-ter Lie-der-klang; ein fri-scher Mut in heit-rer Brust macht fro-hen Le-bens-gang. Man geht berg-aus, man geht berg-ein, heut grad und mor-gen krumm, durch Sor-gen wird's nicht an-ders sein: was kümmr' ich mich dar-um! Hei-da! Juch-he! Was kümmr' ich mich dar-um! Hei-da! Juch-he! Was kümmr' ich mich dar-um!

2. Das Leben wird, der Traube gleich,
   Gekeltert und gepreßt,
   So gibt es Most, wird freudenreich
   Und feiert manches Fest.
   Drum zag' ich nicht, engt mir die Brust
   Des Schicksals Unmut ein:
   Bald braus' ich auf in Lieb' und Lust
   Und werde reiner Wein!
   Heida! Juchhe! Und werde reiner Wein!

3. Die Zeit ist schlecht,
   Mit Sorgen trägt sich schon das junge Blut,
   Doch wo ein Herz voll Freude schlägt,
   Da ist die Zeit noch gut.
   Herein, herein, du lieber Gast,
   Du, Freude komm zum Mahl,
   Würz uns, was du bescheret hast,
   Kredenze den Pokal!
   Heida! Juchhe!
   Kredenze den Pokal!

4. Beim großen Faß zu Heidelberg,
   Da sitze der Senat,
   Und auf dem Schloß Johannisberg
   Der hochwohlweise Rat.
   Der Herrn Minister Regiment
   Soll beim Burgunderwein,
   Der Kriegsrat und das Parlament
   Soll beim Champagner sein.
   Heida! Juchhe!
   Soll beim Champagner sein.

5. So sind die Rollen ausgeteilt
   Und alles wohl bestellt;
   So wird die kranke Zeit geheilt
   Und jung die alte Welt.
   Der Traube Saft kühlt heiße Glut,
   Drum leb' das neue Reich!
   Ein Zechermut, ein wahrer Mut:
   Der Wein macht alles gleich.
   Heida! Juchhe!
   Der Wein macht alles gleich!

(M: Volksgut, T: A. Mahlmann)

Wenn der Topf aber nun ein Loch hat

1. „Wenn der Topf a-ber nun ein Loch hat, lie-ber Hein-rich, lie-ber Hein-rich?" „Stopf es zu, lie-be, lie-be Lie-se, lie-be Lie-se, stopf's zu!"

2. „Womit soll ich's aber zustopfen, lieber Heinrich, . . .?"
   „Mit Stroh, liebe, liebe Liese, liebe Liese, mit Stroh!"

3. „Wenn das Stroh aber nun zu lang ist, lieber . . .?"
   „Hau es ab, liebe, liebe Liese, liebe Liese, hau 's ab!"

4. „Womit soll ich's aber abhauen, lieber . . .?"
   „Mit dem Beil, liebe, liebe Liese, liebe Liese, mit 'm Beil!"

5. „Wenn das Beil aber nun zu stumpf ist, lieber . . .?"
   „Mach es scharf, liebe, liebe Liese, liebe Liese, mach 's scharf!"

6. „Womit soll ich's aber scharf machen, lieber . . .?"
   „Mit dem Stein, liebe, liebe Liese, liebe Liese, mit 'm Stein!"

7. „Wenn der Stein aber nun zu trocken ist, lieber . . .?"
   „Mach ihn naß, liebe, liebe Liese, liebe Liese, mach 'n naß!"

8. „Womit soll ich'n aber naß machen, lieber . . .?"
   „Mit dem Wasser, liebe, liebe Liese, liebe Liese, mit 'm Wasser!"

9. „Womit soll ich denn das Wasser holen, lieber . . .?"
   „Mit dem Topf, liebe, liebe Liese, liebe Liese, mit 'm Topf!"

10. „Wenn der Topf aber nun ein Loch hat, lieber Heinrich, lieber Heinrich?"
    „Laß es sein, dumme, dumme Liese, dumme Liese, laß 's sein!"

(M und T: Volksgut)

Ich hab' mein' Sach' auf nichts gestellt

(Vanitas, vanitatum vanitas)

(M: L. Spohr, T: J. W. von Goethe)

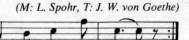

1. Ich hab' mein' Sach' auf nichts ge - stellt; juch - he!
Drum ist's so wohl mir in der Welt, juch - he!

Und wer will mein Kame - ra - de sein, der sto - ße mit an, der

stim - me mit ein bei die - ser Nei - ge Wein!

2. Ich stellt' mein' Sach' auf Geld und Gut, juchhe!
Darüber verlor ich Freud' und Mut, o weh!
Die Münze rollte hier und dort,
Und hascht' ich sie an einem Ort,
Am andern war sie fort.

3. Auf Weiber stellt' ich nun mein' Sach', juchhe!
Daher mir kam viel Ungemach, o weh!
Die Falsche sucht' sich ein ander Teil,
Die Treue macht' mir Langeweil',
Die Beste war nicht feil.

4. Ich stellt' mein' Sach' auf Reis' und Fahrt, juchhe!
Und ließ meine Vaterlandesart, o weh!
Und mir behagt' es nirgends recht,
Die Kost war fremd, das Bett war schlecht,
Niemand verstand mich recht.

5. Ich stellt' mein' Sach' auf Ruhm und Ehr', juchhe!
Und sieh, gleich hatt' ein andrer mehr, o weh!
Wie ich mich hatt' hervorgetan,
Da sahen die Leute scheel mich an,
Hatt' keinem recht getan.

6. Ich setzt' mein' Sach' auf Kampf und Krieg, juchhe!
   Und uns gelang so mancher Sieg, juchhe!
   Wir zogen in Feindes Land hinein,
   Dem Freunde sollt's nicht viel besser sein,
   Und ich verlor ein Bein.

7. Nun hab' ich mein' Sach' auf nichts gestellt, juchhe!
   Und mein gehört die ganze Welt, juchhe!
   Zu Ende geht nun Sang und Schmaus.
   Nur trinkt mir alle Neigen aus;
   Die letzte muß heraus!

Brüder, lagert euch im Kreise

1. Brü - der, la - gert euch im Krei - se, trinkt nach al - ter Vä - ter Wei - se, leert die Glä - ser und schwenkt die Hü - te auf der gold - nen Frei - heit Wohl!

2. Flur, wo wir als Knaben spielten,
   Ahnung künft'ger Taten fühlten,
   Süßer Traum der Kinderjahre,
   Kehr noch einmal uns zurück!

3. Brüdern, die vor vielen Jahren
   Unsers Bundes Glieder waren,
   Die der Bund stets liebt und ehret,
   Sei ein schäumend Glas geweiht!

4. Weil uns noch die Gläser blinken,
   Laßt sie nicht vergebens winken,
   Leert sie, Freunde, schwenkt die Hüte
   Auf der goldnen Freiheit Wohl!

(M und T: Volksgut)

Gestern, Brüder, könnt ihr's glauben
(Der Tod)

1. Gestern, Brü - der, könnt ihr's glau - ben, ge - stern bei dem Saft der Trau - ben, stellt euch mein Ent - set - zen für, ge - stern kam der Tod zu mir, ——— hopp, hopp, hopp! Vi - val - le - ral - le - ra! Vi - val - le - ral - le - ral - le - ral - le - ral - le - ra.

436

2. Drohend schwang er seine Hippe;
   Drohend sprach das Furchtgerippe:
   „Fort von hier, du Bacchusknecht!
   Fort, du hast genug gezecht!"

3. „Lieber Tod", sprach ich mit Tränen,
   „Solltest du nach mir dich sehnen?
   Siehe, da steht Wein für dich!
   Lieber Tod, verschone mich!"

4. Lächelnd griff er nach dem Glase,
   Lächelnd trank er's auf der Base,
   Auf der Pest Gesundheit leer;
   Lächelnd stellt' er's wieder her.

5. Fröhlich glaubt' ich mich befreiet,
   Als er schnell sein Droh'n erneuet:
   „Narr, für einen Tropfen Wein
   Denkst du meiner los zu sein?"

6. „Tod", bat ich, „ich möcht' auf Erden,
   Gern ein Mediziner werden.
   Laß mich; ich verspreche dir
   Meine Kranken halb dafür!"

7. „Gut, wenn das ist, magst du leben",
   Sprach er, „nur sei mir ergeben.
   Lebe, bis du satt geküßt
   Und des Trinkens müde bist!"

8. Oh, wie schön klingt das den Ohren.
   Tod, du hast mich neu geboren!
   Dieses Glas voll Rebensaft,
   Tod, auf gute Brüderschaft!

9. Ewig soll ich also leben,
   Ewig denn, beim Gott der Reben!
   Ewig soll mich Lieb' und Wein,
   Ewig Wein und Lieb' erfreun!

(M: Volksgut, T: Gotthold Ephraim Lessing)

Grad aus dem Wirtshaus

1. Grad aus dem Wirtshaus da komm' ich heraus, Stra - ße, wie wun - der - lich siehst du mir
aus; rech - ter Hand, lin - ker Hand, bei - des ver-
tauscht; Straße, ich merk' es wohl, du bist be - rauscht.

2. Was für ein schief Gesicht, Mond, machst denn du?
Ein Auge hat er auf, eins hat er zu.
Du wirst betrunken sein, das seh' ich hell:
Schäme dich, schäme dich, alter Gesell!

3. Und die Laternen erst, was muß ich sehn!
Die können alle nicht grade mehr stehn:
Wackeln und fackeln die Kreuz und die Quer:
Schienen betrunken mir allesamt schwer.

4. Alles im Sturme rings, großes und klein;
Wag' ich darunter mich, nüchtern allein?
Das scheint bedenklich mir, ein Wagestück, –
Da geh' ich lieber ins Wirtshaus zurück.

(M: Volksweise/Tanzlied, T: Heinrich von Mühler)

438

Schön ist die Jugend

(M und T: Volksgut)

1. Schön ist die Ju - gend bei fro - hen Zei-ten, schön ist die Ju - gend, sie kommt nicht mehr. Drum sag' ich's noch ein - mal: Schön sind die Jugend-jahr', schön ist die Ju - gend, sie kommt nicht mehr.

2. Es blühen Rosen, es blühen Nelken,
   Es blühen Blumen, sie welken ab.
   Drum sag' ich's noch einmal usw.

3. Es blüht ein Weinstock, und der trägt Reben,
   Und aus den Reben quillt edler Wein.
   Drum sag' ich's noch einmal usw.

So geht es im Schnützelputz-Häusel

(M und T: Volksgut)

1. So geht es im Schnützelputz- Häu - sel: da sin - gen und tanzen die
Mäu - sel, da bel - len die Schnecken im Häu - sel. Im
Schnützelputz-Häu - sel, da geht es sehr toll: da sau - fen die
Ti- sche und Bän-ke sich voll, Pan - tof - feln un-ter dem Bet - te.

2. Es saßen zwei Ochsen im Storchennest,
Die hatten einander gar lieblich getröst'
Und wollten die Eier ausbrüten.

3. Es zogen zwei Störche wohl auf die Wacht,
Die hatten ihr Sache gar wohl bedacht
Mit ihren großmächtigen Spießen.

4. Ich wüßte der Dinge noch mehr zu sagen,
Die sich im Schnützelputz-Häusel zutragen,
Gar lächerlich über die Maßen.

441

Ein Heller und ein Batzen

1. Ein Hel - ler und ein Bat - zen, die wa - ren bei - de mein, ja mein. Der Hel - ler ward zu Was - ser, der Bat - zen ward zu Wein, ja Wein; der Hel - ler ward zu Was - ser, der Bat - zen ward zu Wein. Hei - di hei - do hei - da, hei - di hei - do hei - da, hei - di hei - do hei - da, ha ha ha ha ha ha ha, - di, hei - do hei - da!

2. Die Mädel und die Wirtsleut',
Die rufen beid': o weh!
Die Wirtsleut', wenn ich komme,
Die Mädel, wenn ich geh'.
Juchheidi usw.

3. Mein' Stiefel sind zerrissen,
Mein' Schuh', die sind entzwei,
Und draußen auf der Heiden,
Da singt der Vogel frei.
Juchheidi usw.

4. Und gäb's kein Landstraß' nirgend,
Da säß ich still zu Haus;
Und gäb's kein Loch im Fasse,
Da tränk' ich gar nicht draus.
Juchheidi usw.

5. War das nicht eine Freude,
Als mich der Herrgott schuf?
'n Kerl wie Samt und Seide,
Nur schade, daß er suff.
Juchheidi usw.

(M: Volksgut, T: Albert Graf Schlippenbach)

Ein lust'ger Musikante marschierte am Nil

(Lob der edlen Musika)

1. Ein lust'-ger Mu-si - kan - te mar- schier- te am Nil, o
Da kroch aus dem Was - ser ein gro - ßer Kro-ko-dil,
tem – po – ra, o mo – res! Der
wollt' ihn gar ver-schlucken, wer weiß, wie das ge-
schah?. Juch - hei - ras - sas - sa! o tem - po - tem - po – ra!
Ge - lo - bet seist du je-der-zeit, Frau Mu – si – ka!

2. Da nahm der Musikante seine alte Geigen,
   O tempora, o mores!
   Und tät mit seinem Bogen fein darüber streichen,
   O tempora, o mores!
   Allegro, dolce, presto, wer weiß usw.

3. Und wie der Musikante den ersten Strich getan,
   O tempora, o mores!
   Da fing der Krokodile gar schön zu tanzen an,
   O tempora, o mores!
   Menuett, Galopp und Walzer, wer weiß usw.

4. Er tanzte wohl im Sande im Kreise herum,
   O tempora, o mores!
   Und tanzte sieben alte Pyramiden um;
   O tempora, o mores!
   Denn sie sind lange wacklicht, wer weiß usw.

5. Und als die Pyramiden das Teufelsvieh erschlagen,
   O tempora, o mores!
   Da ging er in ein Wirtshaus und sorgt' für seinen Magen,
   O tempora, o mores!
   Tokaierwein, Burgunderwein, wer weiß usw.

6. Eine Musikantenkehle, die ist als wie ein Loch,
   O tempora, o mores!
   Und hat er noch nicht aufgehört, so trinkt er heute noch,
   O tempora, o mores!
   Und wir, wir trinken mit ihm: Wer weiß usw.

(M: Volksgut, T: Emanuel Geibel)

Brüder, reicht die Hand zum Bunde

(M: Wolfgang Amadeus Mozart, T: Verfasser unbekannt)

1. Brü - der, reicht die Hand zum Bun - de! Die - se
schö - ne Freundschafts - stun - de führ' uns hin zu
lich - ten Höhn! Laßt, was ir - disch ist, ent -
flie - hen, uns - rer Freundschaft Har - mo - ni - en dau - ern
e - wig fest und schön, dau - ern e - wig
fest und schön.

2. Preis und Dank dem Weltenmeister,
Der die Herzen, der die Geister
Für ein ewig Wirken schuf!
Licht und Recht und Tugend schaffen
Durch der Wahrheit heil'ge Waffen,
Sei uns heiliger Beruf.

3. Ihr auf diesem Stern die Besten,
Brüder all in Ost und Westen,
Wie im Süden und im Nord:
„Wahrheit suchen, Tugend üben,
Gott und Menschen herzlich lieben!"
Das sei unser Losungswort.

Hab' oft im Kreise der Lieben

1. Hab' oft im Krei-se der Lie-ben in duf-ti-gem Gra-se ge-ruht und mir ein Lied-lein ge-sun--gen und mir ein Lied-lein ge-sun---gen, und al-les, al-les war wie-der gut.

2. Hab' einsam auch mich gehärmet
   In bangem, düsterem Mut
   Und habe wieder gesungen,
   Und alles, alles war wieder gut.

3. Sollst uns nicht lange klagen,
   Was alles dir wehe tut!
   Nur frisch, nur frisch gesungen,
   Und alles, alles wird wieder gut.

(M: Friedrich Silcher,
T: Adelbert von Chamisso)

Wohlauf noch getrunken

(Wanderlied)

1. Wohl - auf noch ge - trun - ken den fun - keln - den Wein!
A - de nun, ihr Lie - ben, ge - schie - den muß sein.
A - de nun, ihr Ber - ge, du vä - ter - lich Haus! Es
treibt in die Fer - ne mich mäch - tig hin - aus. A -
de nun, ihr Ber - ge, du vä - ter - lich Haus! Es
treibt in die Fer - ne mich mäch - tig hin - aus. hin -
aus. — Ju - vi - val - le - ra, ju - vi - val - le - ra, ju - vi -
val - le - ral - le - ral - le - ra! Ju - vi - val - le - ra, ju - vi -
val - le - ra, ju - vi - val - le - ral - le - ral - le - ra!

2. Die Sonne, sie bleibet am Himmel nicht stehn;
Es treibt sie, durch Länder und Meere zu gehn.
Die Woge nicht haftet am einsamen Strand;
Die Stürme, sie brausen mit Macht durch das Land.

3. Mit eilenden Wolken der Vogel dort zieht
   Und singt in der Ferne ein heimatlich Lied.
   So treibt es den Burschen durch Wälder und Feld,
   Zu gleichen der Mutter, der wandernden Welt.

4. Da grüßen ihn Vögel, bekannt überm Meer,
   Sie flogen von Fluren der Heimat hieher;
   Da duften die Blumen vertraulich um ihn,
   Sie trieben vom Lande die Lüfte dahin.

5. Die Vögel, die kennen sein väterlich Haus,
   Die Blumen einst pflanzt' er der Liebe zum Strauß;
   Und Liebe, die folgt ihm, sie geht ihm zur Hand:
   So wird ihm zur Heimat das ferneste Land.

(M: Volksgut, T: Justinus Kerner)

Bei einem Wirte wundermild

1. Bei ei - nem Wir - te wun-der-mild, da war ich jüngst zu Ga - ste, ein gold - ner Ap -fel war sein Schild an ei – nem lan - gen A - ste.

2. Es war der gute Apfelbaum,
   Bei dem ich eingekehret;
   Mit süßer Kost und frischem Schaum
   Hat er mich wohl genähret.

3. Es kamen in sein grünes Haus
   Viel leichtbeschwingte Gäste,
   Sie sprangen frei und hielten Schmaus
   Und sangen auf das beste.

4. Ich fand ein Bett zu süßer Ruh'
   Auf weichen grünen Matten.
   Der Wirt, der deckte selbst mich zu
   Mit seinem kühlen Schatten.

5. Nun fragt' ich nach der Schuldigkeit,
   Da schüttelt' er den Wipfel.
   Gesegnet sei er allezeit
   Von der Wurzel bis zum Gipfel.

(M: Joseph Gersbach, T: Ludwig Uhland)

Mit Geigen zum Reigen

Ringel, Ringel, Reihe

(M und T: Volksgut)

1. Rin - gel, Rin - gel, Rei - he, sind der Kin - der drei - e,

sit- zen un-term Hol-ler-busch, schrei-en al-le „Husch, husch, husch."

2. Ringel, Rangel, Rosen,
   Schöne Aprikosen,
   Veilchen und Vergißmeinnicht.
   Alle Kinder setzen sich.

Hänsel und Gretel

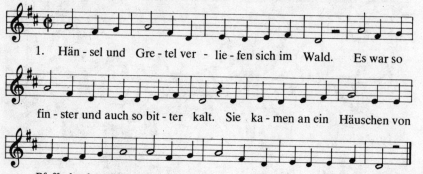

1. Hän - sel und Gre - tel ver - lie - fen sich im Wald. Es war so
fin - ster und auch so bit - ter kalt. Sie ka - men an ein Häuschen von
Pfefferkuchen fein: Wer mag der Herr wohl von diesem Häuschen sein?

2. Hu, hu, da schaut eine alte Hexe raus!
   Lockte die Kinder ins Pfefferkuchenhaus.
   Sie stellte sich gar freundlich,
   O Hänsel, welche Not!
   Ihn wollt' sie braten im Ofen braun wie Brot.

3. Doch als die Hexe zum Ofen schaut hinein,
   Ward sie gestoßen von Hans und Gretelein.
   Die Hexe mußte braten,
   Die Kinder gehn nach Haus.
   Nun ist das Märchen von Hans und Gretel aus.

(M und T: Volksgut)

Alleweil ein wenig lustig

1. Al - le - weil ein we - nig lu - stig, al - le - weil ein wenig dur - stig,

al - le - weil ein we - nig Geld im Sack,   all - zeit so so.
al - le - weil ein we - nig Schnupftabak,

Man re - de, was man will, ich a - ber schweig' fein still,

al - le - weil ein we - nig Geld im Sack,   all - zeit so so.
al - le - weil ein we - nig Schnupftabak,

2. Alleweil ein wenig lustig,
Alleweil ein wenig durstig,
Alleweil ein gutes bayrisch Bier,
Alleweil ein schönes Kind bei mir,
Allzeit so so.
Man rede, was man will,
Ich aber schweig' fein still,
Alleweil ein gutes bayrisch Bier,
Alleweil ein schönes Kind bei mir,
Allzeit so so.

3. Alleweil ein wenig Buß g'tan,
Alleweil noch mal gefangen an,
Alleweil ein wenig 'n Tod betracht',
Alleweil ein wenig wieder g'lacht,
Allzeit so so!
Es ist Zeit über Zeit;
Morgen g'wiß und nicht heut',
Will ich, potz Sapperment,
Machen ein End'.
Aber, was denk' ich doch,
Morgen doch muß ich noch
Alleweil ein wenig trinken Wein,
Alleweil ein wenig trunken sein,
Allzeit so so!

(M und T: Valentin Rathgeber, Augsburger Tafelkonfekt, 1733)

Schwesterlein, Schwesterlein, wann gehn wir nach Haus
(Der letzte Tanz)

1. Schwe - ster - lein, Schwester - lein, wann gehn wir nach Haus? „Morgen, wenn die Häh - ne krähn, woll'n wir nach Hau - se gehn, Brüder - lein, Brü - der - lein, drauf gehn wir nach Haus."

2. Schwesterlein, Schwesterlein,
Wann gehn wir nach Haus?
„Morgen, wenn der Tag anbricht,
Eh' endet die Freude nicht,
Brüderlein, Brüderlein,
Der fröhliche Braus."

3. Schwesterlein, Schwesterlein,
Wohl ist es nun Zeit!
„Mein Liebster tanzt mit mir.
Geh ich, tanzt er mit ihr.
Brüderlein, Brüderlein,
Laß du mich heut!"

4. Schwesterlein, Schwesterlein,
Was bist du so blaß?
„Das macht der Morgenschein
Auf meinen Wängelein,
Brüderlein, Brüderlein,
Die vom Taue naß."

5. Schwesterlein, Schwesterlein,
Du wankest so matt?
„Suche die Kammertür,
Suche mein Bettlein mir!
Brüderlein, es wird fein
Unterm Rasen sein."

(M und T: Anton Wilhelm Florentin von Zuccalmaglio)

Heißa, Kathreinerle

1. Hei - ßa, Ka - threi - ner - le, schnür dir die Schuh',
Schürz dir dein Rök - ke - le, gönn dir kein' Ruh'.

Didl, dudl, dadl, schrumm, schrumm, schrumm, geht schon der

Hop - ser rum. Hei - ßa, Ka - threi - ner - le, frisch im - mer - zu!

2. Dreh wie ein Rädele
Flink dich im Tanz!
Fliegen die Zöpfele,
Wirbelt der Kranz.
Didl, dudl, dadl,
Schrumm, schrumm, schrumm,
Lustig im Kreis herum.
Dreh dich, mein Mädel,
Im festlichen Glanz!

3. Heute heißt's lustig sein,
Morgen ist's aus!
Sinket der Lichterschein,
Gehn wir nach Haus.
Didl, dudl, dadl,
Schrumm, schrumm, schrumm.
Morgen mit viel Gebrumm
Fegt die Frau Wirtin
Den Tanzboden aus.

(M: nach einer alten deutschen Pfeiferweise aus dem Elsaß, T: Volksgut)

Laßt doch der Jugend ihren Lauf

1. Laßt doch der Jugend, der Jugend, der Jugend ihren Lauf! Laßt doch der

Jugend, der Jugend ih - ren Lauf! Hüb - sche Mädel wachsen

im - mer wie - der auf, laßt doch der Jugend ih - ren Lauf!

Tanz mit der Dorl, walz mit der Dorl, bis nach Schweinau mit der Dorl,

tanz mit der Dorl, walz mit der Dorl bis nach Schweinau!

2. Warum soll'n wir uns des Lebens,
Des Lebens nicht erfreun,
Warum soll'n wir uns
Des Lebens nicht freun?
Bei Tanz und Flötenspiel
Hat man der Freuden viel.

3. Nur noch ein'n Walzer, ein'n Walzer
Zu guter, guter Letzt,
Nur noch ein'n Walzer,
Ein'n Walzer zuletzt!
Seht nur, wie hübsch und nett
Mein Schatz die Füßchen dreht!

(M und T: Volksgut)

Rosestock, Holderblüh

(Oberschwäbisches Tanzliedchen)

1. Ro - se - stock, Hol - der - blüh, wann i mei Dirn - derl sieh,

lacht mer vor lau - ter Freud' 's Her - zerl im Leib. La la la,

la la la, la la la, la la la la la, la la la,

la la la, la la la la!

2. G'sichterl wie Milch und Blut,
   's Dirnderl is gar so gut,
   Um und um dockerlnett:
   Wenn i's no hätt'!

3. Armerl so kugelrund,
   Lippe so frisch und g'sund,
   Füßerl so hurtig g'schwind;
   's tanzt wie der Wind.

4. Wenn i ins dunkelblau,
   Funkelhell Äugerl schau,
   Mein i, i schau in mei
   Himmelreich nei.

(M und T: Volksgut aus Schwaben)

Beim Kronenwirt

1. Beim Kro-nen-wirt, da ist heut Ju-bel und Tanz, hei di-del-dei, di-del-dum. Die Kath-rin trägt heut ih-ren hei-li-gen Kranz, hei di-del-dei, di-del-dum. Die Mu-sik, die spielt, und all's ju-belt und lacht, die Knö-del, die damp-fen, der Kro-nen-wirt lacht. Hei di-del ha ha ha ha, hei di-del ha ha ha ha, hei di-del ha ha ha ha, hei di-del-dum!

2. Der Krischan, der hat beim Herrn Pfarrer sein Platz,
Und rot wie der Mohn blüht die Kathrin, sein Schatz.
Er sieht nach der Uhr, und es ist erst halb vier,
Bis sieben Uhr bleiben die Brautleute hier.

3. Der Lehrer, der hält eine feurige Red',
Er weiß, daß es ohne die Red' gar net geht.
Und weil er beim Mesnern und Läuten dabei,
So schafft er für zwei, doch er frißt auch für drei.

4. Auf einmal wird's still, denn der Hans bläst an Tusch,
   Das Brautpaar ist plötzlich verschwunden, husch, husch.
   Die Mädel, die blicken verlegen und dumm,
   Mit am Jauchzer da schwenken die Burschen sie rum.

5. Die Nacht ist so lau, und der Mond scheint so klar,
   Noch einmal jetzt schreiten zum Tanzen die Paar'.
   Vom Tanze erdröhnet das uralte Haus,
   Beim Kronenwirt geht nun das Lämpeli aus.

(M: nach einem badischen Tanzlied, T: Heinrich Binder)

Hopsa, Schwabenliesel

(Schwäbischer Tanz)

1. Hop - sa, Schwaben - lie - sel, dreh dich rum und tanz a bis - sel!
Hop - sa, Schwa - ben - lie - sel, dreh dich rum und tanz!
Hop - sa, Lie - se - gre - tel, dreh dich rum, tanz nach der Fie - del;
hop - sa, Lie - se - gre - tel, lupf den Fuß und tanz.

2. Hopsa, hüben, drüben,
Wo ist denn mein Schatz geblieben?
Hopsa, hüben, drüben,
Ach, wo blieb mein Schatz?
Hopsa, Liesegretel,
Tanz mir nicht mit Nachbars Peter!
Hopsa, Liesegretel,
Komm und tanz mit mir!

3. Hopsa, Schwabenliesel,
Dreh dich rum und tanz a bissel!
Hopsa, Schwabenliesel,
Dreh dich rum und tanz!
Hopsa, Liesegretel,
Dreh dich rum, tanz nach der Fiedel!
Hopsa, Liesegretel,
Lupf den Fuß und tanz!

(M und T: Volksgut; 2. Strophe von Max Pohl)

Ich bin ein Musikante

Einer Ich bin ein Mu - si - kan - te und komm' aus Schwaben - land.

Alle Wir sind ja Mu - si - kanten und komm'n aus Schwaben - land.

Einer Ich kann spielen, **Alle** wir kön - nen spie - len **Einer** auf der Gei - ge,

Alle auf der Gei - ge: **Einer** (Bei Wiederholung alle) fi - del dei dei dei fi - del dei dei dei fi - del

dei dei dei fi - del dei dei dei.

auf der Trompete: tä täterä

auf der Flöte: (pfeifen)

auf der Trommel: terem tem tem

auf der Klarinette: tü tüterü

auf der Posaune: posaune hin, posaune her

auf der Pauke: bum bumberum

auf der Gitarre: zim zim zerim

(M und T: Volksgut)

468

Taler, Taler, du mußt wandern

Ta - ler, Ta - ler, du mußt wan - dern von der ei - nen
Hand zur an - dern. Das ist schön, das ist schön,
Ta - ler, laß dich nur nicht sehn!

(M und T: Volksgut)

Es tanzt ein Bi - Ba - Butzemann

Es tanzt ein Bi - Ba - But - ze - mann, in un - serm Haus her -
um, fi - di - bum, um. Er rüt - telt sich, er
schüt - telt sich, er wirft sein Säck - lein hin - ter sich. Es
tanzt ein Bi - Ba - But - ze - mann in un - serm Haus her - um.

(M und T: Volksgut)

471

Die Tiroler sind lustig

1. Die Ti - ro - ler sind lu - stig, die Ti - ro - ler sind froh, sie ver-
kau - fen ihr Bett - zeug und schla - fen auf Stroh.
Ru - di - ru - di rul - lal - la rul - lal - la, rul - lal - la.
Ru - di - ru - di rul - lal - la rul - lal - lal - la.

2. Die Tiroler sind lustig,
   Die Tiroler sind froh,
   Sie nehmen ein Weibchen
   Und tanzen dazu.

3. Erst dreht sich das Weibchen,
   Dann dreht sich der Mann,
   Dann tanzen sie beide
   Und fassen sich an.

(M und T: Volksgut)

Dornröschen war ein schönes Kind

(Dornröschen)

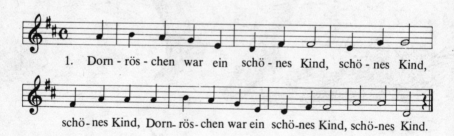

1. Dorn - rös - chen war ein schö - nes Kind, schö - nes Kind, schö-nes Kind, Dorn- rös- chen war ein schö-nes Kind, schö-nes Kind.

2. Dornröschen, nimm dich ja in acht,
   Ja in acht, ja in acht,
   Dornröschen, nimm dich ja in acht,
   Vor einer bösen Fee!

3. Da kam die böse Fee herein,
   Fee herein, Fee herein,
   Da kam die böse Fee herein,
   Und sprach zu ihr:

4. „Dornröschen, schlafe hundert Jahr',
   Hundert Jahr', hundert Jahr',
   Dornröschen, schlafe hundert Jahr',
   Hundert Jahr'!"

5. Und eine Hecke riesengroß,
   Riesengroß, riesengroß,
   Und eine Hecke riesengroß,
   Wuchs um das Schloß.

6. Da kam ein junger Königssohn,
   Königssohn, Königssohn,
   Da kam ein junger Königssohn,
   Und sprach zu ihr:

7. „Dornröschen, wache wieder auf,
   Wieder auf, wieder auf,
   Dornröschen, wache wieder auf,
   Wieder auf!"

8. Da feierten sie ein großes Fest,
   Großes Fest, großes Fest,
   Da feierten sie ein großes Fest,
   Das Hochzeitsfest.

9. Da jubelte das ganze Volk,
   Ganze Volk, ganze Volk,
   Da jubelte das ganze Volk,
   Ganze Volk.

(Volkstümliches Spiellied)

Brüderchen, komm tanz mit mir

1. Brü-der-chen, komm tanz mit mir! Bei-de Hän-de reich' ich dir.

Ein - mal hin, ein - mal her, rund - her - um, das ist nicht schwer.

2. Mit den Händchen klapp, klapp, klapp,
   Mit den Füßchen trapp, trapp, trapp!
   Einmal hin, einmal her,
   Rundherum, das ist nicht schwer.

3. Mit dem Köpfchen nick, nick, nick,
   Mit dem Fingerchen tick, tick, tick!
   Einmal hin, einmal her,
   Rundherum, das ist nicht schwer.

*(M und T: aus Engelbert Humperdincks Märchenoper „Hänsel und Gretel",
als Volksgut schon vorher bekannt)*

Gut'n Abend euch allen

1. Gut'n A - bend, gut'n A - bend euch al - len hier bei -
samm! Gut'n A - bend, gut'n A - bend euch al - len hier bei -
samm! Ihr Män - ner und Frau - en, ihr Bur - schen und Mäd - chen, hei,
lu - stig soll's wer - den, ich spiel' euch eins auf! Streich
zu auf der Fi - del, den Wal - zer spiel uns auf. Streich auf.
Tra la la la la la la la la, tra la la la la la la la la,
tra la la la la la la la la la la la la!

2. Was war das, was war das,
Was du uns jetzt gespielt,
Was war das, was war das,
Was du uns jetzt gespielt?
Wie kann man bei Lärmen
Und Toben und Schreien
Den Walzer hier spielen
Zum fröhlichen Reih'n?

3. Ei Steffen, ei Steffen,
   Die Polka kann ich nicht,
   Ei Steffen, ei Steffen,
   Die Polka kann ich nicht!
   Da sitz' ich viel lieber
   Und tu' mir vertellen
   Mit mein' lieben Schwestern
   'n paar olle Kamelln.

(M und T: Volksgut)

479

Zeigt her eure Füßchen

1. Zeigt her eu-re Füß-chen, zeigt her eu-re Schuh' und se-het den flei-ßi-gen Wasch-frau-en zu. Sie wa-schen, sie wa-schen, sie waschen den gan-zen Tag, sie wa-schen, sie wa-schen, sie waschen den gan-zen Tag.

2. Zeigt her eure Füßchen,
   Zeigt her eure Schuh',
   Und sehet den fleißigen Waschfrauen zu.
   Sie wringen, sie wringen,
   Sie wringen den ganzen Tag,
   Sie wringen, sie wringen,
   Sie wringen den ganzen Tag.

3. Zeigt her eure Füßchen,
   Zeigt her eure Schuh',
   Und sehet den fleißigen Waschfrauen zu.
   Sie hängen, sie hängen,
   Sie hängen den ganzen Tag,
   Sie hängen, sie hängen,
   Sie hängen den ganzen Tag.

4. Zeigt her eure Füßchen,
   Zeigt her eure Schuh',
   Und sehet den fleißigen Waschfrauen zu.
   Sie legen, sie legen,
   Sie legen den ganzen Tag,
   Sie legen, sie legen,
   Sie legen den ganzen Tag.

5. Zeigt her eure Füßchen,
   Zeigt her eure Schuh',
   Und sehet den fleißigen Waschfrauen zu.
   Sie plätten, sie plätten,
   Sie plätten den ganzen Tag,
   Sie plätten, sie plätten,
   Sie plätten den ganzen Tag.

6. Zeigt her eure Füßchen,
   Zeigt her eure Schuh',
   Und sehet den fleißigen Waschfrauen zu.
   Sie tanzen, sie tanzen,
   Sie tanzen den ganzen Tag,
   Sie tanzen, sie tanzen,
   Sie tanzen den ganzen Tag.

7. Zeigt her eure Füßchen,
   Zeigt her eure Schuh',
   Und sehet den fleißigen Waschfrauen zu.
   Sie ruhen, sie ruhen,
   Sie ruhen den ganzen Tag,
   Sie ruhen, sie ruhen,
   Sie ruhen den ganzen Tag.

(Volkstümliches Spiellied, hier in der Fassung von Albert Methfessel)

Fürs Vaterland
mit Herz und Hand

Ich hatt' einen Kameraden
(Der gute Kamerad)

(M: Friedrich Silcher, T: Ludwig Uhland)

1. Ich hatt' ei-nen Ka-me-ra-den, ei-nen bes-sern find'st du nit. Die Trom-mel schlug zum Strei-te, er ging an mei-ner Sei-te in gleichem Schritt und Tritt, in glei-chem Schritt und Tritt.

2. Eine Kugel kam geflogen:
Gilt's mir oder gilt es dir?
Ihn hat es weggerissen;
Er liegt mir vor den Füßen,
Als wär's ein Stück von mir.

3. Will mir die Hand noch reichen,
Derweil ich eben lad'.
Kann dir die Hand nicht geben;
Bleib du im ew'gen Leben
Mein guter Kamerad!

Stimmt an mit hellem, hohem Klang

(Des Vaterlandes Hochgesang)

1. Stimmt an mit hel - lem, ho - hem Klang, stimmt
an das Lied der Lie - der, des Va - ter - lan - des
Hoch - ge - sang, das Wald - tal hall' ihn wi - der.

2. Der alten Barden Vaterland,
   Dem Vaterland der Treue,
   Dir, freies unbezwungnes Land,
   Dir weihn wir uns aufs neue.

3. Zur Ahnentugend wir uns weihn,
   Zum Schutze deiner Hütten;
   Wir lieben deutsches Fröhlichsein
   Und alte deutsche Sitten.

4. Die Barden sollen Lieb' und Wein,
   Doch öfter Tugend preisen
   Und sollen biedre Männer sein
   In Taten und in Weisen.

5. Ihr Kraftgesang soll himmelan
   Mit Ungestüm sich reißen,
   Und jeder echte deutsche Mann
   Soll Freund und Bruder heißen.

(M: A. Methfessel, T: Matthias Claudius)

Was glänzt dort vom Walde

(Lützows wilde, verwegene Jagd)

1. Was glänzt dort vom Wal-de im Son-nenschein? Hör's nä-her und nä-her brau-sen. Es zieht sich her-un-ter in dü-ste-ren Reih'n, und gel-len-de Hör-ner schal-len da-rein, er-fül-len die See-le mit Grau-sen! Und wenn ihr die schwarzen Ge-sel-len fragt: das ist, das ist Lüt-zows wil-de, ver-we-ge-ne Jagd, das ist Lüt-zows wil-de, ver-we-ge-ne Jagd!

2. Was zieht dort rasch durch den finstern Wald
    Und streift von Bergen zu Bergen?
    Es legt sich in nächtlichen Hinterhalt,
    Das Hurra jauchzt und die Büchse knallt,
    Es fallen die fränkischen Schergen.
    Und wenn ihr die schwarzen Jäger fragt:
    Das ist Lützows wilde, verwegene Jagd.

3. Wo die Reben dort glühen, dort braust der Rhein,
    Der Wütrich geborgen sich meinte;
    Da naht es schnell mit Gewitterschein,
    Und wirft sich mit rüstgen Armen hinein,
    Und springet ans Ufer der Feinde.
    Und wenn ihr die schwarzen Schwimmer fragt:
    Das ist, das ist Lützows wilde, verwegene Jagd.

4. Was braust dort im Tale die laute Schlacht,
    Was schlagen die Schwerter zusammen?
    Wildherzige Reiter schlagen die Schlacht,
    Und der Funke der Freiheit ist glühend erwacht
    Und lodert in blutigen Flammen.
    Und wenn ihr die schwarzen Reiter fragt:
    Das ist Lützows wilde, verwegene Jagd.

5. Wer scheidet dort röchelnd vom Sonnenlicht,
    Unter winselnde Feinde gebettet?
    Es zuckt der Tod auf dem Angesicht,
    Doch die wackern Herzen erzittern nicht,
    Das Vaterland ist ja gerettet.
    Und wenn ihr die schwarzen Gefallnen fragt:
    Das war Lützows wilde, verwegene Jagd.

6. Die wilde Jagd und die deutsche Jagd
    Auf Henkersblut und Tyrannen!
    Drum, die ihr uns liebt, nicht geweint und geklagt!
    Das Land ist ja frei und der Morgen tagt,
    Wenn wir's auch nur sterbend gewannen.
    Und von Enkeln zu Enkeln sei's nachgesagt:
    Das war Lützows wilde, verwegene Jagd.

(M: Carl Maria von Weber, T: Theodor Körner)

Es leben die Soldaten

(Soldatenleben)

(M: Volksweise, T: Clemens von Brentano)

1. Es le-ben die Sol-da-ten so recht von Got-tes Gna-den: der Him-mel ist ihr Zelt, ihr Tisch das grü-ne Feld. Tra-la-la-la juch-hei, tra-la-la-la, ihr Tisch das grü-ne Feld.

2. Ihr Bette ist der Rasen;
Trompeten müssen blasen
Guten Morgen, gute Nacht,
Daß man mit Lust erwacht.

3. Die Sterne haben Stunden,
Die Sterne haben Runden
Und werden abgelöst:
Drum, Schildwacht, sei getröst't!

4. Wir richten mit dem Schwerte:
Der Leib gehört der Erde,
Die Seel' dem Himmelszelt,
Der Rock bleibt in der Welt.

5. Wer fällt, der bleibet liegen,
Wer steht, der kann noch siegen,
Wer übrig bleibt, hat recht,
Und wer entflieht, ist schlecht.

6. Zum Hassen oder Lieben
Ist alle Welt getrieben,
Es bleibet keine Wahl:
Der Teufel ist neutral.

7. Bedienet uns ein Bauer,
So schmeckt der Wein fast sauer,
Doch ist's ein schöner Schatz,
So kriegt sie einen Schmatz.

Wer will unter die Soldaten

1. Wer will un - ter die Sol - da - ten, der muß

ha - ben ein Ge-wehr, der muß haben ein Gewehr, das muß er mit Pulver

la - den und mit ei - ner Ku - gel schwer. Büblein,

wirst du ein Rekrut, merk dir die - ses Liedchen gut, hopp, hopp,

hopp, hopp, hopp, hopp, Pferdchen lauf, lauf Ga - lopp! Büblein,

wirst du ein Rekrut, merk dir die - ses Liedchen gut, Pferdchen

munter, munter, munter lauf Ga - lopp hopp, hopp,

hopp, hopp, hopp, hopp, lauf Ga - lopp!

2. Der muß an der linken Seite
Ein' scharfen Säbel han,
Daß er, wenn die Feinde streiten,
Schießen und auch fechten kann.
Büblein, wirst du ein Rekrut usw.

3. Einen Gaul zum Galoppieren
    Und von Silber auch zwei Sporn',
    Zaum und Zügel zum Regieren,
    Wenn er Sprünge macht im Zorn.
    Büblein, wirst du ein Rekrut usw.

4. Einen Schnurrbart an der Nasen,
    Auf dem Kopfe einen Helm,
    Sonst, wenn die Trompeten blasen,
    Ist er nur ein armer Schelm.
    Büblein, wirst du ein Rekrut usw.

5. Doch vor allem muß Courage
    Haben jeder, jeder Held,
    Sonst ereilt ihn die Blamage,
    Zieht er ohne sie ins Feld.
    Büblein, wirst du ein Rekrut usw.

(M: F. W. Kücken, T: Friedrich Güll)

491

Freiheit, die ich meine

1. Frei-heit, die ich mei-ne, die mein Herz er-füllt, komm mit dei-nem Schei-ne, sü-ßes En-gels-bild! Magst du nie dich zei-gen der be-dräng-ten Welt, füh-rest dei-nen Rei-gen nur am Ster-nen-zelt?

2. Auch bei grünen Bäumen
In dem lust'gen Wald
Unter Blütenträumen
Ist dein Aufenthalt.
Ach! das ist ein Leben,
Wenn es weht und klingt,
Wenn dein stilles Weben
Wonnig uns durchdringt.

3. Wo sich Gottes Flamme
In ein Herz gesenkt,
Das am alten Stamme
Treu und liebend hängt;
Wo sich Männer finden,
Die für Ehr' und Recht
Mutig sich verbinden,
Weilt ein frei Geschlecht.

4. Hinter dunkeln Wällen,
Hinter eh'rnem Tor
Kann das Herz noch schwellen
Zu dem Licht empor,
Für die Kirchenhallen,
Für der Väter Gruft,
Für die Liebsten fallen,
Wenn die Freiheit ruft.

5. Das ist rechtes Glühen,
Frisch und rosenrot:
Heldenwangen blühen
Schöner auf im Tod.
Wollest auf uns lenken
Gottes Lieb und Lust.
Wollest gern dich senken,
In die deutsche Brust.

6. Freiheit, die ich meine,
   Die mein Herz erfüllt,
   Komm mit deinem Scheine,
   Süßes Engelsbild!
   Freiheit, holdes Wesen,
   Gläubig, kühn und zart,
   Hast ja lang erlesen
   Dir die deutsche Art.

(M: Karl Groos, T: Max von Schenkendorf)

Der Gott, der Eisen wachsen ließ
(Vaterlandslied)

1. Der Gott, der Ei-sen wach-sen ließ, der woll-te kei-ne Knech-te; drum gab er Sä-bel, Schwert und Spieß dem Mann in sei-ne Rech-te, drum gab er ihm den küh-nen Mut, den Zorn der frei-en Re-de, daß er be-stän-de bis aufs Blut, bis in den Tod die Feh-de.

2. So wollen wir, was Gott gewollt,
   Mit rechter Treue halten
   Und nimmer im Tyrannensold
   Die Menschenschädel spalten.
   Doch wer für Tand und Schande ficht,
   Den hauen wir zu Scherben,
   Der soll im deutschen Lande nicht
   Mit deutschen Männern erben.

3. O Deutschland, heil'ges Vaterland,
   O deutsche Lieb' und Treue,
   Du hohes Land, du schönes Land,
   Dir schwören wir aufs neue:
   Dem Buben und dem Knecht die Acht!
   Der füttre Kräh'n und Raben.
   So ziehn wir aus zur Hermannschlacht
   Und wollen Rache haben.

4. Laßt brausen, was nur brausen kann,
   In hellen, lichten Flammen!
   Ihr Deutschen alle, Mann für Mann
   Fürs Vaterland zusammen!
   Und hebt die Herzen himmelan
   Und himmelan die Hände
   Und rufet alle Mann für Mann:
   Die Knechtschaft hat ein Ende.

5. Laßt klingen, was nur klingen kann!
   Trompeten, Trommeln, Flöten!
   Wir wollen heute Mann für Mann
   Mit Blut das Eisen röten,
   Mit Henker- und mit Knechteblut –
   O süßer Tag der Rache!
   Das klinget allen Deutschen gut,
   Das ist die große Sache.

6. Laßt wehen, was nur wehen kann,
   Standarten wehn und Fahnen!
   Wir wollen heut uns Mann für Mann
   Zum Heldentode mahnen.
   Auf, fliege, stolzes Siegspanier,
   Voran den kühnen Reihen!
   Wir siegen oder sterben hier   *(M: Albert Methfessel,*
   Den süßen Tod der Freien.   *T: Ernst Moritz Arndt)*

Fridericus Rex

1. Fri - de - ri - cus Rex, un - ser Kö - nig und Herr, der
rief seine Sol - da - ten al - le - samt ins Ge - wehr: zwei -
hundert Bataillons und an die tau - send Schwadron'n, und
je - der Gre - na - dier kriegt sech - zig Pat - ron'n.

2. „Ihr verfluchten Kerls", sprach seine Majestät,
„Daß jeder in der Bataille seinen Mann mir steht!
Sie gönnen mir nicht Schlesien und die Grafschaft Glatz
Und die hundert Millionen in meinem Schatz.

3. Die Kais'rin hat sich mit den Franzosen alliiert
Und das Römische Reich gegen mich revoltiert;
Die Russen seind gefallen in Preußen ein:
Auf, laßt uns zeigen, daß wir brave Landskinder sein!

4. Meine Generale Schwerin und Feldmarschall von Keith
Und der Generalmajor von Zieten seind allemal bereit.
Potz Mohren, Blitz und Kreuz-Element,
Wer den Fritz und seine Soldaten noch nicht kennt!"

5. Nun adjö, Lowise, wisch ab das Gesicht:
Eine jede Kugel, die trifft ja nicht;
Denn träf' jede Kugel apart ihren Mann,
Wo kriegten die Kön'ge ihre Soldaten dann?

6. Die Musketenkugel macht ein kleines Loch,
Die Kanonenkugel ein weit größeres noch;
Die Kugeln sind alle von Eisen und Blei,
Und manche Kugel geht manchem vorbei.

7. Unsre Artillerie hat ein vortrefflich Kaliber,
   Und von den Preußen geht keiner zum Feinde nicht über;
   Die Schweden, die haben verflucht schlechtes Geld,
   Wer weiß, ob der Östreicher besseres hält!

8. Mit Pomade bezahlt den Franzosen sein König,
   Wir kriegen's alle Woche bei Heller und Pfennig.
   Potz Mohren, Blitz und Kreuz-Sackerment!
   Wer kriegt so prompt wie der Preuße sein Traktement?

9. Fridericus, mein König, den der Lorbeerkranz ziert,
   Ach hätt'st du nur öfters zu plündern permittiert:
   Fridericus Rex, mein König und Held,
   Wir schlügen den Teufel für dich aus der Welt!

(M: nach einer alten Volksweise, T: Willibald Alexis)

Zu Mantua in Banden

(Der Sandwirt Hofer)

1. Zu Man-tu-a in Ban-den der treu-e Ho-fer war, in
Man-tu-a zum To-de führt' ihn der Fein-de Schar; es
blu-te-te der Brü-der Herz, ganz Deutsch-land, ach, in
Schmach und Schmerz! Mit ihm das Land Ti-rol; mit ihm das Land Ti-
rol! Mit ihm das Land Ti-rol, mit ihm das Land Ti-rol!

2. Die Hände auf dem Rücken Andreas Hofer ging
   Mit ruhig festen Schritten: ihm schien der Tod gering,
   Der Tod, den er so manchesmal
   Vom Iselberg geschickt ins Tal
   Im heil'gen Land Tirol.

3. Doch als aus Kerkers Gittern im festen Mantua
   Die treuen Waffenbrüder die Händ' er strecken sah,
   Da rief er laut: „Gott sei mit euch,
   Mit dem verrat'nen Deutschen Reich
   Und mit dem Land Tirol!"

4. Dem Tambour will der Wirbel nicht unterm Schlegel vor
   Als nun Andreas Hofer schritt durch das finstre Tor.
   Andreas, noch in Banden frei,
   Dort stand er fest auf der Bastei,
   Der Mann vom Land Tirol.

5. Dort soll er niederknien; er sprach: „Das tu' ich nit!
   Will sterben, wie ich stehe, will sterben, wie ich stritt,
   So wie ich steh' auf dieser Schanz':
   Es leb' mein guter Kaiser Franz,
   Mit ihm sein Land Tirol!"

6. Und von der Hand die Binde nimmt ihm der Korporal,
   Andreas Hofer betet allhier zum letztenmal;
   Dann ruft er: „Nun, so trefft mich recht!
   Gebt Feuer! – Ach, wie schießt ihr schlecht!
   Ade, mein Land Tirol!"

(M: Ludwig Erk, T: Julius Mosen)

499

Singe, wem Gesang gegeben
(Freie Kunst)

1. Sin - ge, wem Ge - sang ge - ge - ben, in dem deut - schen Dich - ter -
wald! Das ist Freu - de, das ist Le - ben, wenn's von
al - len Zwei - gen schallt. Nicht an we - nig stol - ze
Na - men ist die Lie - der - kunst ge - bannt:
aus - ge - streu - et ist der Sa - men ü - ber al - les deut - sche Land.

2. Deines vollen Herzens Triebe,
Gib sie keck im Klange frei!
Säuselnd wandle deine Liebe,
Donnernd uns dein Zorn vorbei!
Singst du nicht dein ganzes Leben,
Sing doch in der Jugend Drang!
Nur im Blütenmond erheben
Nachtigallen ihren Sang.

3. Heilig achten wir die Geister,
Aber Namen sind uns Dunst;
Würdig ehren wir die Meister,
Aber frei ist uns die Kunst.
Nicht in kalten Marmorsteinen,
Nicht in Tempeln dumpf und tot:
In den frischen Eichenhainen
Webt und rauscht der deutsche Gott.

(M: Christian Schulz, T: Ludwig Uhland)

501

Ein Lied
erklingt aus Kindermund

Kommt a Vogerl geflogen
(Botschaft)

1. Kommt a Vogerl geflogen, setzt sich nieder auf mein'n Fuß, hat a Zetterl im Goscherl und vom Diarndl an Gruß.

2. Hast mir allweil vertröstet
   Uf die Summerizeit,
   Und der Summer is kumma,
   Und mei Schatzerl is weit!

3. Daderheim is mei Schatzerl,
   In der Fremd bin i hier,
   Und es fragt halt kei Katzerl,
   Kei Hunderl nach mir!

4. Liebes Vogerl, flieg weiter,
   Nimm an Gruß mit, an Kuß!
   Und i kann di nit begleiten,
   Weil i hier bleiben muß.

(M: Wenzel Müller, T: Adolf Bäuerle)

503

Trara, die Post ist da

1. Tra - ra, die Post ist da! Tra - ra, die Post ist da! Von
weitem hör' ich schon den Ton, sein Liedchen bläst der
Postillon, er bläst mit starker Keh - le, er bläst aus froher
See - le; die Post ist da, tra - ra, tra - ra, die Post ist da, tra - ra!

2. Trara, die Post ist da!
   „O Postillon, nun sag uns schnell,
   Was bringst du heute mir zur Stell'?
   Wer hat von unsern Lieben
   Uns aus der Fern' geschrieben?"
   Die Post ist da, trara, trara!

3. Trara, die Post ist da!
   „Geduld, Geduld, gleich pack' ich aus,
   Dann kriegt ein jeder in sein Haus
   Die Briefe und die Päckchen,
   Die Schachteln und die Säckchen."
   Die Post ist da, trara, trara!

4. Trara, die Post ist da!
   „Und wenn ihr's jetzt schon wissen müßt:
   Der Onkel hat euch schön gegrüßt,
   Wohl tausendmal und drüber,
   Bald kommt er selbst herüber."
   Die Post ist da, trara, trara!

(M: Volksgut, T: Richard Löwenstein)

Suse, liebe Suse

1. Su - se, lie - be Su - se, was ra - schelt im Stroh?
Das sind die lie - ben Gäns-chen, die ha - ben kein Schuh'.

Der Schu - ster hat Le - der, kein Lei - sten da - zu. Darum

gehn die Gänslein bar - fuß und ha - ben kein Schuh'.

2. Suse, liebe Suse, schlag's Gickelchen tot!
   Es legt mir keine Eier und frißt mir mein Brot.
   Rupfen wir ihm dann die Federchen aus
   Und machen dem Kindlein ein Bettlein daraus.

3. Suse, liebe Suse, ist das eine Not!
   Wer schenkt mir einen Dreier für Zucker und Brot?
   Verkauf ich mein Bettlein und leg mich auf Stroh.
   Dann sticht mich keine Feder und beißt mich kein Floh.

(M und T: Volksgut)

Fuchs, du hast die Gans gestohlen

1. Fuchs, du hast die Gans ge - stoh - len, gib sie wie - der her,

gib sie wie - der her, sonst wird dich der Jäger holen mit dem Schießge -

wehr, sonst wird dich der Jä - ger ho - len, mit dem Schieß-gewehr.

2. Seine große lange Flinte
Schießt auf dich den Schrot,
Daß dich färbt die rote Tinte,
Und dann bist du tot.

3. Liebes Füchslein, laß dir raten,
Sei doch nur kein Dieb,
Nimm, du brauchst nicht Gänsebraten,
Mit der Maus vorlieb.

(M und T: Ernst Anschütz)

Ein Vogel wollte Hochzeit machen

(Vogelhochzeit)

1. Ein Vo - gel wollte Hochzeit machen in dem grünen Wal - de. Fi - di -

ral - la - la, fi - di - ral - la - la, fi - di - ral - la - la - la - la.

2. Die Drossel war der Bräutigam,
   Die Amsel war die Braute.

3. Der Sperber, der Sperber,
   Der war der Hochzeitswerber.

4. Der Stare, der Stare,
   Der flocht der Braut die Haare.

5. Der Seidenschwanz, der Seidenschwanz,
    Der bracht' der Braut den Hochzeitskranz.

6. Die Lerche, die Lerche,
    Die führt die Braut zur Kerche.

7. Der Auerhahn, der Auerhahn,
    Derselbig war der Kapellan.

8. Die Meise, die Meise,
    Die sang das Kyrie-eleise.

9. Die Schnepfe, die Schnepfe,
    Setzt auf den Tisch die Näpfe.

10. Die Finken, die Finken,
     Die gaben der Braut zu trinken.

11. Die Gänse und die Anten,
     Das war'n die Musikanten.

12. Der Pfau mit seinem bunten Schwanz
     Macht mit der Braut den ersten Tanz.

13. Die Taube, die Taube,
     Die bracht' der Braut die Haube.

14. Brautmutter war die Eule,
     Nahm Abschied mit Geheule.

15. Der lange Specht, der lange Specht,
     Der macht der Braut das Bett zurecht.

16. Die Fledermaus, die Fledermaus,
     Die zieht der Braut die Strümpfe aus.

17. Der Uhu, der Uhu,
     Der macht die Fensterläden zu.

18. Der Hahn, der krähet: „Gute Nacht!"
     Nun wird die Kammer zugemacht.

(M und T: Volksgut)

509

Will ich in mein Gärtlein gehen
(Das bucklige Männlein)

1. Will ich in mein Gärt-lein gehn, will mein Zwiebel gie-ßen, steht ein buck-licht Männlein da, fängt als an zu nie - - - sen.

510

2. Will ich in mein Küchel gehn,
   Will mein Süpplein kochen,
   Steht ein bucklicht Männlein da,
   Hat mein Töpflein brochen.

3. Will ich dann zum Hafner gehn,
   Mir ein anders kaufen,
   Steht ein bucklicht Männlein da,
   Schmeißt mich übern Haufen.

4. Will ich in mein Stüblein gehn,
   Will mein Müslein essen,
   Steht ein bucklicht Männlein da,
   Hat's schon halb gegessen.

5. Will ich auf mein' Boden gehn,
   Will mein Hölzlein holen,
   Steht ein bucklicht Männlein da,
   Hat mir's halb gestohlen.

6. Will ich in mein' Keller gehn,
   Will mein Weinlein zapfen,
   Steht ein bucklicht Männlein da,
   Tut mir'n Krug wegschnappen.

7. Setz' ich mich ans Rädlein hin,
   Will mein Fädlein drehen,
   Steht ein bucklicht Männlein da,
   Läßt mir's Rad nicht gehen.

8. Geh' ich in mein Kämmerlein,
   Will mein Bettlein machen,
   Steht ein bucklicht Männlein da,
   Fängt als an zu lachen.

9. Will ich an mein Bänklein knien,
   Will ein bißchen beten,
   Steht ein bucklicht Männlein da,
   Fängt so an zu reden:

10. „Lie - bes Kind - lein, ach, ich bitt', bet fürs buck - licht Männ - lein mit!"

*(M und T: Volkslied aus
„Des Knaben Wunderhorn")*

Grün sind alle meine Kleider

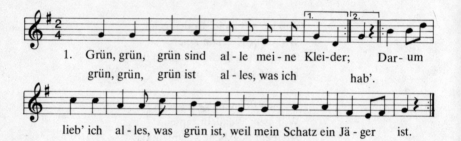

1. Grün, grün, grün sind al-le mei-ne Klei-der; Dar-um
grün, grün, grün ist al-les, was ich hab'.

lieb' ich al-les, was grün ist, weil mein Schatz ein Jä-ger ist.

2. Blau, blau, blau sind alle meine Kleider;
Blau, blau, blau ist alles, was ich hab'.
Darum lieb' ich alles, was blau ist,
Weil mein Schatz ein Matrose ist.

3. Schwarz, schwarz, schwarz sind alle meine Kleider;
Schwarz, schwarz, schwarz ist alles, was ich hab'.
Darum lieb' ich alles, was schwarz ist,
Weil mein Schatz ein Schornsteinfeger ist.

4. Weiß, weiß, weiß sind alle meine Kleider;
Weiß, weiß, weiß ist alles, was ich hab'.
Darum lieb' ich alles, was weiß ist,
Weil mein Schatz ein Bäcker ist.

5. Bunt, bunt, bunt sind alle meine Kleider;
Bunt, bunt, bunt ist alles, was ich hab'.
Darum lieb' ich alles, was bunt ist,
Weil mein Schatz ein Maler ist.

(M und T: Volksgut)

J. G. Flegel sc.

Backe, backe Kuchen

Bak-ke, bak-ke Ku-chen der Bäk-ker hat ge-ru-fen.

Wer will gu-ten Ku-chen bak-ken, der muß ha-ben

sie-ben Sa-chen: Ei-er und Salz, Zuk-ker und Schmalz,

Milch und Mehl, Saf-ran macht den Ku-chen gehl. Schieb, schieb in

O-fen 'nein!

(M und T: Volksgut)

Morgens früh um sechs

1. Mor - gens früh um sechs kommt die klei ne Hex'.

Mor - gens früh um sechs kommt die klei ne Hex'.

Frö - sche - bein und Krebs und Fisch, hur - tig Kin - der, kommt zu Tisch!

2. Morgens früh um sieb'n
   Schabt sie gelbe Rüb'n.

3. Morgens früh um acht
   Wird Kaffee gemacht.

4. Morgens früh um neun
   Geht sie in die Scheun'.

5. Morgens früh um zehn
   Holt sie Holz und Spän'.

6. Feuert an um elf,
   Kocht dann bis um zwölf,

7. Fröschebein und Krebs und Fisch,
   Hurtig, Kinder, kommt zu Tisch!

(M und T: Volksgut)

Alle meine Entchen

1. Al - le mei - ne Ent - chen schwim - men auf dem See,

schwim - men auf dem See, Köpf - chen in das Was - ser,

Schwänz - chen in die Höh'.

2. Alle meine Täubchen
Gurren auf dem Dach,
Gurren auf dem Dach,
Fliegt eins in die Lüfte,
Fliegen alle nach.

3. Alle meine Hühner
Scharren in dem Stroh,
Scharren in dem Stroh,
Finden sie ein Körnchen,
Sind sie alle froh.

4. Alle meine Gänschen
Watscheln durch den Grund,
Watscheln durch den Grund,
Suchen in dem Tümpel,
Werden kugelrund.

(M und T: altes Volksgut)

Ich geh' mit meiner Laterne

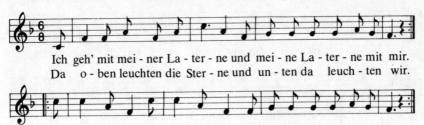

Ich geh' mit mei - ner La - ter - ne und mei - ne La - ter - ne mit mir.
Da o - ben leuchten die Ster - ne und un - ten da leuch - ten wir.

Mein Licht ist aus, ich geh' nach Haus; rabimmel, rabammel, rabumm.
Der Hahn, der kräht, die Katz' mi - aut; rabimmel, rabammel, rabumm.

(M und T: Volksgut)

I fahr, i fahr

I fahr, i fahr, i fahr mit der Post. Fahr mit der

Schnek - ken - post, die mir kan Kreu - zer kost, i fahr, i

fahr, i fahr mit der Post.

(M und T: Volksgut aus Österreich)

519

Widewidewenne

(M und T: Volksgut)

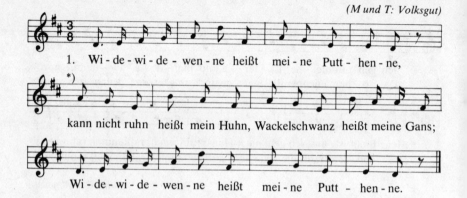

1. Wi - de - wi - de - wen - ne heißt mei - ne Putt - hen - ne,

kann nicht ruhn heißt mein Huhn, Wackelschwanz heißt meine Gans;

Wi - de - wi - de - wen - ne heißt mei - ne Putt - hen - ne.

2. Schwarz und weiß
   Heißt meine Geiß,
   Dreibein
   Heißt mein Schwein;
   Widewidewenne usw.

3. Ehrenwert
   Heißt mein Pferd,
   Gute Muh
   Heißt meine Kuh;
   Widewidewenne usw.

4. Wettermann
   Heißt mein Hahn,
   Kunterbunt
   Heißt mein Hund;
   Widewidewenne usw.

5. Guck heraus
   Heißt mein Haus,
   Schlupf heraus
   Heißt meine Maus,
   Widewidewenne usw.

6. Wohlgetan
   Heißt mein Mann,
   Sausewind
   Heißt mein Kind,
   Widewidewenne usw.

7. Leberecht
   Heißt mein Knecht,
   Spät betagt
   Heißt meine Magd,
   Widewidewenne usw.

8. Sammettatz'
   Heißt meine Katz',
   Hüpf ins Stroh
   Heißt mein Floh;
   Widewidewenne usw.

Nun kennt ihr mich mit Mann und Kind
Und meinem ganzen Hausgesind'.

*) Bei der zweiten Strophe sowie bei allen übrigen läßt man die ersten 4 Takte weg und fängt erst hier an.

A B C, die Katze lief im Schnee

A B C, die Kat-ze lief im Schnee, und als sie dann nach Hau-se kam, da hatt' sie wei-ße Stie-fel an, o je-mi-ne, o je-mi-ne, die Kat-ze lief im Schnee.

(M und T: Volksgut aus Sachsen/Thüringen)

Zwischen Berg und tiefem, tiefem Tal

(Von den zwei Hasen)

1. Zwi - schen Berg und tie - fem, tie - fem Tal sa - ßen einst zwei Ha - sen, fra - ßen ab das grü - ne, grü - ne Gras, fra - ßen ab das grü - ne, grü - ne Gras bis auf den Ra - sen, bis auf den Ra - sen.

2. Als sie sich nun satt gefressen hatten,
   Setzten sie sich nieder,
   Bis daß der Jäger, Jäger kam
   Und schoß sie nieder.

3. Als sie sich nun aufgerappelt hatten
   Und sich besannen,
   Ob sie noch das Leben, Leben hatten,
   Liefen sie von dannen.

(M und T: Volksgut, seit dem 15. Jahrhundert bekannt)

Ach lieber Herr Schmidt

Ach lieber Herr Schmidt, um was ich euch bitt', ich
hab' ein klein Rößlein, ver - na- gelt mir's nit. Drei Nä- gel, sechs Schlägel,
drei Nä- gel, sechs Schlägel; bum bum bi - di - bum;
bum bum bi - di - bum!

(M und T: Volksgut)

524

Hänschen klein ging allein

1. Häns - chen klein ging al - lein in die wei - te Welt hin - ein,

Stock und Hut steht ihm gut, ist ganz wohl - ge - mut.

A - ber Mut - ter wei - net sehr, hat ja nun kein Häns - chen mehr.

„Wünsch dir Glück", sagt ihr Blick, „kehr nur bald zu - rück!"

2. Sieben Jahr', trüb und klar,
Hänschen in der Fremde war.
Da besinnt sich das Kind,
Eilet heim geschwind.
Doch nun ist's kein Hänschen mehr,
Nein, ein großer Hans ist er,
Braun gebrannt Stirn und Hand.
Wird er wohl erkannt?

3. Eins, zwei, drei gehn vorbei,
   Wissen nicht, wer das wohl sei.
   Schwester spricht: „Welch' Gesicht!",
   Kennt den Bruder nicht.
   Doch da kommt sein Mütterlein,
   Schaut ihm kaum ins Aug' hinein,
   Spricht sie schon:
   „Hans, mein Sohn!
   Grüß dich Gott, mein Sohn!"

(M: Volksweise, T: Franz Wiedemann)

Auf einem Baum ein Kuckuck saß

1. Auf ei - nem Baum ein Kuk - kuck, sim - sa - la - dim bam
ba - sa - la du - sa - la dim, auf ei - nem Baum ein Kuk - kuck saß.

2. Da kam ein junger Jägers-,
   Sim sala dim bam basala dusala dim,
   Da kam ein junger Jägersmann.

3. Der schoß den armen Kuckuck,
   Sim sala dim bam basala dusala dim,
   Der schoß den armen Kuckuk tot.

4. Und als ein Jahr vergangen,
   Sim sala dim bam basala dusala dim,
   Und als ein Jahr vergangen war,

5. Da war der Kuckuck wieder,
   Sim sala dim bam basala dusala dim,
   Da war der Kuckuck wieder da.

(Volkslied aus dem Bergischen Land)

Der Mond, der scheint
(Ammenuhr)

1. Der Mond, der scheint, das Kindlein weint, der
Mond, der scheint, das Kind - lein weint, die Glock' schlägt zwölf, die
Glock' schlägt zwölf, daß Gott doch al - len Kranken helf'.

2. Gott alles weiß,
   Das Mäuslein beißt;
   Die Glock' schlägt ein,
   Der Traum spielt auf dem Kissen dein.

3. Die Sternlein schön
   Am Himmel gehn;
   Die Glock' schlägt zwei;
   Sie gehn hinunter nach der Reih'.

4. Der Wind, der weht,
   Der Hahn, der kräht;
   Die Glock' schlägt drei,
   Der Fuhrmann hebt sich von der Streu.

5. Der Gaul, der scharrt,
   Die Stalltür knarrt;
   Die Glock' schlägt vier,
   Der Kutscher siebt den Haber schier.

6. Die Schwalbe lacht,
   Die Sonn' erwacht;
   Die Glock' schlägt fünf,
   Der Wandrer macht sich auf die Strümpf'.

7. Das Huhn gagackt,
   Die Ente quakt;
   Die Glock' schlägt sechs,
   Steh auf, steh auf, du faule Hex'!

8. Zum Bäcker lauf,
   Ein Wecklein kauf;
   Die Glock' schlägt sieben,
   Die Milch tu an das Feuer schieben!

9. Tu Butter 'nein
   Und Zucker fein;
   Die Glock' schlägt acht,
   Geschwind dem Kind die Supp' gebracht.

(M und T: Volksgut)

529

Auf unsrer Wiese gehet was

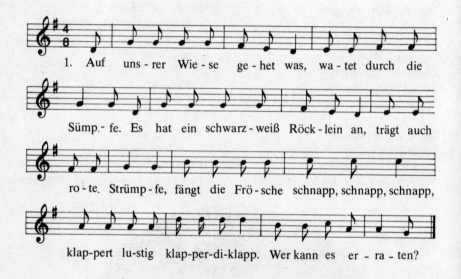

1. Auf uns - rer Wie - se ge - het was, wa - tet durch die Sümp.- fe. Es hat ein schwarz - weiß Röck - lein an, trägt auch ro - te. Strümp - fe, fängt die Frö - sche schnapp, schnapp, schnapp, klap-pert lu-stig klap-per-di-klapp. Wer kann es er - ra - ten?

2. Ihr denkt, das ist der Klapperstorch,
   Watet durch die Sümpfe.
   Er hat ein schwarz-weiß Röcklein an,
   Trägt auch rote Strümpfe,
   Fängt die Frösche schnapp, schnapp, schnapp,
   Klappert lustig klapperdiklapp.
   Nein, das ist Frau Störchin!

(M: Volksgut, T: 1. Strophe August Heinrich Hoffmann von Fallersleben, 2. Strophe Richard Löwenstein)

Ein Männlein steht im Walde
(Rätsel)

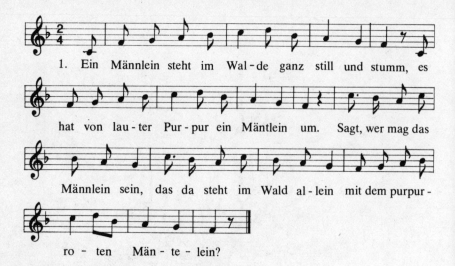

1. Ein Männlein steht im Wal-de ganz still und stumm, es
hat von lau-ter Pur-pur ein Mäntlein um. Sagt, wer mag das
Männlein sein, das da steht im Wald al-lein mit dem purpur-
ro-ten Män-te-lein?

2. Das Männlein steht im Walde auf einem Bein,
Es hat auf seinem Haupte schwarz Käpplein klein.
Sagt, wer mag das Männlein sein,
Das da steht im Wald allein
Mit dem kleinen schwarzen Käppelein?

(M: Volkgsgut, T: Hoffmann von Fallersleben)

Laterne, Laterne

(M und T: Volksgut aus Norddeutschland, bekannt seit 1740)

La-ter-ne, La-ter-ne, Son-ne, Mond und Ster-ne! Brenne
auf mein   brenne   auf mein   a-ber nur meine lie be La ter-ne
Licht,   Licht,   nicht.

Der Kuckuck und der Esel

1. Der Kuk-kuck und der E-sel, die hat-ten ei-nen Streit, wer wohl am be-sten sän – ge, wer wohl am be-sten sän – ge, zur schö-nen Mai-en-zeit, zur schö-nen Mai-en-zeit.

2. Der Kuckuck sprach: „Das kann ich"
   Und fing gleich an zu schrein.
   „Ich aber kann es besser",
   Fiel gleich der Esel ein.

3. Das klang so schön und lieblich,
   So schön von fern und nah.
   Sie sangen alle beide:
   „Kuckuck, kuckuck, i–a."

(M: Carl Friedrich Zelter, T: August Heinrich Hoffmann von Fallersleben)

Widele, wedele, hintem Städele

(Bettelmanns Hochzeit)

Wi - de - le, we - de - le, hin - term Stä - de - le* hat der Bet - tel - mann Hoch - zeit. Pfeifet das Mäu - se - le, tanzt das Läu - se - le, schlägt das I - ge - le Trom - mel. Al - le Tie - re, die We - de - le ha - ben, sol - len zur Hoch - zeit kom - men. Wi - de - le, we - de - le, hin - term Stä - de - le hält der Bet - tel - mann Hoch - zeit.

* kleiner Stadel = Scheune.

(M und T: Volksgut aus Schwaben)

In meinem kleinen Apfel

1. In meinem kleinen Apfel, da sieht es lustig aus: Es
sind darin fünf Stübchen, grad wie in einem Haus.

2. In jedem Stübchen wohnen zwei Kernchen schwarz und fein,
   Die liegen drin und träumen vom lieben Sonnenschein.

3. Sie träumen auch noch weiter gar einen schönen Traum,
   Wie sie einst werden hängen am lieben Weihnachtsbaum.

(M: nach Wolfgang Amadeus Mozart, T: Volksgut)

Summ, summ, summ, Bienchen, summ herum

1. Summ, summ, summ, Bien - chen, summ her - um.
Ei, wir tun dir nichts zu - lei - de, flieg nur aus in
Wald und Hei - de. Summ, summ, summ, Bien-chen, summ her - um!

2. Summ, summ, summ, Bienchen, summ herum.
   Kehre heim mit reicher Habe,
   Bau uns manche volle Wabe.
   Summ, summ, summ, Bienchen, summ herum!

3. Summ, summ, summ, Bienchen, summ herum.
   Such in Blumen, such in Blümchen
   Dir ein Tröpfchen, dir ein Krümchen!
   Summ, summ, summ, Bienchen, summ herum!

(M: Volksgut aus Böhmen, T: August Heinrich Hoffmann von Fallersleben)

Als unser Mops ein Möpschen war

1. Als un-ser Mops ein Möpschen war, da konnt' er freundlich sein, jetzt brummt er al-le Ta - ge und bellt noch o-ben-drein, hei - du, hei - du, hei - dal - la - la und bellt noch o-ben-drein, jetzt brummt er al - le Ta - ge und bellt noch o - ben - drein.

2. „Du bist ein recht verzogen Tier!
   Sonst nahmst du, was ich bot.
   Jetzt willst du Leckerbissen
   Und magst kein trocken Brot,
   Heidu, heidu, . . .“

3. Zum Knaben sprach der Mops darauf:
   „Wie töricht sprichst du doch!
   Hätt'st du mich recht erzogen,
   Wär ich ein Möpschen noch,
   Heidu, heidu, . . .“

(M: Volksgut, T: August Heinrich Hoffmann von Fallersleben)

Spannenlanger Hansel, nudeldicke Dirn

1. Span - nen - lan - ger Han - sel, nu - del - dik - ke Dirn,
gehn wir in den Gar - ten, schütteln wir die Birn'.

Schüt - tel ich die gro - ßen, schüt - tel ich die klein',

wenn das Säck - lein voll ist, gehn wir wie - der heim.

2. „Lauf doch nicht so schnelle, spannenlanger Hans!
Ich verlier' die Birnen und die Schuh' noch ganz."
„Trägst ja nur die kleinen, nudeldicke Dirn,
Und ich schlepp' den Sack mit den großen Birn'."

(M und T: Volksgut)

Häslein in der Grube

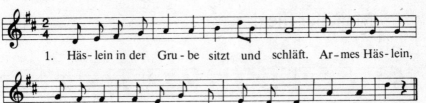

1. Häs-lein in der Gru-be sitzt und schläft. Ar-mes Häs-lein, bist du krank, daß du nicht mehr hüp-fen kannst? Häs-lein hüpf!

2. Häslein in der Grube nickt und weint.
   Doktor, komm geschwind herbei
   Und verschreib ihm Arzenei.
   Häslein schluck!

3. Häslein in der Grube hüpft und springt.
   Häslein, bist du schon kuriert?
   Hui, das rennt und galoppiert!
   Häslein hopp!

4. Häslein in dem Walde nickt und niest.
   Trinkst du lieber frische Luft,
   Süß gemischt mit Waldesduft?
   Häslein prost!

5. Häslein hintern Bäumen nickt und lacht.
   Liebes Häslein, nicht so schnell,
   Nimm mich mit zum frischen Quell.
   Häslein hüpf!

   (M und T: Volksgut)

541

Maikäfer flieg!

Mai-kä-fer, flieg! Dein Va-ter ist im Krieg, dein Mut-ter ist in

Pommerland, Pommerland ist ab-ge-brannt. Mai-kä-fer, flieg!

(M und T: Volksgut)

Hopp, hopp, hopp! Pferdchen lauf Galopp!

1. Hopp, hopp, hopp! Pferdchen lauf Ga - lopp!
Ü - ber Stock und ü - ber Steine, aber brich dir nicht die Beine!
Hopp, hopp, hopp, hopp, hopp! Pferdchen lauf Ga - lopp!

2. Tip, tip, tap!
   Wirf mich nur nicht ab!
   Zähme deine wilden Triebe,
   Pferdchen, tu es mir zuliebe:
   Tip, tip, tip, tip, tap,
   Wirf mich nur nicht ab!

3. Brr, brr, he!
   Steh doch, Pferdchen, steh!
   Sollst schon heute weiter springen,
   Muß dir nur erst Futter bringen.
   Brr, brr, brr, brr, he,
   Steh doch, Pferdchen, steh!

4. Ha, ha, ha!
   Juch, nun sind wir da!
   Diener, Diener, liebe Mutter,
   Findet auch mein Pferdchen Futter?
   Ha, ha, ha, ha, ha,
   Juch, nun sind wir da!

(M: C. G. Hering, T: Karl Hahn)

Beim Wandern zu singen

Durch Feld und Buchenhallen

1. Durch Feld und Bu-chen-hal-len, bald singend, bald fröh-lich still, recht lu-stig sei vor al-lem, wer's Rei-sen wäh-len will, recht lu-stig sei vor al-lem, wer 's Rei-sen wäh-len will.

2. Wenn's kaum im Osten glühte, die Welt noch still und weit,
   Da weht recht durchs Gemüte die schöne Blütenzeit.

3. Die Lerch' als Morgenbote sich in die Lüfte schwingt,
   Eine frische Reisenote durch Wald und Herz erklingt.

4. O Lust, vom Berg zu schauen weit über Wald und Strom,
   Hoch über sich den blauen, tiefklaren Himmelsdom!

5. Vom Berge Vöglein fliegen und Wolken so geschwind,
   Gedanken überfliegen die Vögel und den Wind.

6. Die Wolken ziehn hernieder, das Vöglein senkt sich gleich,
   Gedanken gehn und Lieder fort bis ins Himmelreich.

(M: Justus W. Lyra, T: Joseph von Eichendorff)

545

Das Wandern ist des Müllers Lust

1. Das Wandern ist des Mül-lers Lust, das Wandern ist des Müllers Lust, das Wan-dern! Das muß ein schlech-ter Mül-ler sein, dem nie-mals fiel das Wandern ein, dem niemals fiel das Wandern ein, das Wandern, Wandern, das Wan - - - dern, das Wan - - - dern, das Wan - dern, das Wan - dern, das Wan - dern!

2. Vom Wasser haben wir's gelernt, vom Wasser.
   Das hat nicht Ruh' bei Tag und Nacht,
   Ist stets auf Wanderschaft bedacht, das Wasser.

3. Das sehn wir auch den Rädern ab, den Rädern.
   Die gar nicht gerne stillestehn
   Und sich bei Tag nicht müdedrehn, die Räder.

4. Die Steine selbst, so schwer sie sind, die Steine.
   Sie tanzen mit den muntern Reihn
   Und wollen gar noch schneller sein, die Steine.

5. O Wandern, Wandern, meine Lust, o Wandern!
   Herr Meister und Frau Meisterin,
   Laßt mich in Frieden weiterziehn und wandern!

(M: C. F. Zöllner, T: Wilh. Müller)

Nun leb wohl, du kleine Gasse

(In der Ferne)

1. Nun leb wohl, du klei - ne Gas - se, nun a -
de, du stil - les Dach! Va - ter, Mut - ter sahn mir
trau - rig, und die Lieb - ste sah mir nach,
und die Lieb - ste sah mir nach.

2. Hier in weiter, weiter Ferne
Wie's mich nach der Heimat zieht!
Lustig singen die Gesellen,
Doch es ist ein falsches Lied.

3. Andre Städtchen kommen freilich,
Andre Mädchen zu Gesicht;
Ach, wohl sind es andre Mädchen,
Doch die eine ist es nicht.

4. Andre Städtchen, andre Mädchen,
Ich da mitten drin so stumm!
Andre Mädchen, andre Städtchen –
O wie gerne kehrt' ich um!

(M: Friedrich Silcher, T: Albert Graf Schlippenbach)

Auf, auf, ihr Wandersleut'

(M und T: Volksgut)

1. Auf, auf, ihr Wan - ders - leut', zum Wan - dern kommt die Zeit!
Tut euch nicht lang ver - wei - len, in Got - tes Nam' zu rei - sen! Das
Glück, das lau - fet im - mer fort an ei - nen an - dern Ort.

2. Ihr liebsten Eltern mein,
Ich will euch dankbar sein;
Die ihr mir habt gegeben
Von Gott ein langes Leben,
So gebet mir gleich einer Speis'
Den Segen auf die Reis'.

3. Der Tau vom Himmel fällt,
Hell wird das Firmament,
Die Vöglein in der Höhe,
Wenn sie vom Schlaf aufstehen,
Da singen sie mir zu meiner Freud':
Lebt wohl, ihr Wandersleut'!

Wohlauf, die Luft geht frisch und rein

1. Wohl-auf, die Luft geht frisch und rein,
wer lan-ge sitzt, muß ro-sten; jetzt
den al-ler-schön-sten Son-nen-schein
läßt uns der Him-mel ko-sten.

reicht mir Stab und Or-dens-kleid der fah-ren-den Scho-la-ren, ich

will zu gu-ter Som-mer-zeit ins Land der Fran-ken fah-ren! Val-le-

ri, val-le-ra, val-le-ri, val-le-ra, ins Land der Fran-ken fah-ren.

2. Der Wald steht grün, die Jagd geht gut, schwer ist das Korn geraten;
Sie können auf des Maines Flut die Schiffe kaum verladen.
Bald hebt sich auch das Herbsten an, die Kelter harrt des Weines;
Der Winzer Schutzherr Kilian beschert uns etwas Feines.

3. Wallfahrer ziehen durch das Tal mit fliegenden Standarten,
Hell grüßt ihr doppelter Choral den weiten Gottesgarten.
Wie gerne wär' ich mitgewallt, ihr Pfarr' wollt mich nicht haben!
So muß ich seitwärts durch den Wald als räudig Schäflein traben.

4. Zum heil'gen Veit von Staffelstein bin ich emporgestiegen
Und seh' die Lande um den Main zu meinen Füßen liegen.
Von Bamberg bis zum Grabfeldgau umrahmen Berg und Hügel
Die breite stromdurchglänzte Au, ich wollt', mir wüchsen Flügel!

5. Einsiedel, das war mißgetan, daß du dich hubst von hinnen!
Es liegt, ich seh's dem Keller an, ein guter Jahrgang drinnen.
Hoiho! Die Pforten brech' ich ein und trinke, was ich finde.
Du heil'ger Veit von Staffelstein, verzeih mir Durst und Sünde!

(M: V. E. Becker, T: J. V. von Scheffel)

Drei Zigeuner fand ich einmal

1. Drei Zigeuner fand ich einmal, liegen an einer Weide,

als mein Fuhrwerk mit müder Qual schlich durch die sandige Heide.

2. Hielt der eine für sich allein
   In den Händen die Fiedel,
   Spielte, umglüht vom Abendschein,
   Sich ein feuriges Liedel.

3. Hielt der zweite die Pfeif' im Mund,
   Blickte nach seinem Rauche,
   Froh, als ob er vom Erdenrund
   Nichts zum Glücke mehr brauche.

4. Und der dritte behaglich schlief,
   Und sein Zimbal am Baum hing,
   Über die Saiten der Windhauch lief,
   Über sein Herz ein Traum ging.

5. An den Kleidern trugen die drei
   Löcher und bunte Flicken,
   Aber sie boten trotzig frei
   Spott den Erdengeschicken.

6. Dreifach haben sie mir gezeigt,
   Wenn das Leben uns nachtet,
   Wie man's verraucht, verschläft, vergeigt
   Und es dreimal verachtet.

7. Nach den Zigeunern lang noch schaun
   Mußt' ich im Weiterfahren,
   Nach den Gesichtern dunkelbraun,
   Den schwarzlockigen Haaren.

(M: Volksweise, T: Nikolaus Lenau)

553

Lustig ist das Zigeunerleben

(M und T: Volksgut)

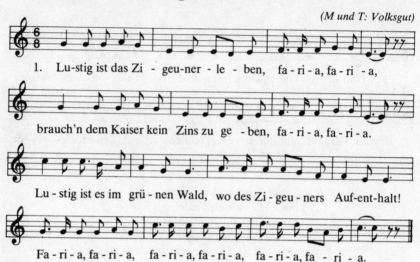

1. Lu-stig ist das Zi - geu-ner - le - ben, fa - ri - a, fa - ri - a,

brauch'n dem Kaiser kein Zins zu ge - ben, fa - ri - a, fa - ri - a.

Lu - stig ist es im grü - nen Wald, wo des Zi - geu - ners Auf-ent-halt!

Fa - ri - a, fa - ri - a, fa - ri - a, fa - ri - a, fa - ri - a, fa - ri - a.

2. Sollt' uns einmal der Hunger plagen,
   Gehn wir uns ein Hirschlein jagen,
   Hirschlein, nimm dich wohl in acht,
   Wenn des Jägers Büchse kracht.

3. Sollt' uns einmal der Durst sehr quälen,
   Gehn wir hin zur Wasserquellen,
   Trinken das Wasser wie Moselwein,
   Meinen, es müßt' Champagner sein.

4. Mädel, willst du Tabak rauchen,
   Brauchst dir keine Pfeif' zu kaufen,
   Greif in meine Tasche hinein,
   Da wird Pfeif' und Tabak sein.

5. Wenn uns tut der Beutel hexen,
   Lassen wir einen Taler wechseln,
   Treiben wir die Zigeunerkunst,
   Hab'n wir den Taler schon wieder bei uns.

6. Wenn wir auch kein Federbett haben,
   Tun wir uns ein Loch ausgraben,
   Legen Moos und Reisig nein,
   Das soll uns ein Federbett sein.

Als ich einmal reiste

1. Als ich einmal rei-ste in das Sachsen - Weimar-Land, da
war ich der Reichste, das ist der Welt be - kannt. Rummel, dummel,
rau - di - de - ra, rummel, dummel, rau - di - de - rum, da war ich der
Reich - ste, das ist der Welt be - kannt.

(M und T:
Volksgut aus Thüringen)

2. Zwei Jahr' bin ich geblieben, zog ich umher von Land zu Land,
   Und was ich da getrieben, das ist der Welt bekannt.

3. Als ich wied'rum kommen in unser altes Dorf hinein,
   Da schaute meine Mutter aus ihrem Fensterlein.

4. „Ach Sohne, liebster Sohne, dein Aussehn g'fällt mir gar nicht wohl,
   Dein' Höslein sind verloren, die Strümpf', das Kamisol."

5. „Ach Mutter, liebste Mutter, was fragt ihr nach der Lumperei!
   An Höslein, Rock und Futter spart ihr die Flickerei.

6. In Reußen und in Preußen, wohl bei den schönen Mägdelein,
   Da gingen sie auf Reisen bei Bier und kühlem Wein."

7. Die Mutter ging zur Küchen, sie kocht' mir Nudel und Sauerkraut
   Stopft' Rock und Höslein, daß ich bin herrlich anzuschaun.

Wer recht in Freuden wandern will

1. Wer recht in Freuden wan - dern will, der geh' der Sonn ent -
da ist der Wald so kir - chenstill, kein

ge - gen; Lüft - chen mag sich re - gen. Noch sind nicht die

Ler - chen wach, nur im ho - hen Gras der Bach singt lei - se den

Mor - - gen-se - - gen.

*(M: G. Klauer,
T: E. Geibel)*

2. Die ganze Welt ist wie ein Buch,
   Darin uns aufgeschrieben
   In bunten Zeilen manch ein Spruch,
   Wie Gott uns treu geblieben.
   Wald und Blumen nah und fern
   Und der helle Morgenstern
   Sind Zeugen von seinem Lieben.

3. Da zieht die Andacht wie ein Hauch
   Durch alle Sinnen leise;
   Da pocht ans Herz die Liebe auch
   In ihrer stillen Weise;
   Pocht und pocht, bis sich's erschließt,
   Und die Lippe überfließt
   Von lautem, jubelndem Preise.

4. Und plötzlich läßt die Nachtigall
   Im Busch ihr Lied erklingen;
   In Berg und Tal erwacht der Schall
   Und will sich aufwärts schwingen,
   Und der Morgenröte Schein
   Stimmt in lichter Glut mit ein:
   Laßt uns dem Herrn lobsingen!

Auf, du junger Wandersmann

(Auf, ihr Brüder)

1. Auf, du jun - ger Wandersmann, jet - zo kommt die Zeit her - an, die

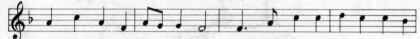

Wan - der - zeit, die bringt uns Freud'. Woll'n uns auf die Fahrt be - ge - ben,

das ist un - ser schönstes Le - ben: gro - ße Was - ser, Berg und Tal

an - zu - schau - en ü - ber - all.

2. An dem schönen Donaufluß findet man ja seine Lust
   Und seine Freud' auf grüner Heid', wo die Vöglein lieblich singen
   Und die Hirschlein fröhlich springen, dann kommt man vor eine Stadt,
   Wo man gute Arbeit hat.

3. Mancher hinterm Ofen sitzt und gar fein die Ohren spitzt,
   Kein Stund' vors Haus ist kommen aus; den soll man als G'sell erkennen,
   Oder gar ein'n Meister nennen, der noch nirgends ist gewest,
   Nur gesessen in sein'm Nest?

4. Mancher hat auf seiner Reis' ausgestanden Müh' und Schweiß
   Und Not und Pein, das muß so sein; trägt's Felleisen auf dem Rücken,
   Trägt es über tausend Brücken, bis er kommt nach Innsbruck ein,
   Wo man trinkt Tiroler Wein.

5. Morgens, wenn der Tag angeht und die Sonn' am Himmel steht
   So herrlich rot wie Milch und Blut: Auf, ihr Brüder, laßt uns reisen,
   Unserm Herrgott Dank erweisen für die fröhlich' Wanderzeit,
   Hier und in die Ewigkeit.

(M: Volkslied aus Franken, T: Walther Hensel)

Wenn jemand eine Reise tut

(Urians Reise)

1. Wenn je - mand ei - ne Rei - se tut, so kann er was er-

zäh - len; drum nahm ich mei - nen Stock und Hut und

tät' das Rei - sen wäh - len. „Da hat er gar nicht ü - bel,

gar nicht ü - bel, gar nicht ü - bel dran ge - tan; er-

zähl' er nur wei - ter, Herr U - ri - an!"

2. Zuerst ging's an den Nordpol hin, da war es kalt, bei Ehre!
   Da dacht' ich denn in meinem Sinn, daß es hier besser wäre.

3. In Grönland freuten sie sich sehr, mich ihres Ort's zu sehen,
   Und setzten mir den Trankrug her: ich ließ ihn aber stehen.

4. Die Eskimos sind wild und groß, zu allem Guten träge:
   Da schalt ich einen einen Kloß und kriegte viele Schläge.

5. Nun war ich in Amerika, da sagt' ich zu mir: „Lieber!
   Nordwestpassage ist doch da, mach dich einmal darüber."

6. Flugs ich an Bord und aus ins Meer, den Tubus festgebunden,
   Und suchte sie die Kreuz und Quer, und hab' sie nicht gefunden.

7. Von hier ging ich nach Mexiko; ist weiter als nach Bremen;
   Da, dacht' ich, liegt das Gold wie Stroh, willst dir ein'n Sack voll nehmen.

8. Allein, allein, allein, allein, wie kann ein Mensch sich trügen!
   Ich fand da nichts als Sand und Stein und ließ den Sack da liegen.

9. Drauf kauft' ich etwas kalte Kost und Kieler Sprott' und Kuchen
   Und setzte mich auf Extrapost, Land Asia zu besuchen.

10. Der Mogul ist ein großer Mann und gnädig über Maßen
    Und klug; er war jetzt eben dran, 'n Zahn ausziehn zu lassen.

11. Hm, dacht' ich, der hat Zähnepein, bei aller Größ' und Gaben! —
    Was hilft's dann auch noch Mogul sein? Die kann man so wohl haben.

12. Ich gab dem Wirt mein Ehrenwort, ihn nächstens zu bezahlen;
    Und damit reist' ich weiter fort nach China und Bengalen.

13. Nach Java und nach Otaheit, und Afrika nicht minder,
    Und sah bei der Gelegenheit viel Städt' und Menschenkinder.

14. Und fand es überall wie hier, fand überall 'n Sparren,
    Die Menschen grade so wie wir, und ebensolche Narren.
    „Da hat er übel, übel dran getan:
    Erzähl' er nicht weiter, Herr Urian!"

(M: C. F. Zelter, T: Matth. Claudius)

561

Wenn ich den Wandrer frage

(Nach Hause)

1. Wenn ich den Wand-rer fra-ge: „Wo kommst du her?" „Von Hau-se, von Hau-se", spricht er und seuf-zet schwer; „von Hau-se, von Hau-se", spricht er und seuf-zet schwer.

2. Wenn ich den Wandrer frage:
„Wo ziehst du hin?"
„Nach Hause, nach Hause",
Spricht er mit frohem Sinn.

3. Wenn ich den Wandrer frage:
„Wo blüht dein Glück?"
„Zu Hause, zu Hause",
Spricht er mit feuchtem Blick.

4. Und wenn er mich nun fraget:
„Was drückt dich schwer?"
„Ich kann nicht nach Hause,
Hab' keine Heimat mehr!"

(M: Fr. Brückner, T: Volksgut)

562

Jetzt kommen die lustigen Tage

1. Jetzt kommen die lu - sti - gen Ta - ge, Schät - zel a -
de, und daß ich es dir auch gleich sa - ge, es tut mir gar nicht
weh. Und im Sommer, da blüht der ro - te, ro - te Mohn und ein
lu - sti - ges Blut kommt ü - ber - all da - von. Schätzel, a -
de, ade, Schät - zel, a - de!

2. Im Sommer, da müssen wir wandern,
Schätzel, ade,
Und küssest du gleich einen andern,
Wenn ich es nur nicht seh'.
Und seh' ich's im Traum,
So red' ich mir halt ein,
Ach, es ist ja nicht wahr,
Es kann ja gar nicht sein.
Schätzel ade, Schätzel ade!

3. Und kehr' ich dann einstmals wieder,
Schätzel, ade,
So sing' ich die alten Lieder,
Vorbei ist all mein Weh.
Und bist du mir dann
Wie einst im grünen Mai,
Ja, so bleib' ich bei dir
Und halte dir die Treu'.
Schätzel ade, Schätzel ade!

(M und T: Volkslied aus Schlesien)

Nun ade, du mein lieb Heimatland

1. Nun a - de, du mein lieb Hei - mat - land, lieb
Es geht jetzt fort zum frem - den Strand, lieb

Hei - mat - land, a - de!
Hei - mat - land, a - de! Und so sing' ich

denn mit fro - hem Mut, wie man sin - get, wenn man

wan - dern tut; lieb Hei - mat - land, a - de!

2. Wie du lachst mit deines Himmels Blau,
Lieb Heimatland, ade!
Wie du grüßest mich mit Feld und Au,
Lieb Heimatland, ade!
Gott weiß, zu dir steht stets mein Sinn;
Doch jetzt zur Ferne zieht's mich hin,
Lieb Heimatland, ade!

3. Begleitest mich, du lieber Fluß,
Lieb Heimatland, ade!
Bist traurig, daß ich wandern muß,
Lieb Heimatland, ade!
Vom moos'gen Stein, am wald'gen Tal,
Da grüß' ich dich zum letztenmal:
Lieb Heimatland, ade!

(M: Volksweise, T: August Disselhoff)

Es, es, es und es

(Handwerksburschen-Abschied)

1. Es, es, es und es, es ist ein har - ter Schluß,
weil, weil, weil und weil, weil ich aus Frankfurt
muß, drum schlag' ich Frankfurt aus dem Sinn und
wen - de mich, Gott weiß, wo - hin. Ich will mein Glück pro -
bie - ren, mar - schie - ren.

2. Er, er, er und er, Herr Meister, leb' er wohl!
   Ich sag's ihm grad frei ins Gesicht,
   Seine Arbeit die gefällt mir nicht.
   Ich will mein Glück probieren, marschieren.

3. Sie, sie, sie und sie, Frau Meistrin, leb' sie wohl!
   Ich sag's ihr grad frei ins Gesicht,
   Ihr Speck und Kraut, das schmeckt mir nicht.
   Ich will mein Glück probieren, marschieren.

4. Ihr, ihr, ihr und ihr, ihr Jungfern, lebet wohl!
   Ich wünsch' euch all'n zu guter Letzt
   Einen andern, der mein' Stell' ersetzt.
   Ich will mein Glück probieren, marschieren.

5. Ihr, ihr, ihr und ihr, ihr Brüder, lebet wohl!
   Hab' ich euch was zuleid getan,
   So bitt' ich um Verzeihung an.
   Ich will mein Glück probieren, marschieren.

(M und T: Volksgut)

Ein Sträußchen am Hute

(Der Wandersmann)

1. Ein Sträußchen am Hu-te, den Stab an der Hand, zieht
rast-los der Wandrer von Lan-de zu Land. Er
sieht so manch Städtchen, er sieht manchen Ort; doch
fort muß er wie-der, muß wei-ter fort.

2. Da sieht er am Wege viel Blumen da stehn:
Der Wandrer muß eilend vorübergehn;
Sie blühen so herrlich, sie duften so schön:
Doch fort muß er wieder, muß weiterziehn.

3. Dort winkt ihm ein Häuschen, am Berge gebaut,
Von Rosen umgeben, von Trauben umlaubt:
Da könnt's ihm gefallen, da sehnt er sich hin;
Doch fort muß er wieder, muß weiterziehn.

4. Ein freundliches Mädchen, das redet ihn an:
„Sei herzlich willkommen, du wandernder Mann!"
Sie sieht ihm ins Auge, er drückt ihr die Hand:
Doch fort muß er wieder, muß weiter zu Land.

5. Es bietet das Leben ihm manchen Genuß,
Das Schicksal gebietet dem strauchelnden Fuß.
Da steht er am Grabe und schauet zurück:
Hat wenig genossen vom irdischen Glück.

(M: Volksgut, T: Conrad Rotter)

Muß i denn zum Städtele 'naus

(Abschied)

1. Muß i denn, muß i denn, zum Stä - dte - le 'naus,
   Wenn i komm', wenn i komm', wenn i wie - drum komm',

Stä - dte - le 'naus und du, mein Schatz, bleibst hier?
wie - drum komm', kehr' i ein, mein Schatz, bei dir.

Kann ich gleich net all - weil bei dir sein, han i

doch mein Freud' an dir; wenn i komm', wenn i komm', wenn i

wie - drum komm', wie - drum komm', kehr' i

ein, mein Schatz, bei dir.

2. Wie du weinst, wie du weinst, daß i wandere muß,
   Wie wenn d' Lieb' jetzt wär' vorbei –
   Sind au drauß, sind au drauß der Mädele viel,
   Lieber Schatz, i bleib' dir treu.
   Denk du net, wenn i en andre seh'
   No sei mein Lieb' vorbei;
   Sind au drauß usw.

3. Übers Jahr, übers Jahr, wenn me Träubele schneid't,
   Stell' i hier mi wiedrum ein;
   Bin i dann, bin i dann dein Schätzele noch,
   So soll die Hochzeit sein.
   Übers Jahr, da ist mein Zeit vorbei,
   Da g'hör i mein und dein;
   Bin i dann usw.

(M: aus dem Remstal, T: 1. Strophe ist Volksgut, 2. u. 3. Strophe von Heinrich Wagner)

573

Wohlan, die Zeit ist kommen

1. Wohl - an, die Zeit ist kom - men, mein Pferd, das muß ge -
sat - telt sein. Ich hab' mir's vor - ge - nom - men, ge -
ritten muß es sein. Fi - di - ru - la, ru - la, ru - la - la - la - la,
fi - di - ru - la, ru - la, ru - la - la! Ich hab' mir's vor - ge -
nom - men, ge - ritten muß es sein.

2. In meines Vaters Garten,
   Da stehn viel schöne Blum', ja Blum'.
   Drei Jahr' muß ich noch warten,
   Drei Jahr' sind bald herum.

3. Du glaubst, du wärst die Schönste
   Wohl auf der ganzen Welt, ja Welt,
   Und auch die Angenehmste,
   Ist aber weit gefehlt.

4. Der Kaiser streit' fürs Ländle,
   Der Herzog für sein Geld, ja Geld,
   Und ich streit' für mein Schätzle,
   Solang es mir gefällt.

5. Solang ich leb' auf Erden,
   Sollst du mein Trimpeltrampel sein,
   Und wenn ich einst gestorben bin,
   So trampelst hinterdrein.

(M und T: Volksgut)

Wem Gott will rechte Gunst erweisen

(Der frohe Wandersmann)

1. Wem Gott will rech - te Gunst er - wei - sen, den
schickt er in die wei - te Welt, dem will er sei - ne Wunder
wei - sen in Berg und Tal und Strom und Feld.

2. Die Trägen, die zu Hause liegen,
Erquicket nicht das Morgenrot;
Sie wissen nur von Kinderwiegen,
Von Sorgen, Last und Not um Brot.

3. Die Bächlein von den Bergen springen,
Die Lerchen schwirren hoch vor Lust;
Was sollt' ich nicht mit ihnen singen
Aus voller Kehl' und frischer Brust?

4. Den lieben Gott laß' ich nur walten;
Der Bächlein, Lerchen, Wald und Feld
Und Erd' und Himmel will erhalten,
Hat auch mein Sach' aufs best' bestellt.

(M: Friedrich Theodor Fröhlich, T: Joseph von Eichendorff)

Ich wandre in die weite Welt
(Grüßt mir das blonde Kind am Rhein)

(M: W. Heise, T: H. W. Mertens)

1. Ich wandre in die wei-te Welt auf Straßen und auf Gas-sen, da find' ich al-les schön be-stellt, nur mich find' ich ver-las-sen. Der Weg wird weit, am rau-hen Stein, da leg' ich müd mich nie-der. Grüßt mir das blon-de Kind am Rhein und sagt, ich kä-me wie-der! Grüßt mir das blon-de Kind am Rhein und sagt, ich kä-me wie-der!

2. Und weiter, wenn der Morgen tagt,
Durch Sonnengold und Regen.
Mir hat die Mutter oft gesagt:
Das Glück blüht allerwegen!
Und doch, hier kann es nimmer sein,
Kein einz'ger Stern fällt nieder.

3. Wie hab' beim Abschied ich gescherzt,
Als ob mich nichts gequälet.
Nun weiß ich erst, wie sehr es schmerzt,
Wenn eins dem andern fehlet.
Am Ufer wandelt sie allein,
Singt einsam meine Lieder.

So hab' ich denn die Stadt verlassen
(Abreise)

1. So hab' ich denn die Stadt ver – las - sen,   wo   ich   ge -
2. Man   hat   mir nicht den Rock zer - ris - sen,   es   wär' auch
3. Auch   kei-nem hat's den Schlaf ver - trie - ben,   daß   ich   am

le - bet   lan - ge   Zeit;   ich   zie - he   rü - stig   mei - ner
scha - de   für das   Kleid,   noch   in   die Wan - ge   mich ge -
Mor-gen wei - ter - geh';   sie   konnten's hal - ten   nach Be -

1 und 2

Stra – ßen,   es gibt mir   nie - mand,   nie - mand das Ge - leit.
bis - sen   vor   ü - ber - ü - ber - gro - ßem Her - ze - leid.

3

lie - ben – von   ei - ner   a - ber tut mir's   weh,   von

ei - ner   a - ber   tut   mir's   weh.

(M: Konradin Kreutzer,
T: Ludwig Uhland)

579

Der Kanon
klingt so hell und froh

Wachet auf, wachet auf
(Kanon)

Wa - chet auf, wa - chet auf, es kräh - te der Hahn! Die

Son - ne be - tritt ih - re gol - de - ne Bahn.

(M und T: Johann Jakob Wachsmann)

581

Trara, das tönt wie Jagdgesang

(Kanon)

Tra - ra, das tönt wie Jagd - ge - sang, wie
wil - der und fröh - li - cher Hör - ner - klang, wie
Jagd - ge - sang, wie Hör - ner - klang. Tra - ra, tra - ra, tra - ra. —

(Volkstümlicher Kanon)

Große Uhren gehen: tick tack

(Uhrenkanon)

Gro - ße Uh - ren ge - hen: tick tack, tick tack,

klei - ne Uh - ren ge - hen: tik - ke tak - ke, tik - ke tak - ke,

und die klei - nen Taschenuh - ren: tik - ke tak - ke, tik - ke tak - ke, tick!

(M und T: Karl Karow)

Alles schweiget, Nachtigallen locken

(Kanon)

Al - les schwei- get, Nach - ti - gal - len lok - ken mit sü - ßen

Me - lo - di - en Trä - nen ins Au - ge, Schwer- mut ins Herz,

lok - ken mit sü - ßen Me - lo - di - en Trä - nen ins

Au - ge, Schwer - mut ins Herz.

(M: Joseph Haydn, T: Verfasser unbekannt)

O wie wohl ist mir am Abend

(Kanon)

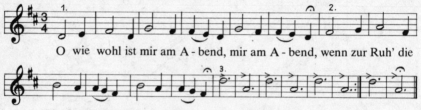

O wie wohl ist mir am A - bend, mir am A - bend, wenn zur Ruh' die

Glocken läuten, Glocken läuten: Bim bam bim bam bim bam bim bam.

(M und T: Volksgut)

Bruder Jakob

(Kanon)

Bru - der Ja - kob, Bru - der Ja - kob! Schläfst du noch? Schläfst du

noch? Hörst du nicht die Glok - ken, hörst du nicht die

Glok - ken? Ding dang dong, ding dang dong!

(M und T: Volksgut, ursprünglich aus Frankreich)

Es regnet, wenn es regnen will

(Es regnet)

Es reg - net, wenn es reg - nen will, und reg - net sei - nen
Lauf, und wenn's ge - nug ge - reg - net hat, so
hört es wie – der auf.

(M: Carl Friedrich Zelter, T: Volksgut)

Es tönen
die Lieder
(Kanon)

Es tö - nen die Lie - der, der Früh - ling kehrt wie - der, es

spie - let der Hir - te auf sei - ner Schal _ mei: la

la la la la la la la — la la la la la la la la la.

(M und T: Volksgut)

Gretel, Pastetel
(Kanon)

1. Gre - tel, Pa – ste - tel, was ma - chen die Gäns'? Sie sit - zen im Was - ser und wa - schen die Schwänz'.

2. Gretel, Pastetel, was macht eure Kuh?
   Sie stehet im Stalle und macht immer „muh“.

3. Gretel, Pastetel, was macht euer Hahn?
   Er sitzt auf der Mauer und kräht, was er kann.

(M und T: Volksgut)

C-a-f-f-e-e, trink nicht so viel Caffee
(C - a - f - f - e - e)

C-a-f - f-e-e, trink nicht so viel — Caf - fee,

nicht für Kin - der ist der Tür - ken - trank, schwächt die Ner-ven,

macht dich blaß und krank, sei doch kein Mu - sel - mann,

der ihn nicht las - sen kann.

(M und T: Carl Gottlieb Hering)

591

Dona nobis pacem
(Kanon)

1. Do - na no - bis pa – cem, pa – cem, do - na

no - bis pa - - - - - cem. 2. Do – na no - bis

pa - cem, do - na no - bis pa - - - - - cem. 3. Do – na

no - bis pa - cem, do - na no - bis pa - - - - cem.

(Volkstümlicher Kanon, Komponist unbekannt)

592

Ich armes welsches Teufeli

(Kanon)

Ich ar - mes wel - sches Teu - fe - li bin mü - de vom Mar -

schie - ren, bin mü - de, bin mü - de vom Mar - schiern. Ich

hab' ver - lorn mein Pfeif - li aus mei - nem Man - tel -

sack, ——— -sack, ——— aus mei - nem Man - tel - sack. Ich

glaub', ich hab' ge - fun - den, was du ver - lo - ren hast, ———

hast, ——— was du ver - lo - ren hast.

(M und T: Volksgut)

594

Himmel und Erde müssen vergehn
(Kanon)

Him- mel und Er - de müs-sen ver- gehn, a - ber die Mu- si - ci,

a - ber die Mu - si - ci, a - ber die Mu - si - ci blei - ben be - stehn.

(M und T: Volksgut)

Zum Lob der Heimat

Auf der Lüneburger Heide

1. Auf der Lü-ne-bur-ger Hei-de, in dem wun-der-schö-nen Land, ging ich auf und ging ich nie-der, al-ler-lei am Weg ich fand. Val-le-ri, val-le-ra, juch-he, und juch-hei-ras-sa, und juch-hei-ras-sa! Be-ster Schatz, be-ster Schatz, denn du weißt, du weißt es ja.

2. Brüder, laßt die Gläser klingen,
   Denn der Muskatellerwein
   Wird vom langen Stehen sauer,
   Ausgetrunken muß er sein.

3. Und die Bracken und die bellen,
   Und die Büchse und die knallt,
   Rote Hirsche woll'n wir jagen
   In dem grünen, grünen Wald.

4. Ei du Hübsche, ei du Feine,
   Ei du Bild wie Milch und Blut,
   Unsre Herzen woll'n wir tauschen,
   Denn du glaubst nicht, wie das tut.

(M: L. Rahlfs, T: H. Löns)

Drunten im Unterland

1. Drun - ten im Un - ter - land, da ist's halt fein.

Schle - hen im O - ber - land, Trau - ben im Un - ter - land;

drun - ten im Un - ter - land möcht' i wohl sein.

2. Drunten im Neckartal,
   Da ist's halt gut.
   Ist mer's da oben rum
   Manchmal au no so dumm,
   Han i doch alleweil
   Drunten gut's Blut.

3. Kalt ist's im Oberland,
   Unten ist's warm;
   Oben sind d'Leut so reich,
   D'Herzen sind gar net weich,
   Sehn mi net freundlich an,
   Werdet net warm.

4. Aber da unten rum,
   Da sind d'Leut arm;
   Aber so froh und frei
   Und in der Liebe treu.
   Drum sind im Unterland
   D'Herzen so warm.

(M: Volksweise, T: Gottlieb Weigle)

WOLF sc.

Ich hab' mir mein' Weizen ...

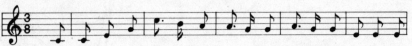

1. Ich hab' mir mein' Weizen am Berg ge-sät, Berg ge-sät, hat mir'n der

böhmische Wind verweht,   hat mir'n der böhmische Wind
      Wind verweht,   ver-weht.

2. Böhmischer Wind, ich bitt' dich schön, bitt' dich schön,
   Laß mir mein' Weizen am Berge stehn, Berge stehn,
   Laß mir mein' Weizen am Berge stehn.

3. Der Apfel ist sauer, ich mag ihn nicht, mag ihn nicht,
   's Mädel ist falsch, ich trau' ihr nicht, trau' ihr nicht,
   's Mädel ist falsch, ich trau' ihr nicht.

4. Wenn ich kein Geld im Beutel hab', Beutel hab',
   Geh' ich ins Holz, schneid' Reiser ab, Reiser ab,
   Geh' ich ins Holz, schneid' Reiser ab.

5. Geh' ich nach Haus, mach' Besen draus, Besen draus,
   Krieg' ich bald wieder Geld ins Haus, Geld ins Haus,
   Krieg' ich bald wieder Geld ins Haus.

6. Wenn ich die Besen gebunden hab', bunden hab',
   Geh' ich die Straßen wohl auf und ab, auf und ab:
   Leute, wer kauft mir Besen ab?

(M und T: Volksgut)

Die Hussiten zogen vor Naumburg
(Die Hussiten vor Naumburg)

(M: Volksgut, T: Carl Friedrich Seyferth)

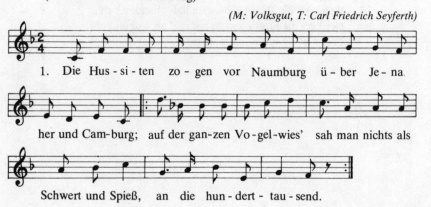

1. Die Hus-si-ten zo-gen vor Naumburg ü-ber Je-na

her und Cam-burg; auf der gan-zen Vo-gel-wies' sah man nichts als

Schwert und Spieß, an die hun-dert-tau-send.

2. Als sie nun vor Naumburg lagen,
   Gab's drin Jammer, Heulen, Klagen;
   Hunger quälte, Durst tat weh,
   Und ein einzig Lot Kaffee
   Kam auf sechzehn Pfenn'ge.

3. Als die Not nun stieg zum Gipfel,
   Faßt' die Hoffnung man beim Zipfel,
   Und ein Lehrer von der Schul'
   Sann auf Rettung und verful
   Endlich auf die Kinder.

4. „Kinder", sprach er, „ihr seid Kinder,
   Unschuldsvoll und keine Sünder;
   Ich führ' zum Prokop euch hin:
   Der wird nicht so grausam sin,
   Euch zu massakrieren."

5. Dem Prokopen tät es scheinen:
   Kirschen kauft er für die Kleinen,
   Zog darauf sein langes Schwert,
   Kommandierte: „Rechtsum kehrt!
   Hinterwärts von Naumburg."

6. Und zu Ehren des Mirakel
   Ist alljährlich ein Spektakel,
   Das Naumburger Kirschenfest,
   Wo man's Geld in Zelten läßt.
   Freiheit und Viktoria!

An der Saale hellem Strande

(Die Rudelsburg)

1. An der Saa-le hel-lem Stran-de ste-hen Bur-gen stolz und

kühn; ih-re Dä-cher sind zer-fal-len, und der Wind streicht durch die

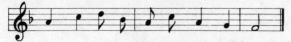

Hal-len, Wolken zie-hen drü-ber hin.

2. Zwar die Ritter sind verschwunden,
   Nimmer klingen Speer und Schild;
   Doch dem Wandersmann erscheinen
   Auf den altbemoosten Steinen
   Oft Gestalten zart und mild.

3. Droben winken holde Augen,
   Freundlich lacht manch roter Mund;
   Wandrer schaut wohl in die Ferne,
   Schaut in holder Augen Sterne,
   Herz ist heiter und gesund.

4. Und der Wandrer zieht von dannen,
   Denn die Trennungsstunde ruft;
   Und er singet Abschiedslieder,
   Lebewohl tönt ihm hernieder,
   Tücher wehen in der Luft.

(M: Friedrich Ernst Fesca, T: Franz Kugler)

Innsbruck, ich muß dich lassen

1. Innsbruck, ich muß dich las - sen, ich fahr' da- hin mein Straßen, in frem - de Land' da - hin; mein Freud' ist mir ge - nommen, die ich nit weiß be - kom- men, wo ich im E - - - - - - - -lend bin.

2. Groß Leid muß ich ertragen,
   Das ich allein tu klagen
   Dem liebsten Buhlen mein.
   Ach Lieb, nun laß mich Armen
   Im Herzen dein erbarmen,
   Daß ich muß ferne sein!

3. Mein Trost ob allen Weiben!
   Dein tu ich ewig bleiben,
   Stet, treu, in Ehren fromm.
   Nun muß dich Gott bewahren,
   In aller Tugend sparen,
   Bis daß ich wieder komm'!

(M: Heinrich Isaac, T: Landsknechtslied vom Anfang des 16. Jahrhunderts)

Schleswig-Holstein, meerumschlungen

1. Schles-wig-Hol-stein, meer-um - schlun - gen, deut-scher

Sit - te ho - he Wacht, wah – re treu, was schwer er -

run - gen, bis ein schön - rer Mor - gen tagt! Schles-wig-Hol-stein,

stamm - ver - wandt, wan - ke nicht, mein Va - ter - land! Schles-wig-

Hol - stein stamm - ver - wandt, wan - ke nicht, mein Va - ter - land!

2. Ob auch wild die Brandung tose,
Flut auf Flut von Bai zu Bai,
O laß blühn in deinem Schoße
Deutsche Tugend, deutsche Treu'!
Schleswig-Holstein, stammverwandt,
Bleibe treu, mein Vaterland!

3. Gott ist stark auch in den Schwachen,
Wenn sie gläubig ihm vertraun,
Zage nimmer, und dein Nachen
Wird trotz Sturm den Hafen schaun.
Schleswig-Holstein, stammverwandt,
Harre aus, mein Vaterland!

4. Von der Woge, die sich bäumet
Längs dem Belt am Ostseestrand,
Bis zur Flut, die ruhlos schäumet
An der Düne flücht'gem Sand:
Schleswig-Holstein, stammverwandt,
Stehe fest, mein Vaterland!

5. Doch wenn innre Stürme wüten,
Drohend sich der Wind erhebt,
Schütze Gott die holden Blüten,
Die ein mildrer Süd belebt!
Schleswig-Holstein, stammverwandt,
Stehe fest, mein Vaterland!

6. Und wo an des Landes Marken
Sinnend blickt die Königsau,
Und wo rauschend stolze Barken
Elbwärts ziehn zum Holstengau —
Schleswig-Holstein, stammverwandt,
Bleibe treu, mein Vaterland!

7. Teures Land, du Doppeleiche,
Unter einer Krone Dach,
Stehe fest und nimmer weiche,
Wie der Feind auch dräuen mag,
Schleswig-Holstein, stammverwandt,
Wanke nicht, mein Vaterland!

(M: K. G. Bellmann, T: M. F. Chemnitz)

Droben im Oberland

(M und T: Volksgut aus Schwaben)

1. Dro-ben im O-ber-land, hei, da ist es wunder-schön!

Da blüht die Jä-ge-rei, da ist das Schie-ßen frei, da möcht' ich

O-ber-jä-ger sein, Schie-ßen, das ist mei-ne Freud'!

2. Schieß mir an Gamsbock z'samm,
   Fallt er oder fallt er net.
   Fallt er net, so bleibt er stehn,
   Zu meinem Madel muß i gehn,
   Zu meinem Madel muß i gehn
   Alle Woch sechs-, siebenmal.

3. Gestern ist Sonntag gwen,
   Hei, da war sie wieder da!
   Sie hatt' ein Hüterl auf,
   Eine wunderschöne Feder drauf,
   Sie sah so reizend, reizend aus,
   Und ich ging mit ihr nach Haus.

4. Vor der Tür angelangt,
   Ei, da sagte sie zu mir:
   „Hast mich nach Haus gebracht,
   Hast deine Sache gut gemacht!"
   Beim Abschied gab sie mir zum Schluß
   Einen zuckersüßen Kuß.

5. Lauter hübsche junge Leut' sein's mir,
   Lauter hübsche junge Leut'.
   Wenn mir hübschen jungen Leut' net wärn,
   Wer sollt' das viele Geld verzehrn?
   Wer sollt' die Kinderwagen schieb'n
   Und die saubern Weiber lieb'n?

Es steht eine Mühle im Schwarzwäldertal

1. Es steht ei - ne Müh- le im Schwarz - wäl - der - tal, die klap - pert so leis vor sich hin. Und wo ich geh' und steh', im Tal und auf der Höh', da liegt mir die Mühle, die Müh - le im Sinn, die Müh - le vom Schwarzwäl - der - tal.

2. Und in dieser Mühle im Schwarzwäldertal,
   Da wohnet ein Mädel so schön.
   Und wo ich geh' und steh',
   Im Tal und auf der Höh',
   Da liegt mir das Mädel,
   Das Mädel im Sinn,
   Das Mädel vom Schwarzwäldertal.

3. Wir reichten zum Abschied noch einmal die Hand,
   Und wünschten einander viel Glück.
   Und wo ich geh' und steh',
   Im Tal und auf der Höh',
   Da liegt mir der Abschied,
   Der Abschied im Sinn,
   Der Abschied vom Schwarzwäldertal.

(M und T: Volksgut)

Tief drin im Böhmerwald

1. Tief drin im Böhmerwald, da liegt mein Hei-mat-ort; es ist gar
lang schon her, daß ich von dort bin fort. Doch die Er-
in-ne-rung, die bleibt mir stets ge-wiß, daß ich den
Böh-mer-wald gar nie ver-giß. Es war im
Böh-mer-wald, wo mei-ne Wie-ge stand, im schö-nen, grü-nen
Böh-mer-wald, es war im Böh-mer-wald, wo mei-ne
Wie-ge stand, im schö-nen, grü-nen Wald.

2. O holde Kindeszeit,
Noch einmal kehr zurück,
Wo spielend ich genoß
Das allerhöchste Glück,
Wo ich am Vaterhaus
Auf grüner Wiese stand
Und weithin schaute auf
Mein Vaterland.

3. Nur einmal noch, o Herr,
Laß mich die Heimat sehn,
Den schönen Böhmerwald,
Die Täler und die Höhn;
Dann kehr' ich gern zurück
Und rufe freudig aus:
Behüt dich, Böhmerwald,
Ich bleib' zu Haus!

(M: H. Bicherl, T: M. Schmidt)

Ihr mögt den Rhein, den stolzen, preisen

(Westfalenlied)

1. Ihr mögt den Rhein, den stol-zen, prei-sen, der in dem Schoß der Re-ben liegt, wo in den Ber-gen ruht das Ei-sen, da hat die Mut-ter mich ge-wiegt. Hoch auf dem Fels die Tan-nen stehn, im grü-nen Tal die Her-den gehn, als Wächter an des Ho-fes Saum reckt sich em-por der Ei-chen-baum: Da ist's, wo mei-ne Wie-ge stand, o grüß dich Gott, West-fa-len-land! Da ist's, wo mei-ne Wie-ge stand, o grüß dich Gott, West-fa-len-land!

2. Wir haben keine süßen Reben
Und schöner Worte Überfluß,
Und haben nicht so bald für jeden
Den Brudergruß und Bruderkuß,
Wenn du uns willst willkommen sein,
So schau aufs Herz, nicht auf den Schein,
Und schau uns grad hinein ins Aug'
Gradaus, das ist Westfalenbrauch!
Es fragen nicht nach Spiel und Tand
Die Männer aus Westfalenland!

3. Und unsre Frauen, unsre Mädchen,
Mit Augen blau wie Himmelsgrund,
Sie spinnen nicht die Liebesfädchen
Zum Scherze für die müß'ge Stund'!
Ein frommer Engel Tag und Nacht
Hält tief in ihrer Seele Wacht,
Und treu in Wonne, treu in Schmerz,
Bleibt bis zum Tod ein liebend Herz.
Glückselig, wessen Arm umspannt
Ein Liebchen aus Westfalenland.

4. Behüt dich Gott, du rote Erde,
Du Land von Wittekind und Teut;
Bis ich zu Staub und Asche werde
Mein Herz sich seiner Heimat freut!
Du Land Westfalen, Land der Mark,
Wie deine Eichenstämme stark,
Dich segnet noch der blasse Mund
Im Sterben in der letzten Stund'!
Land zwischen Rhein und Weserstrand,
O grüß dich Gott, Westfalenland!

(M: Joh. Peters, T: E. Rittershaus)

Zillertal, du bist mei' Freud'

1. Zil - ler - tal, du bist mei' Freud', hol - di - e——— ti - ri - o -
ho, da hab'n die Ma - dln sakrisch Schneid, hol - di - e——— ti - ri - o -
ho. Da gibt's Gamslen zum Der - ja - g'n, da gibt's Ma - dlen zum Der -
fra - g'n. Zil - ler - tal, du bist mei' Freud', hol - di - e—— ti - ri - o - ho!

2. Achental, du bist mei' Leb'n,
Da liegt der See so schön daneb'n,
Da gibt's Fahnlen für die Schifflen,
Da gibt's Anglen für die Fischlen.
Achental, du bist mei' Leb'n.

3. Brixental, du bist mei' Lust,
Dei' hohe Salv' hebt jede Brust,
Schönres kann man nirgends schauen,
Als von dir die Berg' und Auen.
Brixental, du bist mei' Lust.

(M und T: Volksgut)

Die Binschgauer wollten wallfahrten gehn

(Die Binschgauer Wallfahrt)

1. Die Binsch-gau-er woll-ten wall-fahr-ten gehn, die
Binsch-gau-er woll-ten wall-fahr-ten gehn, sie
tä-ten gern sin-gen und kunnten's nit gar schön, sie
tä-ten gern sin-gen und kunnten's nit gar schön: Zschahi, zscha-ho, zscha-hi-a-hi-a-ho, zscha-hi, zscha-ho, zscha-
hi-a-hi-a-ho. Jetzt schau fein, daß ein je-der, je-der,
je-der, je-der, je-der, je-der sei Ran-ze-le ha——, sei
Ran-ze-le ha.

2. Die Binschgauer zogen weit vom Heimatland.
Sie schauten viel Stadel und wurden rings bekannt.
Zschahi usw.

3. Die Binschgauer hätten lange Freud' und Not,
Bis hoch des Domes Zinne erglänzt' im Abendrot.
Zschahi usw.

4. Die Binschgauer gängen um den Dom herum,
   Die Fahnestang' is broche, jetzt gäng'ns mit dem Trumm.
   Zschahi usw.

5. Die Binschgauer gängen in den Dom hinein,
   Die Heil'gen taten schlafe, sie kunnten's nit aschrein.
   Zschahi usw.

(M und T: Tiroler Spottlied auf die Pinzgauer)

Mein Herz ist im Hochland

1. Mein Herz ist im Hoch-land, mein Herz ist nicht hier, mein
Herz ist im Hoch-land, im wald'-gen Re - vier! Da
jag' ich das Rot-wild, da folg' ich dem Reh, mein
Herz ist im Hoch-land, wo im - mer ich geh'.

2. Mein Norden, mein Hochland,
Leb wohl, ich muß ziehn,
Du Wiege von allem,
Was stark und was kühn.
Doch wo ich auch wandre
Und wo ich auch bin,
Nach den Hügeln des Hochlands
Steht allzeit mein Sinn.

3. Lebt wohl, ihr Gebirge
Mit Häuptern voll Schnee,
Ihr Schluchten, ihr Täler,
Du schäumender See,
Ihr Wälder, ihr Klippen,
So grau und bemoost,
Ihr Ströme, die zornig
Durch Felsen ihr tost!

4. Mein Herz ist im Hochland,
Mein Herz ist nicht hier,
Mein Herz ist im Hochland,
Im wald'gen Revier!
Da jag' ich das Rotwild,
Da folg' ich dem Reh,
Mein Herz ist im Hochland,
Wo immer ich geh'.

(M: K. Irmischer, T: F. Freiligrath)

623

Aus der Jugendzeit

(Das Schwalbenlied)

1. Aus der Ju - gend - zeit, aus der Ju - gend - zeit klingt ein

Lied mir im - mer - dar; o wie liegt so weit, o wie liegt so weit, was

mein, was mein einst war! Was die Schwalbe sang, was die

Schwalbe sang, die den Herbst und Früh - ling bringt, ob das

Dorf ent - lang, ob das Dorf ent - lang, das jetzt noch klingt?

2. O du Heimatflur
    Laß zu deinem heil'gen Raum
    Mich noch einmal nur
    Entfliehn im Traum!
    Als ich Abschied nahm
    War die Welt mir voll so sehr,
    Als ich wiederkam
    War alles leer.

3. Wohl die Schwalbe kehrt,
    Und der leere Kasten schwoll:
    Ist das Herz geleert,
    Wird's nie mehr voll.
    Keine Schwalbe bringt
    Dir zurück, wonach du weinst.
    Doch die Schwalbe singt
    Im Dorf wie einst.

(M: Richard Radecke, T: Friedrich Rückert)

Hoch vom Dachstein an

(Der Steirer Land)

(M: Carl Seidel, T: Jacob Dirnböck)

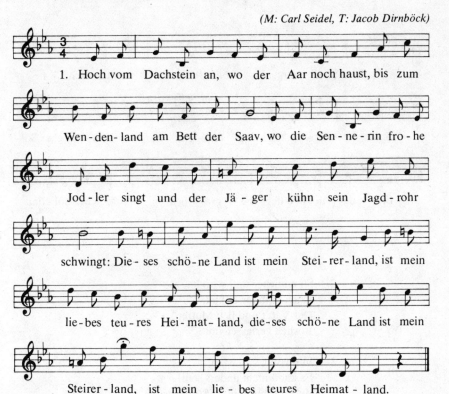

1. Hoch vom Dachstein an, wo der Aar noch haust, bis zum Wen-den-land am Bett der Saav, wo die Sen-ne-rin fro-he Jod-ler singt und der Jä-ger kühn sein Jagd-rohr schwingt: Die-ses schö-ne Land ist mein Stei-rer-land, ist mein lie-bes teu-res Hei-mat-land, die-ses schö-ne Land ist mein Steirer-land, ist mein lie-bes teures Heimat-land.

2. Wo Schalmeienklang früh den Schäfer weckt,
   Wenn der Nebel noch die Täler deckt,
   Wo auf dunklem Pfad frohe Rinder ziehn,
   Wenn im Sonnenstrahl die Alpen glühn:
   Dieses schöne Land ist mein Steirerland,
   Ist mein liebes teures Heimatland.

3. Wo der Gemsbock leicht über Felsen jagt
   Und der Büchse Knall das Echo weckt,
   Wo dem Steirer laut jede Scholle sagt,
   's ist die Erde, die dein Liebstes deckt:
   Dieses schöne Land ist mein Steirerland,
   Ist mein liebes teures Heimatland.

O Straßburg, o Straßburg

(Der unerbittliche Hauptmann)

1. O Straß-burg, o Straß-burg, du wunder-schö-ne Stadt, dar-in-nen liegt be-gra-ben so ma-ni-cher Sol-dat, dar-in-nen liegt be-gra-ben so ma-ni-cher Sol-dat.

2. So mancher und schöner,
   Auch tapferer Soldat,
   Der Vater und lieb Mutter
   Böslich verlassen hat.

3. Verlassen, verlassen,
   Es kann nicht anders sein!
   Zu Straßburg, ja zu Straßburg
   Soldaten müssen sein.

4. Der Vater, die Mutter
   Die ging'n vors Hauptmanns Haus:
   „Ach Hauptmann, lieber Herr Hauptmann,
   Gebt mir mein' Sohn heraus!"

5. „Euern Sohn kann ich nicht geben
   Für noch so vieles Geld;
   Euer Sohn, der muß marschieren
   Ins weit und breite Feld.

6. Ins weite, ins breite
   Und auch noch vor den Feind,
   Wenngleich sein schwarzbraun's Mädchen
   So bitter um ihn weint."

7. Sie weinet, sie greinet,
   Sie klaget also sehr:
   „Ade, Herzallerliebster!
   Wir sehn uns nimmermehr."

(M und T: Volksgut)

Auf de schwäb'sche Eisebahne

1. Auf de schwäb'-sche Ei-se-bah-ne gibt's gar vie-le Halt-sta-tio-ne: Schtue-gert, Ulm ond Bi-ber-ach, Me-cke-beu-re, Dur-les-bach. Tru-la, tru-la, tru-la-la, tru-la, tru-la, tru-la-la, Schtue-gert, Ulm ond Bi-ber-ach, Me-cke-beu-re, Dur-les-bach.

2. Auf de schwäb'sche Eisebahne
   Wollt emol a Bäuerle fahre,
   Geht an Schalter, lupft de Huet:
   „Oi Billettle, seid so guet!"

3. Einen Bock hat er si kaufet,
   Und daß der ihm net verlaufet,
   Bindet en der guete Ma
   A de hintre Wage na.

4. „Böckle, tue nuer woidle springe,
   's Fresse wer' i dir scho bringe."
   Zündt sei stinkichs Pfeifle a,
   Hockt si zu sei'm Weible na.

5. Wia der Zug no wieder staut,
   D'r Bauer nach sei'm Goißbock schaut,
   Findt er bloß no 'n Kopf un 's Soil
   An dem hintre Wagedoil.

6. Da kriegt er en große Zore,
    Packt de Goißkopf bei de Ohre,
    Schmeißt en, was er schmeiße ka,
    'm Konduktör an 'n Ranza na.

7. „So, jetzt kannsch de Schade zahle,
    Warum bisch so schnell au g'fahre!
    Du alloi bisch schuld do dra,
    Daß i d'Goiß verlaure ha!"

8. So, jetzt wär das Liadle g'songe.
    Hot's eich reacht in d'Ohre klonge?
    Wer's no net begreife ka,
    Fang's noemol von vorne a!

(M und T: Volksgut)

A. GABE

Alt-Heidelberg, du feine

1. Alt - Hei - del - berg, du fei - ne, du Stadt an Eh - ren reich, am Nek - kar und am Rhei - ne, kein' and - re kommt dir gleich! Stadt fröh - li - cher Ge - sel - len, an Weis - heit schwer und Wein, klar ziehn des Stro - mes Wel - len, Blau - äug - lein blit - zen drein, Blau - äug - lein blit - zen drein.

2. Und kommt aus lindem Süden
Der Frühling übers Land,
So webt er dir aus Blüten
Ein schimmernd Brautgewand.
Und stechen mich die Dornen
Und wird mir's drauß zu kahl,
Geb' ich dem Roß die Spornen
Und reit' ins Neckartal,
Und reit' ins Neckartal.

(M: A. Zimmermann, T: J. V. von Scheffel)

Alphabetisches Verzeichnis
namentlich bekannter Komponisten

Alphabetisches Verzeichnis
namentlich bekannter Textdichter